中国地方电力年度发展报告

2020

中国能源研究会城乡电力（农电）发展中心

国家能源局主管
中国电力传媒集团
CHINA ELECTRIC POWER MEDIA GROUP

编辑委员会

前　言

地方电力是中国电力的重要组成部分。2019 年，各地方电力企业充分发挥地方国有企业优势，凝心聚力，扎实前行，向社会交出了一份合格答卷。

2019 年，面对经济下行压力加大、发展环境不利的经营形势，地方电力企业在电网建设、经营管理、优质服务、科技创新、履行社会责任等各个方面挖掘内部潜力、发挥局部优势、突出地电特色，走高质量发展之路，为地方经济的发展提供了可靠的能源保障，为深化电力体制改革贡献了智慧，为实现配电网经营管理模式多元化进行了探索。

在能源转型的战略指引下，以满足经济社会发展需要为前提的电网建设，具有更为重要的意义。2019 年，地方电力企业投资力度不减，适度超前建设了区域配电网，缓解了用电负荷增长产生的电网供应能力不足问题。同时，地方电力企业投资建设的变配电设施，仍以 110 千伏及以下电压等级为主，难以形成 220 千伏主网架结构的坚强配电网，滞后于经济社会发展对高电压等级配电网的迫切需求，滞后于社会期待。大电网经营企业向地方电网全面开放 220 千伏电压等级并网接入，是支持地方电力事业高质量发展的重要举措。

加强企业管理，苦练经营内功，是企业发展的永恒主题。2019 年，地方电力企业经营指标持续提升，经营规模不断扩大，多元化发展优势充分体现，综合能源服务转型进程加快。山西地方电力公司年售电量同比增长 5.4%，企业经营利润同比增加 13.98%；陕西地方电力集团“致力于成为受尊重的现代化能源服务商”，年营业收入同比增长 3.08%、企业利润同比增长 11.23%，着力形成电能集群、综合能源、资本投资三大发展格局，业务范围扩展至新能源开发、综合能源利用、股权投资、能源研究等领域，公司资本进入铁路、金融、医疗、装备制造等多个行业，显现出市场化改革和高质量发展的良好态势；四川省水电集团售电量首次突破100亿千瓦时，企业总收入同比增长10%；其他地方电力企业也这点纷呈。

2019年，地方电力企业在主动参与市场化改革、积极履行社会责任、整体推进绿色环保与节能减排、大力开展乡村电气化建设等方面，发挥地方电力企业优势，走出自身特色发展之路，向社会交出了合格答题，成为服务区域经济社会发展、服务乡村振兴、推动输配分开改革的重要力量。

为全面分析地方电力企业发展特点，探讨地方电力在实现电力行业科学发展中的价值作用，中国能源研究会组织专家连续5年开展了地方电力发展研究。本报告在总结2016—2019年《中国地方电力年度发展报告》编撰经验的基础上，结合电力改革发展形势、地方电力发展研究阶段性目标适当调整了报告结构，体现了思路创新。

几年来，地方电力发展研究及《中国地方电力年度发展报告》的编撰，得到了政府有关部门、地方电力企业及专家学者的关注和支持，在此表示衷心的感谢。由于种种原因，报告难免有不足和错漏的地方，敬请谅解并指正。

《中国地方电力年度发展报告 2020》编写组

2021年3月

目　录

主报告

中国地方电力发展报告

第一节　地方电力发展环境分析

一、中国经济经济发展概况

2019 年，中国处在复杂多变的国际环境中，世界经济增长动能减弱、金融市场动荡、中美贸易摩擦等带来诸多不确定性。在中国经济下行压力加大的形势下，通过深化改革、扩大开放，不断增强发展韧性，经济运行总体平稳，发展水平迈上新台阶，发展质量稳步提升，各项社会事业繁荣发展，生态环境质量总体改善，全面建成小康社会取得新的重大进展。

（一）经济运行总体平稳

2019 年，全年国内生产总值[1]990865 亿元[2]，比上年增长 6.1%，各季度增速分别为 6.4%、6.2%、6.0%和 6.0%。其中，第一产业增加值 7.0467 万亿元，比上年增长 3.1%；第二产业增加值 38.6165 万亿元，比上年增长 5.7%；第三产业增加值 53.4233 万亿元，比上年增长 6.9%。第一产业增加值占国内生产总值比重为 7.1%，第二产业增加值比重为 39.0%，第三产业增加值比重为 53.9%，如图 1-1 所示。全国规模以上工业增加值比上年实际增长 5.7%，增速缓中趋稳，如图 1-2 所示。

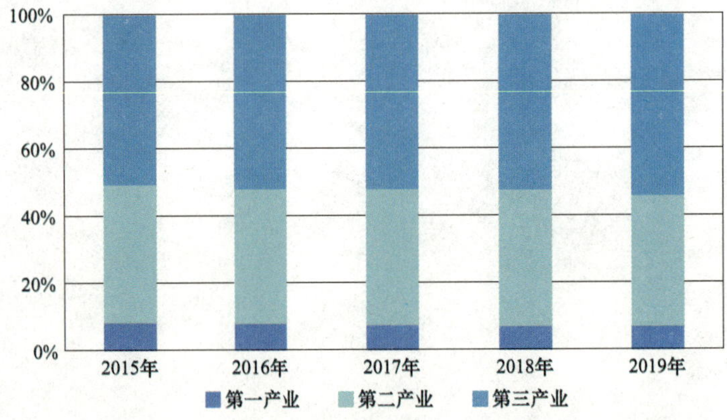

图 1-1　2015—2019 年国内生产总值及其增速

（二）新动能保持较快发展

2019 年，规模以上工业中，战略性新兴产业[3]增加值比上年增长 8.4%，

[1] 国内生产总值、各产业增加值和人均国内生产总值绝对数按现价计算，增长速度按不变价格计算。

[2] 2019 年经济数据均来源于国家统计局发布 2019 年国民经济和社会发展统计公报。

[3] 工业战略性新兴产业、高技术制造业、装备制造业统计口径依照国家统计局规范。

增速高于规模以上工业 2.7 个百分点。高技术制造业增加值增长 8.8%，占规模以上工业增加值的比重为 14.4%，较上年提高 0.5 个百分点，对工业经济稳定增长的支撑作用进一步增强。装备制造业增加值增长 6.7%，占规模以上工业增加值的比重为 32.5%，如图 1-3 所示。

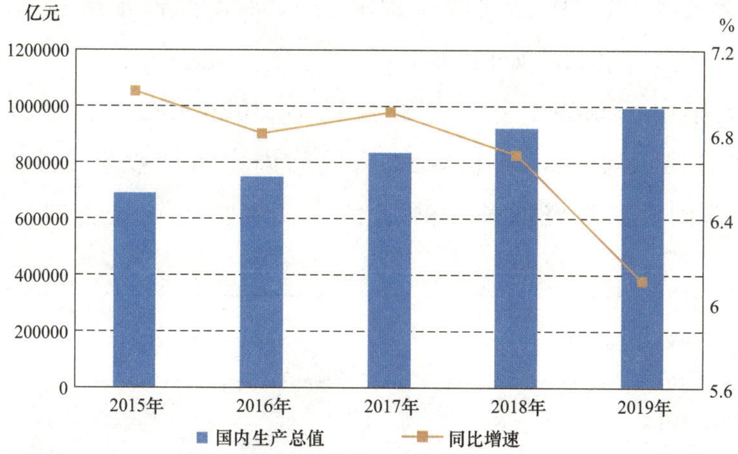

图 1-2　2015—2019 年三次产业增加值占国内生产总值比重情况

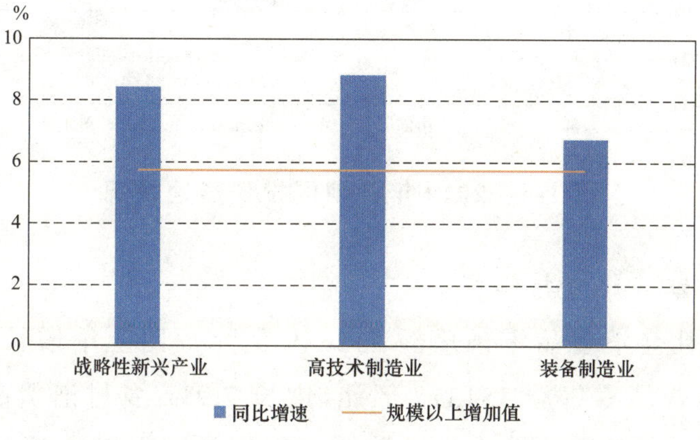

图 1-3　2019 年工业战略性新兴产业、高技术制造业、装备制造业增加值增速情况

（三）区域协调发展扎实推进

分区域看，全年东部地区生产总值 511161 亿元，比上年增长 6.2%；中部地区生产总值 218738 亿元，增长 7.3%；西部地区生产总值 205185 亿元，增长 6.7%；东北地区生产总值 50249 亿元，增长 4.5%。全年京津冀地区生产总值 84580 亿元，比上年增长 6.1%；长江经济带地区生产总值 457805 亿元，增长 6.9%；长江三角洲地区生产总值 237253 亿元，增长 6.4%。

（四）投资持续平稳增长

2019 年，全社会固定资产投资[1]560874 亿元，比上年增长 5.1%。其中，固定资产投资（不含农户）551478 亿元，增长 5.4%。分区域看，东部地区投资比上年增长 4.1%，中部地区投资增长 9.5%，西部地区投资增长 5.6%，东北地区投资下降 3.0%，如图 1-4 所示。分产业看，第一产业投资 1.2633 万亿元，比上年增长 0.6%；第二产业投资 16.3070 万亿元，增长 3.2%；第三产业投资 37.5775 万亿元，增长 6.5%。民间固定资产投资 31.1159 万亿元，增长 4.7%。基础设施投资增长 3.8%。六大高耗能行业投资增长 4.7%。

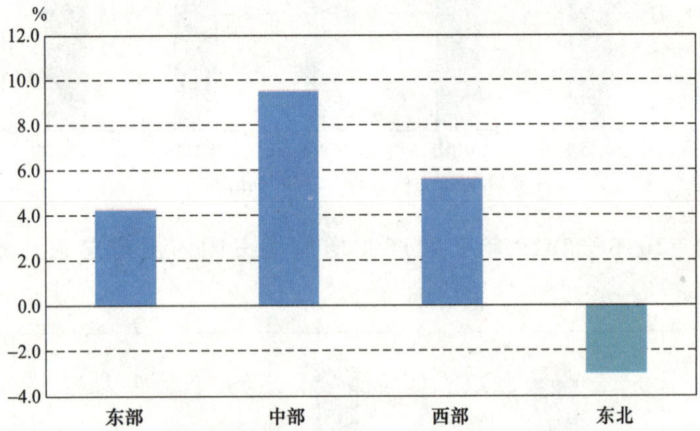

图 1-4　2019 年各地区投资增速情况

（五）网络零售比重持续提高

2019 年，社会消费品零售总额 411649 亿元，比上年增长 8.0%。按经营地统计，城镇消费品零售额 351317 亿元，增长 7.9%；乡村消费品零售额 60332 亿元，增长 9.0%，保持较快增长。全年实物商品网上零售额 85239 亿元，按可比口径计算，比上年增长 19.5%，占社会消费品零售总额的比重为 20.7%，比上年提高 2.3 个百分点。

（六）贸易结构不断优化

2019 年，货物进出口总额 315505 亿元，比上年增长 3.4%。其中，出口 172342 亿元，增长 5.0%；进口 143162 亿元，增长 1.6%。对“一带一路”沿

[1] 根据第四次全国经济普查、统计执法检查和统计调查制度规定，对 2018 年固定资产投资数据进行修订，2019 年增速按可比口径计算。

线国家进出口总额 92690 亿元，比上年增长 10.8%。其中，出口 52585 亿元，增长 13.2%；进口 40105 亿元，增长 7.9%。

二、中国能源及电力行业发展现状

2019 年，中国能源消费量保持增长，增速有所回落，能源结构进一步优化，能源清洁低碳转型继续推进，电气化水平持续提升。

（一）一次能源生产和消费继续增长

2019 年，全国一次能源生产总量[1] 39.7 亿吨标准煤，比上年增长 5.1%，能源供应保障能力进一步提升。其中，原煤 38.5 亿吨，比上年增长 4.0%；原油 1.91 亿吨，比上年增长 0.9%；天然气 1761.7 亿立方米，比上年增长 10%。全国能源消费总量 48.6 亿吨标准煤，同比增长 3.3%，增速比上年下降 1.5 个百分点。

（二）能源清洁低碳转型持续推进

2019 年，煤炭消费量约 40 亿吨，增速为 1%。石油消费 6.5 亿吨，增速为 6.8%。天然气消费约 3067 亿立方米，增速为 8.6%。天然气、核电、可再生等清洁能源消费比重达到 23.4%，如图 1-5 所示。非化石能源消费比重达到 15.3%，煤炭消费比重降至 57.7%，能源结构优化进程加快。

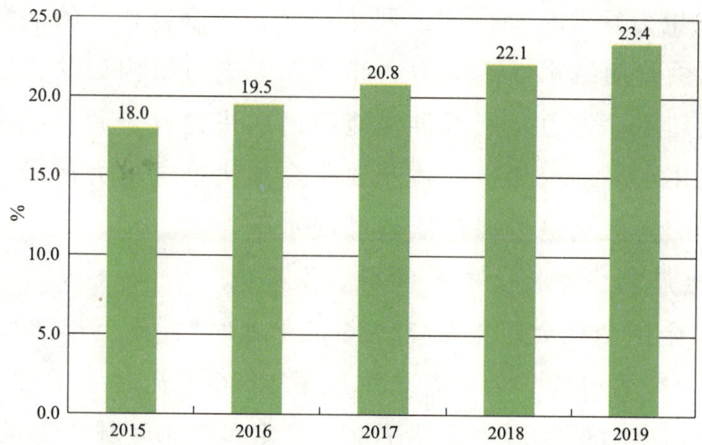

图 1-5　2015—2019 清洁能源消费量占能源消费总量的比重

（三）单位产值能耗与碳排放强度继续下降

2019 年，全国万元国内生产总值能耗[2]比上年下降 2.6%，全国万元国内

---

[1] 2019 年能源数据均来源于国家统计局发布 2019 年国民经济和社会发展统计公报。

[2] 万元国内生产总值能耗按 2015 年价格计算，根据第四次全国经济普查结果对历史数据进行了修订。

生产总值二氧化碳排放量下降4.1%，如图1-6所示。

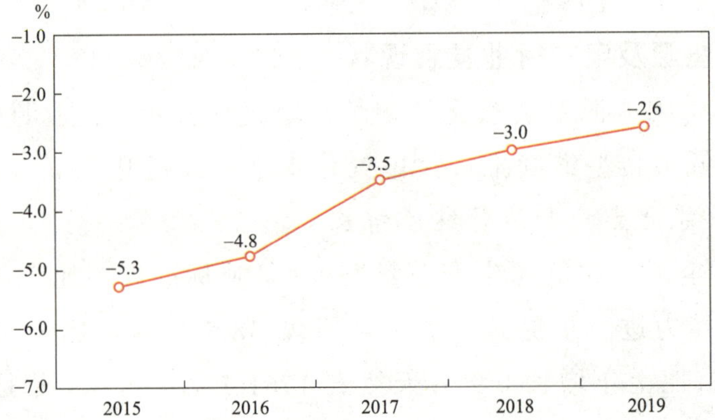

图1-6　2015—2019年万元国内生产总值能耗降低率

（四）能源对外依存度不断提高

2019年，我国能源净进口量达到约10亿吨标准煤。煤炭进口保持稳定，净进口量约3.0亿吨；天然气进口增速回落，净进口量1330亿立方米，同比增长6.9%；整体对外依存度21%，能源对外依存度和占世界贸易量的比重也不断提高。

2019年，电力行业贯彻落实"四个革命、一个合作"的能源安全发展新战略，坚持以供给侧结构性改革为主线，加大电力结构调整力度，着力推进煤炭清洁高效利用，大力发展可再生能源；加快建设能源互联网，不断提高终端能源电气化水平；深化电力体制改革，加快推进电力市场建设；积极应对气候变化，加快提高电力绿色低碳发展水平。

1. 电力生产较快增长，电力供需总体平衡

2019年，全国全社会用电量72486亿千瓦时[1]，比上年增长4.4%，增速比上年回落4.0个百分点；全国人均用电量5186千瓦时/人，比上年增加241千瓦时/人；全国电力供需形势总体平衡，东北和西北区域电力供应能力富余，部分省级电网在局部时段采取了有序用电措施，如图1-7所示。

截至2019年年底，全国全口径发电装机容量201006万千瓦，比上年增长5.8%。其中，水电35804万千瓦，比上年增长1.5%（抽水蓄能3029万千瓦，比上年增长1.0%）；火电118957万千瓦，比上年增长4.0%（煤电104063

[1] 2019年电力数据均来自中国电力企业联合会发布的2019年度电力统计数据。

万千瓦，比上年增长 3.2%；气电 9024 万千瓦，比上年增长 7.7%）；核电 4874 万千瓦，比上年增长 9.1%；并网风电 20915 万千瓦，比上年增长 13.5%；并网太阳能发电 20418 万千瓦，比上年增长 17.1%，如图 1-8 所示。

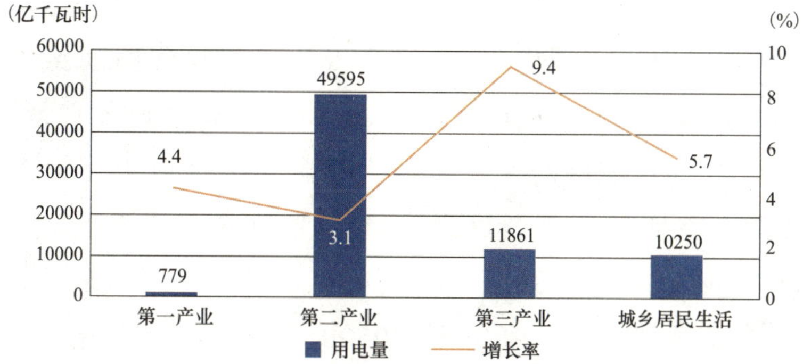

图 1-7 2019 年各产业及居民生活用电情况

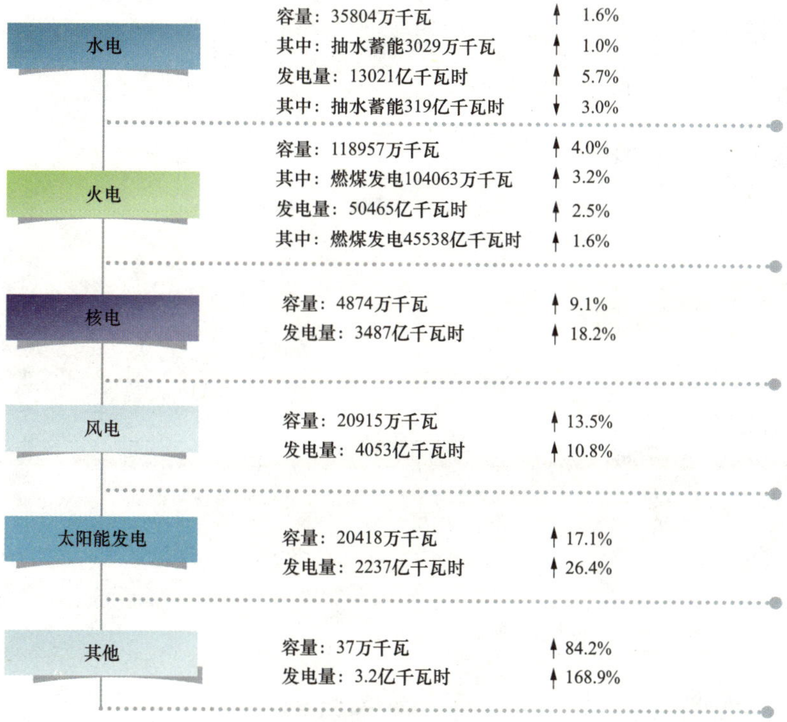

图 1-8 2019 年全国分类型发电装机容量、发电量及增速

2019 年，全国全口径发电量为 73269 亿千瓦时，比上年增长 4.7%，增速比上年降低 3.6 个百分点。其中，水电 13021 亿千瓦时，比上年增长 5.7%（抽水蓄能 319 亿千瓦时，比上年下降 3.0%）；火电 50465 亿千瓦时，比上年增长 2.5%（煤电 45538 亿千瓦时，比上年增长 1.6%；气电 2325 亿千瓦时，比上年增长 7.9%）；核电 3487 亿千瓦时，比上年增长 18.2%；并网风电 4053 亿千瓦时，比上年增长 10.8%；并网太阳能发电 2237 亿千瓦时，比上年增长 26.4%。

截至 2019 年年底，全国电网 35 千伏及以上输电线路回路长度 193.5 万千米，比上年增长 3.4%；全国电网 35 千伏及以上变电设备容量 65.3 亿千伏安，比上年增长 7.6%；全国跨区输电能力达到 14815 万千瓦（跨区网对网输电能力 13481 万千瓦；跨区点对网送电能力 1334 万千瓦）。

2. 电力供应能力持续增强，结构进一步优化

2019 年，全国新增发电装机容量 10500 万千瓦，比上年少投产 2285 万千瓦。其中，新增水电 445 万千瓦（新增抽水蓄能 30 万千瓦）；新增火电 4423 万千瓦（新增煤电 3236 万千瓦，新增气电 630 万千瓦）；新增核电 409 万千瓦；新增并网风电和太阳能发电装机容量分别为 2572 万千瓦和 2652 万千瓦，如图 1-9 所示。

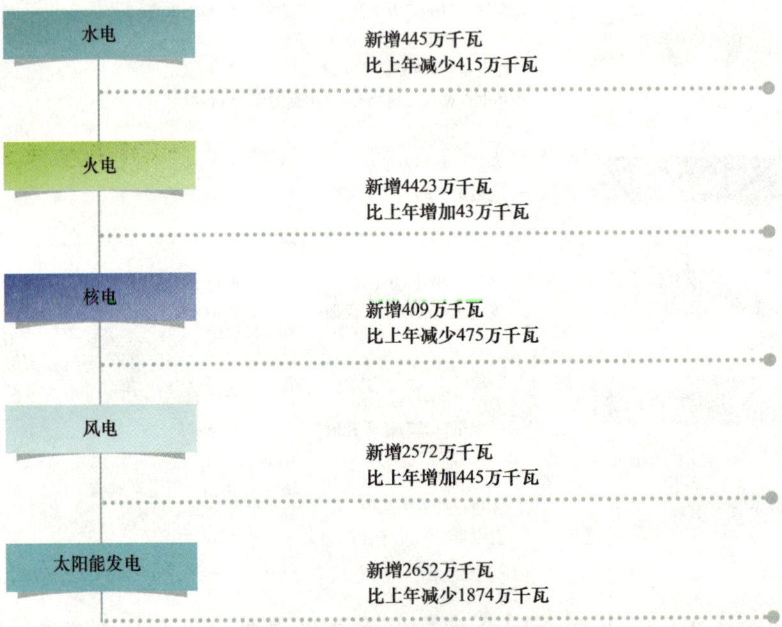

图 1-9　2019 年全国分类型新增发电装机容量

2019 年，全年新增交流 110 千伏及以上输电线路长度和变电设备容量 57935 千米和 31915 万千伏安，分别比上年增长 1.7%和 2.9%。全年新投产 4 条特

高压输电线路，其合计输电线路长度和变电容量分别为 5432 千米和 3900 万千伏安。

2019 年，全国主要电力企业[1]合计完成投资 8295 亿元，比上年增长 1.6%。全国电源工程建设完成投资 3283 亿元，比上年增长 17.8%。其中，水电完成投资 839 亿元，比上年增长 19.8%；火电完成投资 634 亿元，比上年下降 19.4%（煤电 506 亿元，比上年下降 21.4%；气电 104 亿元，比上年下降 26.4%）；核电完成投资 382 亿元，比上年下降 14.5%；风电完成投资 1244 亿元，比上年增长 92.6%。全国电网工程建设完成投资 5012 亿元，比上年下降 6.7%。其中，直流工程 249 亿元，比上年下降 52.1%；交流工程 4411 亿元，比上年下降 4.4%，占电网总投资的 88.0%。

3. 电力绿色发展水平不断提高，节能减排取得新成绩

截至 2019 年年底，全国全口径非化石能源发电装机容量 84410 万千瓦，比上年增长 8.8%，占总装机容量的 42.0%，比重比上年提高 1.2 个百分点。2019 年，非化石能源发电量 23920 亿千瓦时，比上年增长 10.6%，占总发电量的 32.7%，比重比上年提高 1.7 个百分点。

2019 年，全国完成跨区送电量 0.5 万亿千瓦时，比上年增长 12.2%；跨省送电量 1.4 万亿千瓦时，比上年增长 11.4%。2019 年，国家电网经营区域新能源利用率为 96.8%，比上年提高 2.7 个百分点，新能源发电量及其利用率比上年双提升；调峰弃水电量比上年减少 12.1%。南方电网经营区域弃风率、弃光率均为 0.2%；云南弃水电量减少 90%。新能源消纳情况持续好转。

2019 年，全年累计完成替代电量 0.21 万亿千瓦时[1]，比上年增长 32.6%。其中，全国工（农）业生产制造领域完成替代电量 0.13 万亿千瓦时，约占总替代电量的 63.1%；居民取暖、交通运输、能源生产供应与消费等领域电能

[1] 全国主要电网企业指国家电网有限公司、中国南方电网有限责任公司、内蒙古电力（集团）有限责任公司、陕西省地方电力（集团）有限公司；全国主要发电企业指中国华能集团有限公司、中国大唐集团有限公司、中国华电集团有限公司、国家能源投资集团有限责任公司、国家电力投资集团有限公司、中国长江三峡集团有限公司、中国核工业集团有限公司、中国广核集团有限公司、广东省能源集团有限公司、浙江省能源集团有限公司、北京能源集团有限责任公司、申能股份有限公司、河北省建设投资集团有限责任公司、新力能源开发有限公司、甘肃省电力投资集团有限责任公司、安徽省皖能股份有限公司、江苏省国信集团有限公司、广州发展集团股份有限公司、深圳能源集团股份有限公司、山西国际电力集团有限公司；全国主要电建企业指中国电力建设集团有限公司、中国能源建设集团有限公司。

[1] 数据来源为国家电网公司和南方电网公司统计口径。

替代也在快速推广，约占总替代电量的 31.9%，替代电量逐年提高。

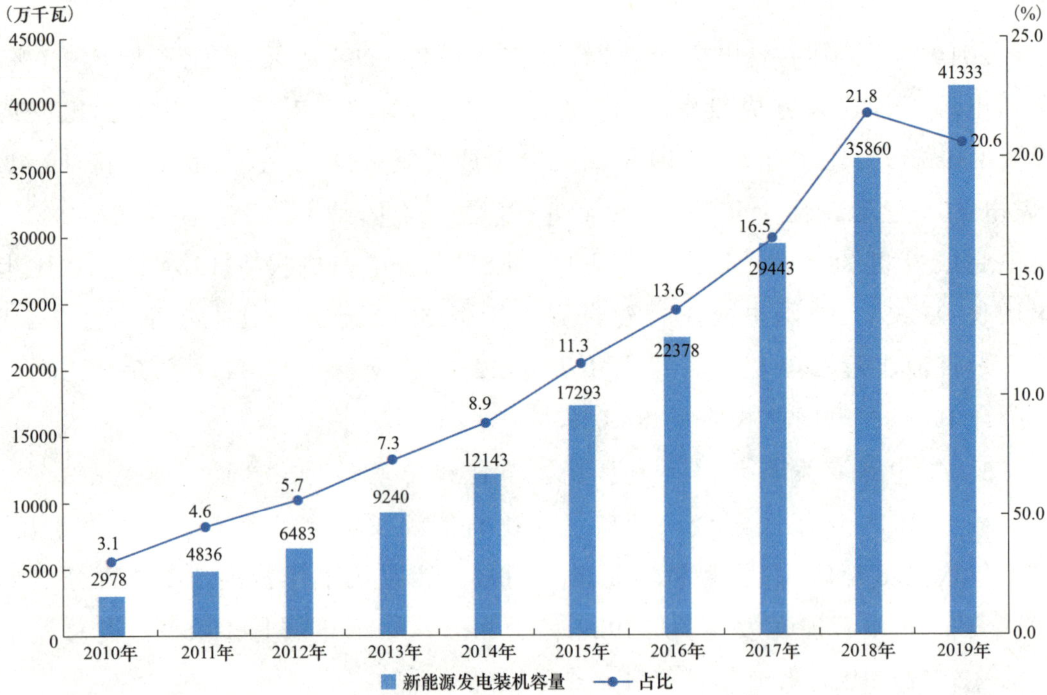

图 1-10　2010—2019 年新能源发电装机容量及占全国发电装机容量比重

4. 电力科技创新取得新进展，安全生产与可靠性不断提高

2019 年，电力科技创新持续推进。电源方面，超超临界机组实现自主研发，百万千瓦空冷发电机组、大型循环流化床发电技术世界领先，多台超超临界二次再热燃煤机组相继投产；水电规划、设计、施工、设备制造全面领先；新能源方面，形成了大容量风电机组整机设计体系和较完整的风电装备制造体系，晶体硅太阳能电池产业技术具备较强国际竞争力，批量化单晶硅、多晶硅电池效率分别达到 20.5%、18.5%。电网方面，特高压 1000 千伏交流和±800 千伏、±1100 千伏直流输电技术实现全面突破，掌握了具有自主知识产权的特高压核心技术和全套装备制造能力，世界上输电电压等级最高、距离最远的±1100 千伏准东—皖南特高压直流工程建成投运。柔性直流输电技术取得显著进步，世界首个特高压多端混合直流工程乌东德电站送广东广西工程全线贯通。

2019 年，全国未发生重大以上电力人身伤亡事故，没有发生水电站大坝漫坝、垮坝事故以及对社会有较大影响的电力安全事件。电力安全生产事故起数连续三年下降，电力建设领域安全状况明显好转，电力设备事故总量显著减少，大部分监管区域安全状况稳定。全国电力可靠性继续保持较高水平。直流输电系统合计能量可用率 86.165%，比上年降低 5.983 个百分点，合计能量利用率 46.44%，比上年提高 2.33 个百分点。供电方面，全国平均供电可靠率 99.843%，比上年提高 0.023 个百分点；用户平均停电时间 13.72 小时/户，比上年降低 2.03 小时/户；用户平均停电频率 2.99 次/户，比上年降低 0.29 次/户，如表 1-1 所示。

表 1-1　2019 年各区域电网供电系统用户供电可靠性指标

区域	平均供电可靠率 ASAI-1			系统平均停电时间 SAIDI-1			系统平均停电频率 SAIFI-1		
	全口径	城市	农村	全口径	城市	农村	全口径	城市	农村
全国	99.843	99.949	99.806	13.72	4.50	17.03	2.99	1.08	3.67
华北区域	99.859	99.958	99.827	12.33	3.71	15.14	2.51	0.88	3.05
东北区域	99.815	99.945	99.762	16.22	4.81	20.82	3.15	0.89	4.06
华东区域	99.919	99.967	99.902	7.11	2.87	8.61	2.03	0.84	2.45
华中区域	99.821	99.951	99.773	15.67	4.31	19.92	2.68	0.87	3.36
西北区域	99.689	99.854	99.646	27.27	12.76	31.02	5.56	3.09	6.20
南方区域	99.829	99.945	99.777	15.00	4.83	19.49	4.14	1.29	5.40

注：华北区域包括蒙东公司，华北、华中、南方区域包括地方电力公司，西北区域包括西藏。

5. 电力企业资产总额增速回升，电力国际合作持续推进

截至 2019 年年底，根据国家统计局统计，全国规模以上电力企业资产总额 151253 亿元，比上年增长 5.4%，增速比上年提高 2.8 个百分点。其中，电网企业资产总额比上年增长 9.9%；发电企业资产总额比上年增长 2.2%（火电企业资产总额比上年下降 0.3%）。

2019 年，规模以上电力企业负债总额 87989 亿元，比上年增长 1.8%，增速比上年提高 1.1 个百分点。其中，电网企业负债总额比上年增长 6.3%；发电企业负债总额比上年下降 0.5%（火电、水电企业负债总额分别比上年下降 3.8%、3.7%）。规模以上电力企业资产负债率为 58.2%，比上年降低 2.0 个百分点。其中，电网企业资产负债率为 48.1%，比上年降低 2.2 个百分点；发电企业资产负债率为 65.8%，比上年降低 1.8 个百分点。

2019 年，电力行业继续落实国家一般工商业平均电价再降低 10%的要求，全年降低企业用电成本 846 亿元。电网企业利润总额持续下降，在上年下降 24.3%的基础上再下降 4.9%，企业亏损额为 145 亿元，比上年增长 22.6%，如表 1-2 所示。

表 1-2　　2019 年规模以上电力企业主要经营效益指标

类别	资产		负债		利润	
	总额（亿元）	比上年增长（%）	总额（亿元）	比上年增长（%）	总额（亿元）	比上年增长（%）
电力企业	151253	5.4	87989	1.8%	3834	18.1%
电力供应企业	65444	9.9	31500	6.3%	957	－4.9%
发电企业	85809	2.2	56490	－0.5%	2876	28.4%
火电企业	22123	－0.3	14520	－3.8%	680	127.2%
热电联产企业	11699	1.5	8221	0.8%	187	93.6%
水电企业	20075	0.2	12376	－3.7%	794	12.2%
核电企业	7776	2.7	5763	0.5%	291	12.5%
风电企业	13817	5.6%	8791	2.7%	561	3.5%
太阳能发电企业	7518	7.1%	5054	5.7%	265	7.3%
生物质能发电企业	1886	12.1%	1163	11.1%	70	9.4%
其他电力生产企业	916	10.0%	600	10.7%	29	16.5%

注：数据来源于国家统计局，统计口径是规模以上企业。

在市场化交易规模持续扩大、国家推进降电价等形势下，大型发电集团煤电业务继续总体亏损，煤电企业亏损面仍接近 50%。风电、太阳能发电利润增速分别为 3.5%和 7.3%，但多数企业由于补贴不及时、不到位，企业账面利润短期内难以转化为现金流，导致资金周转困难。

截至 2019 年年底，我国主要电力企业境外累计实际投资总额 878.5 亿美元，对外工程承包新签合同额累计 2848.5 亿美元。2019 年中国主要电力企业境外投资项目 27 个，投资金额 57.9 亿美元，为项目所在地直接创造 2.1 万个就业岗位。新签境外承包项目涉及 80 多个国家，金额在 3000 万美元以上的项目有 126 个。中国主要电网企业建成 10 条联通俄罗斯、蒙古、吉尔吉斯斯坦等周边国家的跨国输电线路，累计实现电量交易超过 200 亿千瓦时；建成 12 回 110 千伏及以上与越南、老挝、缅甸电网相联的线路走廊，累计完成电力交易量 539.4 亿千瓦时。

6. 电力体制改革继续推进，电力市场建设加快

2019 年，国家发展和改革委员会出台了《关于深化电力现货市场建设试点工作的意见》，电力现货市场顶层设计进一步完善。八个试点省份开展试运行，其他省份上报了电力现货建设方案和时间表。

2019 年，国家发展和改革委员会修订颁布了《输配电定价成本监审办法（试行）》，对全国除西藏以外的 30 个省份省级电网和华北、华东、东北、西北、华中 5 个区域电网全面开展第二监管周期输配电成本监审，全面提升监审的科学化、规范化水平。

2019 年，国家密集出台了加快推进增量配电业务改革的多项政策与措施，取消了前三批不具备试点条件的项目，公布了第四批试点项目名单，开启了第五批试点项目申报程序。

2019 年，全国各电力交易中心组织完成市场交易电量[1] 28344 亿千瓦时，比上年增长 37.2%。其中，全国电力市场电力直接交易电量[2]合计 21771.4 亿千瓦时，占全社会用电量的 30.0%，占电网企业销售电量的 36.8%。全国电力市场化交易规模再上新台阶，如图 1-11 所示。

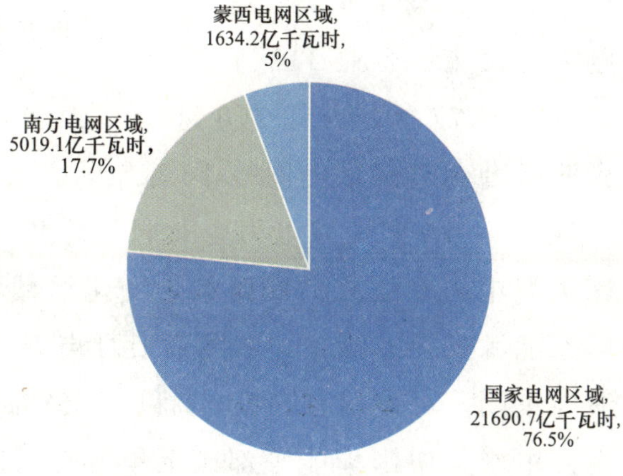

图 1-11 2019 年全国三大电网区域市场交易电量构成图

[1] 指电力交易中心组织开展的各品类交易电量的总规模，分为省内交易和省间交易，其中省内交易包括省内电力直接交易、发电权交易、抽水蓄能交易和其他交易；省间交易包括省间电力直接交易、省间外送交易（网对网、网对点）、发电权交易和其他交易。以交易的结算口径统计。

[2] 指符合市场准入条件的电厂和终端购电主体通过自主协商、集中竞价等直接交易形式确定的电量规模，包括省内电力直接交易电量和省间电力直接交易（外受）电量。当前仅包括中长期交易电量，以交易的结算口径统计。

截至 2019 年年底，北京电力交易中心举行增资协议签约仪式，共引入 10 家投资者，新增股东持股占比 30%。此外，国家电网区域 24 家省级交易机构均已出台股份制改革方案，22 家增资扩股实施方案已报国务院国资委审批，6 家交易机构增资方案获得国务院国资委批复，实现进场挂牌。我国电力交易机构股权结构进一步多元。

三、中国电力行业主要企业的概况

（一）电力企业发展现状

截至 2019 年年底，纳入国家统计局统计口径的电力企业数[1]合计 6848 家，比上年增加 458 家，比上年增长 7.2%。其中，供电企业 456 家，因农电企业上划等因素，比上年减少 130 家；发电企业 6392 家，随着新能源、特别是太阳能发电的快速发展，发电企业数量比上年增加 588 家。2019 年底全国分类型发电企业数量如图 1-12。在新增发电企业中，新增风电、太阳能发电企业数量占全部发电企业增加数的比重达到 88.8%。纳入中国电力建设企业协会统计口径内的全国主要电力建设施工企业 112 家、监理企业 121 家、调试企业 77 家，共计 310 家。

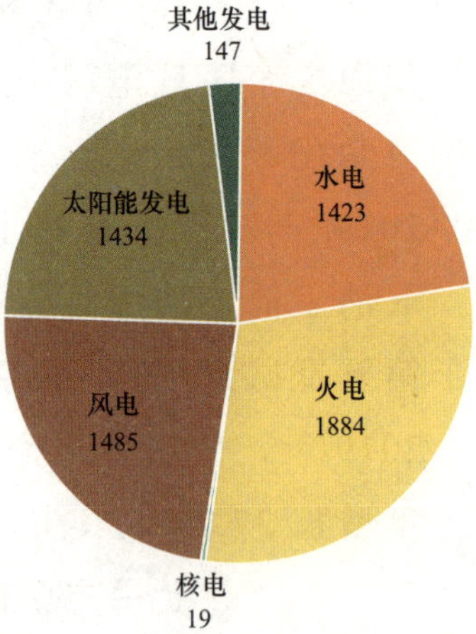

图 1-12　2019 年底全国分类型发电企业数量单位：家

根据中国电力企业联合会对国家电网等 16 家[2]大型电力企业人力资源情况统计，截至 2019 年年底，16 家大型电力企业职工总数 214.90 万人，比上年减少 1.24%。16 家大型电力企业人力资源总量变化增减不一。其中，京能集团、浙能集团、国家能源集团、国家电投等都比上年度有所增加，增幅最大的是京能集团和浙能集团，分别增加 17.08%和 12.58%。中国三峡、中国能建、中国广核、南方电网、中国华能等都比上年度有所减少，减幅最大的

---

[1] 电力企业数统计数据来源于国家统计局；统计口径为规模以上独立核算法人单位。

[2] 全国主要电网企业指国家电网有限公司、中国南方电网有限责任公司、内蒙古电力（集团）有限责任公司）；全国主要发电企业指中国华能集团有限公司、中国大唐集团有限公司、中国华电集团有限公司、国家能源投资集团有限责任公司、国家电力投资集团有限公司、中国长江三峡集团有限公司、中国核工业集团有限公司、中国广核集团有限公司、广东省能源集团有限公司、浙江省能源集团有限公司、北京能源集团有限责任公司。全国主要电建企业指中国电力建设集团有限公司、中国能源建设集团有限公司。

是三峡集团和中国能建，分别减少 10.69%和 5.67%。

2019 年，规模以上电力企业资产总额及负债总额增速均比上年提高，负债率有所下降。电力供应企业利润总额在上年大幅下降的基础上继续下降，发电企业利润增长，带动电力企业利润整体上涨，如表 1-3 所示。

表 1-3　　2019 年规模以上电力企业主要经营效益指标

类别	资产		负债		利润	
	总额（亿元）	比上年增长（%）	总额（亿元）	比上年增长（%）	总额（亿元）	比上年增长（%）
电力企业	151253	5.4	87989	1.8%	3834	18.1%
电力供应企业	65444	9.9	31500	6.3%	957	−4.9%
发电企业	85809	2.2	56490	−0.5%	2876	28.4%
火电企业	22123	−0.3	14520	−3.8%	680	127.2%
热电联产企业	11699	1.5	8221	0.8%	187	93.6%
水电企业	20075	0.2	12376	−3.7%	794	12.2%
核电企业	7776	2.7	5763	0.5%	291	12.5%
风电企业	13817	5.6%	8791	2.7%	561	3.5%
太阳能发电企业	7518	7.1%	5054	5.7%	265	7.3%
生物质能发电企业	1886	12.1%	1163	11.1%	70	9.4%
其他电力生产企业	916	10.0%	600	10.7%	29	16.5%

注：数据来源于国家统计局，统计口径是规模以上企业。

（二）主要电力企业生产经营情况

主要电力企业生产经营情况如表 1-4、表 1-5、表 1-6、表 1-7 所示。

表 1-4　　2019 年主要电网企业生产经营情况

指标名称		单位	国家电网有限公司	中国南方电网有限责任公司	内蒙古电力（集团）有限公司
资产总额		亿元	41436.14	9336.52	1007.83
主营业务收入		亿元	26334.14	5611.49	807.44
其中	国内主营业务收入	亿元			799.51

续表

指标名称		单位	国家电网有限公司	中国南方电网有限责任公司	内蒙古电力（集团）有限公司
其中	国际主营业务收入	亿元			7.93
电网建设完成投资		亿元	4473	1060.38	150.64
公司利润总额		亿元	770.35	180.34	26.85
公司合并净利润		亿元	565.58	138.05	20.36
上缴税金		亿元	1562.04		34.09
所有者权益		亿元	18104.22	3784.22	466.16
资产负债率		%	56.31	59.47	53.75
资本保值增值率		%			104.45
全员劳动生产率		万元/（人·年）	83.6	60.79	80.18
年售电量		亿千瓦时	44686	10521	2176.35
跨区送电能力		万千瓦	11312	5017	400
综合电压合格率	城市	%	99.995	99.794	99.55
	农村	%	99.802	98.949	99.38
供电线路损失率		%	6.25	5.80	2.92
供电可靠率（RS-1）	城市	%	99.952	99.955	99.9050
	农村	%	99.814	99.831	99.7568

表 1-5　　2019 年主要电力建设集团生产经营数据

指标名称		单位	中国电力建设集团有限公司	中国能源建设集团有限公司
资产总额		亿元	9778.14	4263.97
总收入		亿元	4650.02	2468.00
其中	国内业务营业收	亿元	3513.85	2145.12
	国际业务营业收	亿元	1136.17	415.09

续表

指标名称		单位	中国电力建设集团有限公司	中国能源建设集团有限公司
当年签订的合同额		亿元	7433	5210.21
年底合同存量		亿元	13498	12091.05
利润总额		亿元	157.94	123.31
其中	国内业务利润	亿元	98.22	96.66
	国际业务利润	亿元	59.72	40.51
公司合并净利润		亿元	122.29	92.55
上缴税金		亿元	201.84	110.92
所有者权益		亿元	2324.01	1164.01
所有者权益收益率		%	5.91	7.95
资产负债率		%	76.23	72.70
资本保值增值率		%		117.31
全员劳动生产率		万元/（人·年）		37.47
可控发电装机容量		万千瓦	1570.28	153.28
其中	水电	万千瓦	631.46	78.76
	火电	万千瓦	316	7.87
	风电	万千瓦	502.97	38.35
	太阳能发电	万千瓦	119.85	28.30
可控发电装机的发电量		亿千瓦时	510.67	39.16
权益发电装机容量		万千瓦	1570.28	195.14
其中	水电	万千瓦	235.55	100.12
	火电	万千瓦	157.65	45.27
	风电	万千瓦	101.98	24.80
	太阳能发电	万千瓦	15.5	24.95
权益发电装机的发电量		亿千瓦时	510.67	31.55

注：年底合同存量指企业已签订但未进行或未完成的合同额。

表 1-6 2019年主要发电企业生产经营情况

单位名称	资产总额（亿元）	收入		利润总额				公司合并净利润（亿元）	上缴税金（亿元）	所有者权益（亿元）	所有者权益收益率（%）	资产负债率（%）	资本保值增值率（%）	全员劳动生产率（万元/人·年）
		综合业务收入（亿元）	电力业务收入（亿元）	综合利润总额（亿元）	电力业务利润总额（亿元）	火电业务利润总额（亿元）	煤电业务利润总额（亿元）							
中国华能集团公司	11243	3030	2487	168	59	−83	−91	102	286	2934	3.8	73.9		
中国大唐集团公司	7642	1922	1737	121	59	−18	−27	74	179	2077	3.8	72.8		84.9
中国华电集团公司	8224	2145	1951	113	103	20	14	68	231	2234	3.4	72.8		
国家能源集团	17500	5575	5464	781	218	107	107	556	924	7059	7.9	59.7		
国家电力投资集团公司	11834	2725	1946	162	119	−33	−20	108	237	2903	4.1	75.5		70.9
中国核工业集团公司	8317	1794	494	176	105			142	138	2371	6.6	71.5	110.3	45.2
中国三峡集团公司	8356	985	806	441	282	9	9	362	202	4235	8.6	49.3	108.5	307.0
中国广核集团有限公司	7495	1097		186				156	119	2219	7.7	70.3	100.0	

续表

单位名称	资产总额（亿元）	收入		利润总额				公司合并净利润（亿元）	上缴税金（亿元）	所有者权益（亿元）	所有者权益收益率（%）	资产负债率（%）	资本保值增值率（%）	全员劳动生产率（万元/人·年）
		综合业务收入（亿元）	电力业务收入（亿元）	综合利润总额（亿元）	电力业务利润总额（亿元）	火电业务利润总额（亿元）	煤电业务利润总额（亿元）							
广东省能源集团有限公司	1458	492	464						40	720	5.5	50.6	106.4	346.0
浙江省能源集团有限公司司	2415	1118	456	92	31	23	23	72	53	1220	5.9	49.5	115.1	421.7
华润电力控股有限公司	1933	597	589	85				64	63	777	8.5	59.8	114.7	
北京能源投资（集团）有限公司	3050	633	360	51	42	32	17	38	59	1100	3.6	63.9		
国投电力控股股份有限公司	2247	424	417	103	103			87	64	744	12.1	66.9	114.5	
深圳能源集团股份有限公司	961	209	170	22	17	5	0.3	18	21	336	6	65.1	122.2	298.7
申能股份有限公司	679	388	122	33				23	12	379		4.3		

表 1-7　11 省区 2019 基本电力数据表

省份	装机（万千瓦）	发电量（亿千瓦时）	用电量（亿千瓦时）	人均用电量（千瓦时）	供电量（亿千瓦时）	售电量（亿千瓦时）	线损率（%）	电源本年完成投资（万元）	新增装机（万千瓦）	电网本年完成投资（万元）	新增110千伏及以上输电线路（千米）
陕西	6242	2223	1912	4941.46	1343	1264	5.9	1307869	740	1914403	2442
山西	9249	3253	2262	6074.67	1872	1769	5.5	838833	445	1631653	1379
内蒙古	12931	5451	3653	14398.96	2338	2251	3.71	1610037	658		
四川	9929	3903	2636	3153.66	2405	2218	7.78	3718119	125	2402843	1986
贵州	6599	2257	1541	4266.03	1819	1733	4.69	390145	234	2357734	1207
湖南	4669	1551	1864	2698.59	1650	1518	7.96	509958	181	2702875	1928
浙江	9789	3544	4706	8123.28	4235	4074	3.79	986151	297	5508595	2195
吉林	3122	926	780	2892.92	667	619	7.21	364284	111	447090	397
新疆	9614	3606	2868	11447.31	1312	1209	7.85	1062274	469	3866745	1868
广西	4615	1827	1907	3858.65	1683	1597	5.09	1115232	140	2643986	1120
重庆	2448	812	1160	3732.18	975	925	5.15	114476	51	1540777	1058

第二节 地方电力企业概况

地方电力企业是指有配电网经营业务的地方国有企业，全国地方电力企业经营情况各不相同，有的是趸售型供电企业，以购买大电网经营企业电量为主要业务模式，有的同时拥有发、输、配电业务。2019年，地方电力企业分布格局基本不变，在东北、华北、西北、华东、华中、西南、南方区域均有地方电力企业存在。其中，南方电网公司以实际出资方式控股广西水利电力集团公司，组建广西新电力投资集团公司公司，并实施大规模农村电网改造，是地方电力企业2019年发展进程中的重要事件。

一、企业分布

我国地方电力企业分布如表1-8所示。

表1-8 我国地方电力企业分布

区域	企业
东北区域	吉林省天正控股（集团）有限公司
华北区域	晋能控股电力集团 山西地方电力有限公司 晋能控股电力集团清洁能源有限公司 晋能清洁能源科技股份公司 内蒙古电力集团有限公司
西北区域	陕西省地方电力（集团）有限公司 新疆生产建设兵团管理的电力企业
华东区域	温州龙湾永强供电公司
华中区域	湖南郴电国际发展股份公司
西南区域	四川省能源投资集团有限公司 四川能投电力开发有限公司 四川能投发展股份有限公司 四川省水电投资经营集团有限公司 四川省能投攀枝花水电开发有限公司 重庆三峡水利电力（集团）股份有限公司 重庆乌江电力有限公司 四川西昌电力股份有限公司 四川明星电力股份有限公司 四川乐山电力公司 贵州金州电力集团 云南省水利水电投资有限公司 云南保山电力股份有限公司
南方区域	广西桂东电力股份有限公司 广西壮族自治区百色电力有限责任公司 广西水利电力集团公司

（一）东北区域

1. 吉林天正控股（集团）有限公司（http: //www.jlsw.org）

吉林省天正控股（集团）有限公司（以下简称“天正控股公司”）的前身为吉林省地方水电有限公司，经过资产与业务重组通过派生分立的方式，于2010年5月31日注册成立，注册资本为2.19亿元，其中吉林省水务投资集团有限公司持有41.84%股权；吉林长明水电集团有限公司持有12.82%股权；抚松县利民水利水电项目建设开发有限公司持有12.39%股权；通化县济泰水电有限公司持有8.73%股权；长白朝鲜族自治县恒源水电有限责任公司出资持有6.38%股权；吉林省国有资产经营管理有限责任公司持有12.31%股权；中国三峡新能源（集团）股份有限公司持有5.53%股权。公司经营范围为：水电设备制造销售；水能资源开发；水电工程项目技术咨询；进出口贸易（国家法律法规禁止的品种除外）；利用自有资金对外投资；农业种植；林木种植；畜牧饲养；矿产品开发；农产品深加工。企业业务模式：公司主营业务为供电、发电和水利水电施工，目前主要分布在吉林东部山区的安图县、抚松县、靖宇县、长白县、通化县、临江市6个县市区域。资产规模：截至2019年12月31日，公司资产总额449864万元，其中：流动资产112340万元，非流动资产337524万元，固定资产269685万元。供电面积：2.6万平方千米，服务人口：供电人口106万。公司供电业务处于产业链中游，公司从国家电网公司和相关发电企业购买电量，然后销售给供电区域内居民生活用电，公司一般工商业售电量占公司整体售电量的26.5%，大工业售电量占公司整体售电量的28.9%。2019年公司实现供电营业收入85145万元；完成购电量16.88亿千瓦时，完成售电量15.41亿千瓦时。公司共有发电站21座，位于长白山东部山区，其中水力发电站20座，均属于小水电站，总装机容量113020千瓦；一座光伏发电站，装机容量8000千瓦。2019年公司发电实现营业收入11437万元，发电量3.15亿千瓦时。2019年度公司完成购电量16.79亿千瓦时，完成年计划16.78亿千瓦时的100.05%；完成售电量15.454亿千瓦时，完成年计划15.45亿千瓦时的100.02%；计划综合损失率指标7.9 %，预计完成7.85 %，相比计划降低0.05个百分点；完成税前提成电费32280.9万元，完成年计划31575万元的102%。2019年，实现营业收入110823万元，实现利润总额3266万元，净利润1807万元，超额完成了年初制定的各项任务指标。供电方面：实现营业收入85145万元；完成购电量16.88亿千瓦时，完成年计划的101%；

售电量 15.41 亿千瓦时，完成年计划的 102.2%；计划综合损失率指标 8.8%，实际完成 8.72%；完成税前提成电费 31736 万元，完成年计划的 101%。发电方面：实现营业收入 11437 万元；发电量 3.15 亿千瓦时，完成年计划的 84%；售电量 3.09 亿千瓦时，完成年计划的 84%。

（二）华北区域

1. 晋能控股电力集团（http: //jndl.jinnenggroup.cn/）

晋能控股电力集团有限公司于 2014 年 4 月注册成立，是以发电为主业的电力板块公司，承担着发电及相关产业的投资、建设和运营任务，履行专业化管理和专业化服务职责，产业包括燃煤发电、燃气发电、水力发电、供热及能源服务等类型。注册资本 17.48 亿元，晋能电力集团负责管理的直属及代管企业 17 家，资产总额 288.14 亿元，资产负债率 82.53%，在册员工 3071 人。在役运行电厂 9 座装机 592.8 万千瓦，其中：燃煤火电厂 7 座装机 494 万千瓦，燃气发电厂 1 座装机 86 万千瓦，水力发电厂 1 座装机 12.8 万千瓦；在建控股电厂 2 座装机 140 万千瓦；“腾笼换鸟”电厂 1 座装机 70 万千瓦；结转至十四五前期项目 1 个装机 70 万千瓦。作为省属最大供热企业，2019 年供热面积达到 10540 万平方米，供热量 3452 万吉焦。参股企业共 13 家，原始投资 28.31 亿元。其中：发电企业 9 家，发电装机 962 万千瓦，权益装机 159.39 万千瓦；参股山西省电力交易中心、中铝华润公司、古州同意煤业、晋能环保工程公司等 4 家企业。

2. 山西地方电力有限公司（http: //dfdl.sxgjdl.com/）

山西地方电力有限公司前身为成立于 2003 年 6 月 5 日的山西地方电力电网有限公司（以下简称“地方电网”）。2008 年 6 月根据山西省人民政府国有资产监督管理委员会晋国资改革函〔2008〕168 号文件批复，山西国际电力集团有限公司（以下简称“国电集团”）以地方电网公司为主体，对所属配电企业进行资产整合，将所属的山西蒲县电力公司、朔州市朔城区电力公司、山西省乡宁县电力公司、山西省安泽县电力公司等 4 家全资子公司、吕梁地区九家分公司经评估后的净资产、所持山西兴光输电有限公司 80%的股权和朔州市朔南输配电有限公司 70%的股权，以及部分货币资金、以货币资金共同对地方电网进行增资。增资完成注册资本变更为 6 亿元，出资比例分别为 99%和 1%，原地方电网更名为山西地方电力股份有限公司（以下简称“地电股份”）。2011 年 6 月，山西通宝能源股份有限公司通过向国电集团和国电资产定向增发股份方式收购了其共同持有的地电股份100%的股权，交易完成后，地电股份成为通宝能源的全资子公司，并更名为山西地方电力有限公司。地电公司承担着吕梁、临汾、朔州3市12个县（区）的供配电任务，主要业务范围包括：电力销售及与电力销售有关的电气材料经营，输电工程安装、改造，电力高科技技术咨询、服务。地电公司围绕“安全稳定、效益优良、服务优质”的发展目标，包括“山西地电为山西，地方电力为地方”的服务宗旨，通过加大电网投资建设力度、加强企业内部机制改革、狠抓基础规范管理、健全服务监督机制等一系列措施，所属供电营业区电网结构不断改善，经营管理水平和供电服务质量显著提高，显现出良好的发展态势，成为山西地方电力资产具有潜在活力的重要组成部分，有力地服务了所属区域地方经济和社会事业的快速发展。供电区域包括吕梁市八县（区）（柳林县、中阳县、交口县、方山县、石楼县、临县、兴县、离石区）、临汾市三县（蒲县、乡宁县、安泽县）和朔州市朔城区，总计12个县（区）。

3. 晋能控股电力集团清洁能源有限公司

晋能控股电力集团清洁能源有限公司成立于2013年11月，主要业务涵盖风力、光伏发电项目投资开发建设运营、光伏电池及组件研发制造、光伏工程建设等，是山西省清洁能源开发运营最早、装机规模最大的省属国有企业，2018年列入国资国企改革“双百行动”名单，荣获“山西省五一劳动奖状”“山西省优秀企业”等荣誉称号。清洁能源公司在役在建风电和光伏发电总装机237.88万千瓦，分布在山西、内蒙古等地。拥有晋中、文水两个光伏制造生产基地，光伏电池和组件综合产能3.5吉瓦，产品涵盖高效多晶、高效单晶和超高效异质结三大产品线，建成全国首条超高效异质结量产线，转换效率达到24.73%，居国际领先水平，产品出口欧洲、东南亚等地区和“一带一路”沿线国家，占总产能的45%以上。公司先后承建了174个光伏扶贫项目，总装机17.6万千瓦，助力3.5万贫困户实现精准脱贫。

4. 晋能清洁能源科技股份公司（http: //www.jinergy.com/）

晋能清洁能源科技股份公司（以下简称“晋能科技”）创立于2013年12月31日，是山西省大型国有控股光伏制造企业，致力于成为全球领先的光伏制造企业和清洁能源提供商。晋能科技始终坚持技术迭代的核心战略，组建了包含国内外光伏行业专家及优秀人才的运营管理和研发团队，通过技术革新和精益生产，构建起跻身全球前5%具有技术和成本竞争力的电池、组件生产能力，销售足迹遍布全球，已向中国、日本、韩国、澳大利亚、德国、乌克兰、印度、巴基斯坦、巴西、墨西哥、阿根廷等十余个国家提供高效率、高品质太阳能组件。晋能科技始终坚持用技术创新引领产业进步，将中国先进的光伏制造技术带向全球，推动全球能源结构转型。

5. 内蒙古电力集团有限公司（http: //www.impc.com.cn/）

蒙古电力（集团）有限责任公司是内蒙古自治区直属国有独资特大型电网企业，负责建设运营自治区中西部电网，承担着区内8个市（盟）工农牧业生产及城乡1429万居民生活供电任务，同时向华北、陕西榆林跨省区送电，向蒙古国跨国境送电。截至2019年年底，公司资产总额1001.9亿元，所属单位38家（含分公司22家，子公司16家），职工总人数37479人。2019年，全年售电量完成2176.35亿千瓦时，同比增长11.41%，其中区内售电量1888.85亿千瓦时，同比增长13.6%。电网运行500千伏变电站32座，220千伏变电站156座，110千伏及以下变电站988座、抽水蓄能电站1座。全网统调装机7368.88万千瓦，其中，火电装机容量4497.4万千瓦，风电、光伏和生物质等新能源装机容量2678.24万千瓦。全网最大发电负荷3885.4万千瓦，最大供电负荷突破3073万千瓦2019年，公司完成售电量2176.4亿千瓦时，同比增长11.4%。其中区内售电量1888.8亿千瓦时，同比增长13.6%。线损率2.92%，同比下降0.58个百分点。综合电压合格率99.43%，同比提高0.67个百分点。城市用户平均停电时间8.32小时/户，同比降低0.7小时/户。营业收入832.1亿元，同比增加55.9亿元。实现利税53.8亿元，资产总额1007.8亿元，资产负债率53.75%。公司连续8年获评经营业绩考核A级企业，位列中国企业500强第239位。

（三）西北区域

1. 陕西地方电力（集团）有限公司（http: //www.spg.com.cn/）

陕西地方电力（集团）有限公司是省属大型国有企业，注册资本100亿元，业务范围供电业务、发电业务、电力建设业务、股权投资业务、综合能源业务、能源研究院业务、电力辅业业务、职工培训与其他业务，是陕西电力市场的重要主体和能源产业的新兴力量。公司按照现代企业法人治理结构，形成党委会、董事会、经营层协调运作的企业治理体系，下属市、县供电分公司79个，发电、电建、综合能源、能源研究院等子公司及直属中心10个，员工2.3万人。公司承担着全省9市70个县（区、开发区）的生产生活供电任务，供电面积 14.25 万平方公里，占全省供电营业区面积的 76%；供电人口超过 2000 万，占全省人口的 53%，用电客户达到 638 万户。

2. 新疆生产建设兵团电力公司

新疆生产建设兵团成立于 1954 年，在特殊的地理、历史背景下承担起推动经济发展、增进民族团结、维护社会稳定、巩固国家边防的艰巨任务，2019 年兵团电力事业发展仍以区域为主，尚未成立兵团层面的电力公司，也没实现兵团电力全域联网。

（四）华东区域

1. 温州龙湾永强供电公司（www.86865598.com）

永强供电公司前身为永强公社白水电站，成立于 1958 年，是当时永强地区第一座水电站，曾获周恩来总理签署的“全国社会主义建设先进单位”奖状。经历 60 余年从无到有、从小到大的发展历程，公司现为龙湾区政府直管的集体性质地方电网企业，公司领导班子由总经理室成员和党委委员组成。其中，总经理室成员由区政府任命，总经理为企业法人代表和主要负责人；公司党委由全体党员公推直选产生，受区委领导。领导班子按照民主集中制则履行行政管理职能，重大决策由职工代表大会表决决策。公司组织机构按照县级供电企业设置，总经理室以下设总经理工作部、发展策划部、财务产权部、电力营销部、生产技术部、安监保卫部、综合产业部、电力调度室、基建发展部 9 个职能部门，下属二级科室 13 个，供电所 7 个，水电站两座。公司供区范围包括温州东片 6 个街道及其工业区，供区面积约 145 平方千米，拥有电力用户 11.2 万户（含居民和农业用户 9.1 万户），供电人口约 35 万人。公司持有浙江省经信委颁发的《供电营业许可证》和国家能源局浙江监管办颁发的《电力业务许可证》，供电营销管理实行“四到户”模式。供区内现有 110（35）千伏变电站 6 座，总变电容量为 496 兆伏安（已包括调用中压线路）。公司下辖中压线路 111 回，包括 10 千伏线路 105 回、20 千伏线路 6 回（专供增量区域）。

（五）华中区域

1. 湖南郴电国际发展股份

湖南郴电国际水电投资有限责任公司成立于 2004 年，公司经营范围包括：水电开发、投资；水电技术开发、技术咨询服务等。湖南郴电国际发展股份有限公司（以下简称“郴电国际”）是 2000 年 12 月由原郴州市电力公司作为主发起人，联合宜章县电力有限责任公司、临武县水利电力有限责任公司、汝城县水电有限责任公司、永兴县水利电力有限责任公司四家地方电力企业及联合国国际小水电中心，共同发起设立的股份有限公司，是我国地方电力大型独立配电企业和A股上市公司。公司主营电力供应，兼营电源开发、工业气体制造、电力设备制造等。公司注册资本21027万元，旗下拥有5家分公司、6家子公司及合营企业。公司先后被国家水利部、人事部评为“全国优秀水利企业”“全国地方水电文明服务示范单位”“全国农村电网现代化管理先进单位”“全国水利企业文化优秀奖”，并被水利部确立为全国地方电力系统现代化企业管理、现代化技术应用“郴州模式”，向全国推广。

（六）西南区域

1. 四川省能源投资集团有限公司（https: //www.scnyw.com/）

四川省能源投资集团有限责任公司（简称“四川能投”）成立于2011年2月21日，注册资本93.16亿元。公司为四川省人民政府批准组建的国有资本投资公司，是四川推进能源基础设施建设、加快重大能源项目建设的重要主体。四川能投围绕省委、省政府“5＋1”产业体系，确定了“突出主业、优化辅业、主辅互动、协同发展”的发展新思路，全力构建以能源化工为主业，能源化工工程建设及相关服务、类金融、文化旅游为辅业，大健康、教育为辅业的“1＋3＋2”产业新格局，大力推动全省能源建设迈入高质量发展的时代新征程。做强做大两大主业。能源板块稳步发展。电网方面，电网供电区域覆盖四川31个县（区）的1800万人口，构筑起了川南、川东、凉山东部、平武青川四个区域/配电网，年售电量超过200亿千瓦时，是四川省第二大电网公司，省电力交易中心第二大股东。

2. 四川能投电力开发有限公司（https: //dl.scnyw.com/）

四川能投电力开发有限公司（简称“能投电力”），注册资本106457.15万元，是四川省能源投资集团有限责任公司（简称“四川能投”）旗下“以水电投资开发，电力生产、供应为主”的可再生清洁能源公司。投运电站26座，总装机容量52.436万千瓦，总资产55.04亿元，净资产11.46亿元。能投电力秉承四川能投“开发能源、服务四川、改善民生、推动发展”的企业使命，坚持四川能投“做强电网、做大电源、做实燃气、开发新能源”的能源发展战略，致力于中小水电投资、开发、建设和运营，企业规模快速扩大。

3. 四川省水电投资经营集团有限公司（https: //sdjt.scnyw.com）

四川省水电投资经营集团有限公司（以下简称“川能水电集团”）是四川

省能源投资集团有限责任公司的控股子公司，公司注册资本 36.3770 亿元，负责投资、经营、管理省级地方电力国有资产，是四川省地方电力系统农网、城网、缺电县、无电地区电力建设项目的总业主。供电面积 6.42 万平方千米，约占全省总面积的 13.23%，供电人口 1800 万人、560 万户，约占全省人口的 22.16%，拥有控股参股公司 39 家。川能水电集团坚持以资产为纽带实施地方电力企业产权改革，以农网改造升级促进地方电力发展，经过十余年的不懈努力，累计投入农网资金 263 亿元对全省 31 个县区实施了农网改造升级和无电地区建设，累计解决了 37.17 万无电人口的用电问题，被国家能源局表彰为“全面解决无电人口用电问题先进单位”，率先在全国完成了首例在海拔 5000 米以上进行 110 千伏等级送电线路工程施工等。

4. 四川能投发展股份有限公司（http: //www.scntgf.com/）

四川能投发展股份有限公司（以下简称“四川能投发展”）注册资本 10.74 亿元，2018 年 12 月在香港联交所主板上市，股份代号 01713，成为国内配售电行业首家 H 股上市公司，四川能投发展是一家服务于四川省宜宾市的垂直综合电力供应商和服务供应商，拥有“发配售”一体化的电力服务模式。公司现有 6 家县级供电公司、2 家发电公司、1 家综合能源服务公司和 1 家电力工程建设公司，从事的主要业务包括：供电、发电、电力配售、工程建设服务、新能源、电力增值服务等相关业务。

5. 四川省能投攀枝花水电开发有限公司（http: //pzh.scnyw.com/）

四川省能投攀枝花水电开发有限公司四川能投集团旗下的二级公司，负责金沙水电站的开发建设和经营管理。公司由四川能投集团（持股 60%）、长江设计院（持股 25%）、攀枝花国投集团（持股 15%）三家股东组成，注册资本金 4 亿元。设有“八部一厂”。金沙水电站作为清洁能源标志性工程，总装机容量为 560 兆瓦，工程投资约 74.23 亿元，于 2016 年被确定为国家重大建设项目，也是首个由省属国有企业在大江大河干流上控股开发的水电站。项目于 2016 年 8 月 11 日获得国家发改委的核准。公司以“开发能源、推动发展、服务社会、实现双赢”为企业使命，以“创绿色精品工程、建生态环保电站”为建设目标，按照“安全好、质量优、进度快、环境美、投资省”的高质量建设要求，依法科学推进工程建设，于 2019 年 11 月 28 日实现三期截流。

6. 重庆三峡水利电力（集团）股份有限公司（http: //www.cqsxsl.com/）

重庆三峡水利电力（集团）股份有限公司（以下简称“公司”）起源于

1929年成立的万县市电业公司。1994年经四川省经济体制改革委批准，公司以定向募集方式改制成为股份有限公司，并于1997年在上海证券交易所成功上市（股票代码：600116），为重庆市首家电力上市公司。公司目前主要从事发电、供电业务，经营综合能源服务、电力勘察设计、电力工程安装、锰矿开采及电解锰生产加工销售等业务，公司现拥有50余个全资、控股子公司，参股重庆公用站台设施投资开发（集团）有限公司、重庆三峡银行等企业。公司年配售电量约115亿千瓦时，供电区域覆盖了重庆市“四区两县”及湖南省花垣、贵州省松桃等区县，与国家电网和南方电网形成了互联互通的供电主体关系，在供区内初步打造了具备一定规模的配售电网络，为地方经济社会发展提供了有力的电力保障。

7. 重庆乌江电力有限公司（http: //www.wjep.com/）

重庆乌江电力有限公司是重庆乌江实业（集团）股份有限公司的子公司，集发电、输电、供电、配电于一体，拥有与发电装机规模相匹配的优质、稳定电力市场。公司电网现有水力发电站10座，装机容量近50万千瓦、年发电能力近20亿千瓦时；拥有220千伏、110千伏变电站9座，输变电容量近200万千伏安，年供电能力60亿千瓦时；通过220千伏、110千伏输电线路与贵州、湖南、湖北、重庆等大电网连接，现有220千伏、110千伏输电线路25条上千公里；拥有近60万千瓦的电力市场，总供电幅员面积约1.2万平方公里、供电总人口约210万人，供区主要分布在重庆市黔江区、酉阳县、秀山县和湖南省花垣县、永顺县、保靖县，以及贵州省松桃县等地。

8. 四川西昌电力股份有限公司（http: //www.scxcdl.com/）

四川西昌电力股份有限公司（以下简称“公司”）前身是凉山州西昌电力公司，是1980年经国家电力部批准由国家电网划转地方成立的以自发、自供为主，县、乡电厂并网与国家大电网联网运行的四川省凉山州属骨干电力企业。1994年3月，经四川省体改委（川体改〔1994〕183号）批准，凉山州西昌电力公司进行股份制改革试点，于1994年6月18日注册成立西昌电力，注册资本为5，500.00万元。1997年公司股东按1:1的比例增资扩股，注册资本增至11，000.00万元。2002年2月，经中国证券监督管理委员会（证监发行字〔2002〕21号）核准，西昌电力向社会公众首次公开发行人民币普通股5，500万股。2002年5月30日，西昌电力社会公众股在上海证券交易所上市流通，目前股本为36456.75万股。公司地处我国西电东送基地之一的四川省凉山州，依托富集的水电资源，公司已成为集发电、供电、用电、建设、管理为一体的电力骨干企业。

9. 四川明星电力股份有限公司（http: //www.mxdl.com.cn/）

四川明星电力股份有限公司（以下简称“公司”）前身为遂宁电力公司，始建于 1958 年，1988 年 3 月经四川省遂宁市人民政府批准进行股份制试点，1997 年 6 月 27 日，经中国证监会批准，公司社会公众股在上海证券交易所上市流通（证券简称：明星电力，证券代码：600101）。2009 年 11 月 2 日，国网四川省电力公司持公司 20.07%股权，成为公司第一大股东，并持续加大政策和资金支持，公司供电保障和优质服务能力显著增强，为地方经济社会发展做出重要贡献。公司主营电力、自来水生产与供应，产业涉及燃气、电、水工程设计与建设、新能源开发、综合能源服务、酒店宾馆等，共设 13 个职能部门和 5 个业务支撑中心，下辖 6 个分公司和 8 个全资（控股）子公司，与香港华润燃气公司合营的四川华润万通燃气股份有限公司。公司供电电源分自发电量和省网趸购电量，供电区域为遂宁市船山区、安居区，供电面积 1876.2 平方千米，供电人口 150 余万。供区内拥有水力发电站 4 座、机组 15 台，装机容量 11.558 万千瓦，年发电能力约 5.5 亿千瓦时。网内 110 千伏变电站 11 座、35 千伏变电站 22 座，输配电线路约 2.3 万千米。

10. 四川乐山电力（www.lsep.com.cn）

四川乐山电力公司电网供电区域主要分布在乐山市和眉山市的部分区县，2019 年度售电量在乐山市范围内占比 13.39%，比上年同期降低 2.42 个百分点。截至 2019 年末，公司电网网内并网电站 169 座，合计装机容量 70.904 万千瓦。

11. 贵州金州电力集团（http: //www.gzwfdl.cn/index.html）

贵州金州电力集团有限责任公司（以下简称金州电力集团公司）于 2016 年 7 月成立，作为黔西南州州管国有企业，公司成立以来，始终贯彻落实黔西南州委、黔西南州政府“大电强网＋大产业”及“煤—电—网—产”深度融合发展的战略决策部署，突出电力供应主业定位，以地方电网为龙头，推动电力上下游产业发展，逐步形成了煤炭、电源点、电网、工业硅、电解铝、燃气、硝铵等七大产业板块。目前，公司经营的地方电网已覆盖黔西南州兴义市全部区域及兴仁市、安龙县、贞丰县、普安县、晴隆县、义龙新区工业园区。金州电力集团公司先后被国家发改委、国家能源局、国务院国资委明确为全国售电侧改革试点、增量配电业务改革试点、国企改革“双百行动”综合试点单位。金州电力集团以电力供应为主业定位，形成以煤炭、水电、火电、清洁能源发电、电网、实业产业为单元的业务板块体系，各板块功能定位、业务范围清晰，互不重叠。公司及各子公司管理层级压缩到三级以内，实现扁平化管理。以经营业绩为导向的考核激励机制，旗下9个子公司均为独立法人制，各自独立核算，生产成本明晰，依法自主经营、自负盈亏、自偿债务、自担风险、自我约束、自我发展的独立主体。

12. 云南保山电力股份有限公司

云南保山电力股份有限公司于1996年10月21日挂牌成立，为市属国有控股企业。目前，公司有股东8户、股本总额26803.3万元，下设永昌、施甸、腾冲、龙陵、昌宁5个分公司，共有员工2000余人。公司承担保山市（隆阳区、施甸县、腾冲市、龙陵县、昌宁县）行政区划范围内110千伏及以下电压等级电网的建设和营运管理，目前全市已形成110千伏电网与云南电网220千伏电网多点连接，220千伏、110千伏电网为骨干辐射五县市区、35千伏电网覆盖全市所有乡镇的电力网络。公司拥有110千伏变电站33座、总容量2291.5兆伏安，35千伏变电站68座、总容量596.46兆伏安。110千伏线路75条、总长度1520.4千米，35千伏线路123条、总长度1735.44千米，10千伏输电线路11552.77千米，低压线路25199.55千米，配电变压器13884台。全市户表改造覆盖率100%，消除了无电人口，供电可靠率达到98.8%。

（七）南方区域

1. 广西桂东电力股份有限公司（http: //www.gdep.com.cn/）

广西桂东电力股份有限公司（沪市上市公司，证券简称“桂东电力”，证券代码“600310”）系经广西壮族自治区人民政府桂政函〔1998〕114号文批准，由广西正润发展集团有限公司（原“贺州市电业公司”，以下简称为“正润集团”）作为主要发起人，以合面狮水电厂和供电公司等经营性电源和电网资产投入，于1998年12成立。目前桂东电力全资及控股子公司24家、参股公司11家，以发供电为主业，涉足发供电、证券、油品等行业。桂东电力成立时承接了母公司正润集团大部分的电源和全部经营性电网资产，形成了全国水利系统地电行业中厂网合一、网架覆盖面最宽最完整、以110千伏输电线路环网运行、拥有完整统一的发供电一体化体系，电网内发供电相互配套的地方电力企业。截止2019年底，公司自有及控股总装机容量为37.76万千瓦，220 千伏变电站 2 座，220 千伏线路 215.06 千米，110 千伏变电站 17 座，110 千伏线路 1337.9 千米，35 千伏线路 475.28 千米，变电容量 19471 兆伏安。供电营业范围包括桂东区域县市，并与广东郁南县、罗定市以及临近的湖南省江永县、江华县、永州市等进行互为网间电量交换，形成较完整的区域电网。2019 年供电量 38.31 亿千瓦时，同比增加 6.86%。

2. 广西壮族自治区百色电力有限责任公司（http: //www.bsdw.com.cn/）

广西壮族自治区百色电力有限责任公司注册成立于 2000 年，是百色市人民政府授权百色市国资委履行出资人职责的国有地方电网企业，是“广西百强企业”“广西优秀企业”和“百色市强优工业企业”。公司注册资金 1.3 亿元，旗下有百色信和矿业有限责任公司、百色兴和铝业有限公司、百明电力安装工程有限责任公司、贵州荣贵能源发展有限公司 4 家全资子公司，有黔西南州元豪投资有限公司、广西洞巴水电有限公司、百色右江水埠煤矿有限公司、广西荣壮资产管理有限公司 4 家控股公司，参股企业 9 家。近年来，在百色市委、市政府的正确领导和社会各界的关心支持下，百色电力有限责任公司秉承“人民电业为人民，百色电力兴百色”宗旨，主动融入服务百色工业发展大局，深入实施“煤电网一体化”发展战略，着力整合大煤源、建设大电源、构建大电网、发展大负荷，有序整合各类电源电量上网，购置煤矿，拓展煤深加工项目，挖掘铝板带箔项目潜能，积极发展工业园区增量用户。网内现有 220 千伏变电站 8 座、线路 1355 千米，110 千伏变电站 20 座、线路 776 千米，35 千伏变电站 10 座、线路 532 千米，10 千伏线路 1900 多千米，初步形成东送百色生态铝示范基地、南通中越边境口岸经济开发区、西引云南文山水电集群、北拥黔西南煤电资源的全面发展格局。百色电力公司煤电网一体化发展战略及黔西南州地方电网、百色电力电网、百色铝工业电网“三网融合”联动发展的模式得到了社会各界的高度认可。

第三节　地方电力发展状况及价值分析

一、地方电力企业的布局、规模及结构分析

（一）地方电力企业的分布特点

1. 历史上多是老少边穷地区

从地方电力的分布格局可以看出，企业主要分布在老少边穷地区。这样

的分布结构，是与地电发展初期的经济发展水平、资源禀赋以及电力发展的历史阶段相适应的。一方面正是处在老少边穷地区，保持了独立地方电网的存在，初期大电网没有能力延伸，后期没有被大电网兼并重组，形成了“自建、自管、自用”的电力建设与管理格局；另一方面，在过去相当长一段时间里，地方电力的发展速度是低于我国电力行业整体的发展速度。但是随着我国经济产业结构的升级、能源革命的深入、县域经济的发展和扶贫成果的显现，今后地方电力将会迎来新的机遇和发展空间。地方电力的存在和发展，是全国电力事业重要的组成部分，是不同发展模式的试验田，是当前和今后推动电力市场化改革、加快输配分开改革的重要力量，对当地的经济发展、农民增收、乡村振兴、新农村建设，提供了重要的能源保证和产业带动，地方电力的历史地位和今后的作用不可忽视。

2. 水电或火电资源丰富

我国中小水电资源丰富，可开发量 1.55 亿千瓦（其中 5 万千瓦及以下的小水电可开发量 8700 万千瓦），多数分布在我国贫困山区和老少边穷地区。地方电网大多数是因 “水”而建，因“煤”而起。在一些大型央企延伸不到的地方，地方电企则充分利用其资源禀赋，以及熟悉当地情况和成本较低的优势，建设小水电、小火电和小电网。地方丰富的能源资源为地方电力发展奠定了坚实的基础，同时，地方电力的发展，又是中国电力发展的基础和重要的组成部分，这对解决我国经济建设初期电力投资不足，动员和发挥地方积极性发挥着积极的作用。当时，在民间就流传着这样一句民谣“农民积攒卖鸡蛋，出钱建个变电站”，可以这样说，在我国电力发展的初期，大部分资产都是中国老百姓和社会资本投资建成的。

3. 结构简单、电压等级低

地方电网是在特定历史条件下发展起来的，从上世纪 80 年代初开始，国家相继出台了“三自”（自建、自营、自用）、“三谁”（谁投资、谁所有、谁管理），以及多家办电、集资办电、以电养电，大量鼓励发展农村电力的政策，农村电气化县工程的实施和地方经济发展的迫切需要，促成了地方电网的快速发展，有些地区形成了几县联网的地方区域性电网。但是，由于历史原因、电力需求规模以及投资预算的制约，地方电网形成的初期都是碎片化的孤立电网，结构简单、电压等级低、电力可靠性偏低、电网基础薄弱，没有形成完整的电网建设思路和规划。同时，110 千伏及以上的电网还受到上游电网和电源的制约，缺乏主动性。这虽符合当时的经济条件和电力发展的历史阶段，但随着电网的不断扩大和拓展、用户用电负荷增加、特别是我国区域经济发展的快速升级和增长，地方电网现有的电压等级已经不符合区域社会经济发展需要和电网发展规律。

（二）地方电力企业的驱动因素及管理模式

1. 需求推动

纵观地方电力发展的历史，可以看到地电发展的初衷是为了解决边缘地区无电用这个现实问题而产生的，因此，地方电力发展有着强烈的需求推动原因。

2. 资源依托

所有地方电力发展都有自己的电源，或是水电、煤炭，因地制宜是地电发展的又一大特点。地方电力发展的初始，大电网延伸不到，没有资源，地方电力的发展就是无源之水。

3. 多元化拉动

地方电力的发展，多是由电起步，但是由于用户规模的限制，地方电力企业要长久生存和更好的发展，就必须在纵向产供销一体化发展，横向多产业方向发展，典型的如四川水电集团、山西晋能集团等，这既是地方电力内在发展需要，也是资源禀赋所决定的。

4. 地方主导

无论是地方政府投资的，还是社会集资办电，以及后来的合并重组，地电的发展与管理的主要事权都是由各级政府管理和实施。地方主导有下列几点好处：一是带动地方经济发展，增加地方财政收入；二是安排就业；三是激发地方办电的积极性；四是有利于地方资源的合理运用；五是解决了大电网没有覆盖区域的用电问题。

（三）地方电力发展的制度变迁及发展状况评价

从地方电力发展轨迹上来看，随着农村水电电气化建设、电力体制改革以及技术发展的趋势和机遇，地方电网由小到大，由弱到强，逐步成为中国电力发展历史上一支不可忽视的生力军。

1. 制度变迁

（1）小水、小火电的建设，奠定了地方电力发展基础。从新中国成立至改革开放初期，我国电力事业刚刚起步，电力缺口巨大，尤其是农村地区和边远地区几乎无电可供。国家为解决广大农村和边远地区无电问题而支持小水电、小火电发展。以四川小水电的发展为例，早在1960年代，国家就提出了国家投资1/3、地方投资1/3、社队投劳投料1/3的“三三制”办电，以投资比例划分股份，按股分利，国家、地方获得的利润，不纳入财政预算管理，作为“以电养电”资金，用于继续发展小水电，这既是我国“以电养电”政策的来源，也是新中国建立后地方、群众实行较为明确的股份制办电的开始。当时虽然受资金、技术、体制等的制约，小水电发展缓慢。但小水电、小火电发展从0到1，为地方电力事业奠定了市场基础、人才基础和技术基础。

（2）农村电气化、“两改一同价”加速了地方电力的发展。从改革开放到20世纪末，国家建设重心逐步转移至经济发展上来，电力基础设施薄弱及供需紧张的问题越来越突出，为调动各方积极性、加快电力事业发展，国家鼓励和帮助地方政府与农民自力更生兴建小水电，小水电取得了长足发展，为解决农村用电问题、初步实现农村电气化和提高农民的生活水平做出了巨大贡献。主要的标志性事件一是1983年10月召开的全国小水电管理工作会议；二是“两改一同价”进一步促进了地电发展，“一省两贷”具有里程碑的意义，从此地方电力发展纳入了国家能源战略。

（3）农村电网改造和农村电力体制改革使地方电力逐渐成为现代化的、规范的电力市场主体。近四十年来，随着改革开放的深入，地方电力在优化电力结构和促进地方经济、特别是农村经济社会发展中的作用更为显著。伴随着国家开放民间资本参与小水电、小火电、新能源开发建设及国家能源政策引导、电力投资收益的回报，社会资本大量进入，极大地促进了地方电力和相关产业的发展繁荣，地方电力企业逐渐成为当地经济的支柱产业和能源基础。同时，各级地方电力企业按照“资产重组、结构调整、制度创新”的战略和水利系统水电改革与发展的思路，走股份制集团化道路，培育了一大批实力比较雄厚的地方电力企业，进一步规范了原有的地方电力企业。至此，地方电力企业的装备水平、管理水平和网络架构逐步现代化、智能化，成为中国电力重要的组成部分和深化电力体制改革中最活跃的力量。

2. 面临的主要问题

长期以来，地方电力企业面临着诸多难以克服的困难和问题，制约着企业的发展。

（1）产权归属。特别是“两改一同价”期间，大电网经营企业用农网改造形成的资产控股地方电网、无偿上划地方电力企业，产生了大量的产权归属问题，这部分资产应退还地方，所涉企业应还原为独立的地方电力企业。

（2）管理体制。一家管网还是多家管网的争议始终伴随着电力发展。大电网经营企业认为，“多家办电、统一管电、一家管网”。而地方电力经营企业认为，电力生产力的多层次决定了电力生产关系的多层次，分级办电必然导致分级管电，“电网设施与市场主体”可以分离，可以是一张网，但管理的主体是企业，可多家。认识上的不同，造成了大小电网矛盾曾长期存在。

（3）营业区划分。事实上，行政区划与营业区划是两个概念。一个县可以有两个以上的营业区，同时两个以上的县也可以只有一个供电营业区。

（4）联网问题。大电网经营企业限制地方电力企业的联网电压等级，如开始是 35 千伏、后来是 110 千伏，现在 220 千伏是不能联网的；不让联网电厂直接转供用户，很多留给地方的优惠电量不能履行；上网与下网分离结算，上网和趸售价差有的高达几倍等问题，始终是大电网、地方电网的主要矛盾所在。

3. 发展状况的简要分析和评价

从用电增幅比较来看，地方电力还有较大的发展空间。2019 年我国全社会用电量为 7.23 万亿千瓦时，同比增长 4.4%。山西、陕西、四川等三个地方电力企业的样本增速分别为 5.41%、6.54%、26%，三地的平均增速为 9.56%，其增速是全国平均的 1 倍还多，随着美丽乡村和中西部经济的快速发展，地方电力企业所在地区的用电增速会继续加速提升。

从人均用电比较来看，地方电力区域电气化空间巨大。2019 年全国人均用电量 5161 千瓦时，人均生活用电量 732 千瓦时。但对山西、陕西和四川三个地方电网样本的分析来看，区域营业区内人均用电只有 1847 千瓦时，与全国平均水平相差近 3 倍。如果达到现在全国平均人均水平，仅样本三地的电量需求就达到 1147 亿千瓦时，是现有售电水平的 1.8 倍。

因此，地方电力发展的关键是“电气化”。作为区域能源的供应者，地方电力企业的工作就是提供“电气化＋”战略和动力，为地方经济的提速和发展提供强大的能源支持。

二、电网投资及电网高质量发展

（一）年度电网投资情况

2019 年各地方电力公司继续加大投资建设。陕西地方电力下达投资计划

64.36 亿元，全年共完成投资 51.18 亿元，完成计划的 79.52%。其中：基本建设项目完成投资 28.86 亿元，完成计划的 94.0%；股权项目完成投资 9.504 亿元，完成计划的 43.9%；技改项目完成投资 2.94 亿元，完成计划的 89.6%；大修项目完成投资 1.01 亿元，完成计划的 100%；科技项目完成投资 0.36 亿元，完成计划的 95.0%；营销类项目完成投资 8.13 亿元，完成计划的 100%；信息项目完成投资 0.38 亿元，完成计划的 71.1%，如图 1-13 所示。

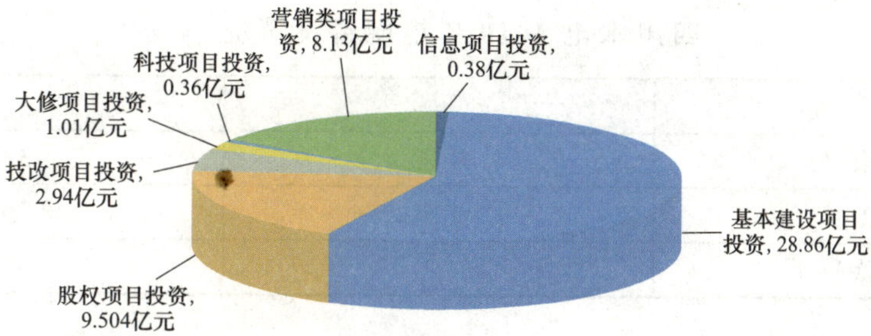

图 1-13 陕西地电投资分配情况

四川水电集团全年完成重点工程（含农网、电源工程、旅游地产）投资 18.05 亿元，2019 年农网 10 千伏及以下项目全面完工，35 千伏及以上项目全面开工建设，其中普格县 2 个 35 千伏项目完成工程建设，累计完成投资 10.18 亿元，占该批次总投资计划的 73%。

山西地方电力建设电网投资额为 2.24 亿元，新增农网投资 1.5 亿元，加快推进农村电网升级改造，并积极配合各级政府大力推进“煤改电”配套电网改造工程建设，全年投资 2000 万元。

（二）电网发展水平

陕西地方电网 2019 年 35—110 千伏电网建成“76 站、3316.65 兆伏安，77 线、1176.75 千米”，新增生产能力“52 站、1882.65 兆伏安，49 线、548.65 千米”；10 千伏及以下电网建设改造线路 6352 千米，新增配变 5739 台、849 兆伏安。公司 110 千伏变电站突破 200 座，各县、重点乡镇、工业园区 110 千伏变电站覆盖面进一步提升，重要客户、重点区域实现“N-1”供电。电源接入加速推进，取得 110 千伏变电站原则同意接入 24 项，完成接入系统设计 17 项，接入运行 15 项。提前完成“十三五”农网改造升级任务。

四川水电集团公司 2019 年全年新增变电站 15 座，其中 110 千伏变电站 6 座，35 千伏变电站 9 座；新增线路 8388 千米，其中 110 千伏线路 381 千米，

35 千伏线路 201 千米，10 千伏及以下 7806 千米，如表 1-9 所示。为确保重大敏感时间节点的电力供应，加强电网联系，增强供电可靠性，集团着重加强区域联网，其中平武、青川实现 110 千伏联网运行，消纳富余电量 1600 余万千瓦时；凉山四县实现 110 千伏电网互为备用、相互支撑、多点并网的电网格局，全年联网运行约 2100 小时，交换电量 1000 余万千瓦时。四川水电集团积极构建坚强电网，持续加强电源引入，综合能源服务初具模型。

表 1-9　　四川水电 2019 年电网建设情况

电压等级	变电站	线路（千米）
110 千伏	6 座	381
35 千伏	9 座	201
10 千伏以下		7806

山西地方电力电网建设 2019 年呈现加速度，乡宁 220 千伏、柳林北山 110 千伏、兴县城西 35 千伏等 13 项电网工程竣工投运。安泽唐城 220 千伏，方山积翠、中阳暖泉、蒲县乔家湾 110 千伏，离石小神头 35 千伏等输变电工程获得核准批复。兴县贺家会 110 千伏等 12 项输变电工程列入山西省"十三五"电网建设规划，8 项 35 千伏农网项目顺利启动，交口 220 千伏、朔州电子城 35 千伏等项目已具备开工条件，特别是乡宁 220 千伏变电站的建成投运，对于推动公司电网发展具有重要的里程碑意义，填补了地电系统临汾区域 220 千伏网架的空白，助力社会经济发展和全面建成小康社会。全年新增变电站 13 座，其中 220 千伏变电站 2 座、110 千伏变电站 4 座、35 千伏变电站 7 座，新增线路 2083.4 千米，其中 220 千伏线路 100.4 千米、110 千伏线路 541 千米、35 千伏 1442 千米，如表 1-10 所示。山西地电加强设备治理，电网运行安全稳定大力开展设备综合治理，通过运用"治理、调整、再治理、再调整"的循环往复，不断调整治理方案，增强治理的针对性和时效性。坚持共性问题统一解决、个性问题具体分析解决的思路，不断提高设备治理水平和健康水平。

表 1-10　　山西地电 2019 年电网建设情况

电压等级	变电站	容量（兆伏安）	线路（千米）
220 千伏	2 台	360	50.2×2
110 千伏	4 台	206	90.16×6
35 千伏	7 台	80.2	144.2×10

（三）科技应用情况

地方电力企业高度重视科技工作，陕西地方电力集团公司在科技兴电方面尤为突出。2019 年，陕西地方电力集团公司共获得陕西省科学技术奖二等奖 1 项、三等奖 4 项、中国电力创新奖 2 项、中国水电质量管理协会创新奖 6 项等。累计授权专利 46 项（6 项发明、39 项实用新型、1 项外观）、软件著作权 11 项；申请中专利 19 项。

1. 重大科研项目及成果转化

（1）陕西地方电力承担的科技厅《基于大数据分析技术的园区综合能源系统研究》项目，为陕西省重点科研项目，已在泾阳县完成示范项目建设。公司申报的省国资委《基于能源互联网的智能配电网关键技术研究与应用推广》专项基金项目，已在三原县建立示范项目，以上项目为申报省级科技进步奖奠定了基础。

（2）陕西地方电力全面建成配网自动化系统。建成 70 个县级配网自动化系统，基本实现了配网自动化的全覆盖，全面解决了县调对配网的盲调问题，实现了配网实时运行监控和远程遥控，大部分线路已实现故障定位、故障隔离、负荷转供等馈线自动化功能。建成了覆盖主配网的电网 GIS 系统，实现了电网地理信息的数字化管理。

（3）全面建成安全生产管理系统，严把主配网工程竣工验收，新设备电子化移交，及时更新设备台账信息，实现电网设备资产的精细化管理。规范输电、变电、配电设备运维工作全过程管理，从工作计划的安排、执行、终结实现全过程痕迹化管理，全面提高电网设备运维工作质量。

（4）积极探索“互联网＋”发展路径，公司在营销管理、集采负控、密钥发卡等系统的基础上自主研发多元化缴费平台，利用手机 APP 实现了移动互联网支付，解决了客户交费难的问题。率先实现远程下发电费数据到本地费控智能电表，改变了传统持卡购电、刷卡用电的方式，使陕西地电电费管理水平迈上新台阶。

（5）建成了变电站安全生产辅助管理系统，以“智能控制”为核心，对变电站周围环境进行全天候的状态监视和主要辅助系统电气设备“遥控”，实现对视频监控安防系统、在线监测设备、门禁、温湿度传感器、空调、照明、通风风机、安防报警信号、空开等设备监视和远程控制，在省级、市级、县级运维中心实现对所辖前端变电站的监控、管理，大大减轻日常工作人员的工作量，便于及时发现危险隐患，保障安全生产，为变电站无人值守模式提供了完备、可靠的保障。

（6）试点建设配网故障抢修指挥系统，以抢修工单为载体，实现故障信息的有效传递，主动创新服务模式，实现了故障智能判断—系统自动派单—抢修可视—复电确认的高度自动化、可控化、可视化全新服务模式。实现了应急抢修数字化，极大地提升了供电可靠性和客户服务水平。

2. 创新成果推广应用

陕西地方电力基于前期创新试点项目成果，变电站智能巡检机器人，无人机巡线项目在榆林、汉中、延安、宝鸡市分公司推广使用，有效降低人工巡检劳动强度，进一步降低运维成本，提高巡检作业和管理的自动化和智能化水平，为设备和电网安全稳定运行提供了有力的技术保障。

陕西地方电力移动智能配电台区、预装式配变台区项目从2018年开始研制，先后应用于泾阳、礼泉、三原、武功、长武等10个县级分公司，并将在公司各市分公司推广应用。经过一年多的实践，移动智能配电台区已成为提高配网供电可靠性。

陕西地方电力与法国电力开展带电作业技术交流合作，强化带电作业标准和体系建设，配网带电作业技术已在公司19个县级分公司全面实施，带电作业队伍不断壮大，带电作业比例不断提高，公司2019年通过开展带电作业使10千伏带电作业比率达到13%，同比提高5个百分点。配网带电作业防松线夹系统，获得国家知识产权局授予的实用新型专利证书，并获得陕西省质量协会最佳典型经验奖、全国电力职工技术成果奖。

三、电网供应能力与供电服务水平

（一）供电能力显著增强，生产运行更加高效

近年来，面对广大客户日益增长的供电服务需求，以及风电、太阳能等新能源大规模接入电网带来的挑战，随着国家“十三五”规划的推进，地方电力电网供应能力稳步上升，生产运行更加高效。

山西地方电力“稳”中求“进”，企业经营成果显著，其中：全年供电量96.94亿千瓦时，同比增长11.75%；工业经济运行增速有所趋缓，全省统调用电量完成2032亿千瓦时，同比增长4.70%；目前，山西地方电力分公司数量16个，供电区域持续扩大，供电用户93.44万户，如图1-14所示。制定了无人值班变电站运维管理补充规定、作业检查卡和技术导则，及线路开关、

架空线路运维管理规定，建成了生产在线监测远程管理系统。

四川水电集团迎峰度夏最大负荷 262.61 万千瓦，增长率 9.04%；最高用电负荷 284.55 万千瓦；发电量 19.2 亿千瓦时，同比上升 16.41%，完成年度预算的 119.27%；供电量 93.59 亿千瓦时，同比上升 1.78%，完成年度预算的 104.42%，供应 319 万户居民用电；自发电量 19.80 亿千瓦时，外购电量 73.94 万千瓦时，如图 1-15 所示。从全年情况来看，各项生产经营指标均超额完成能投集团下达年度目标任务，电力主业资产质量持续提升，发电量、供电量等经营指标再创历史新高。

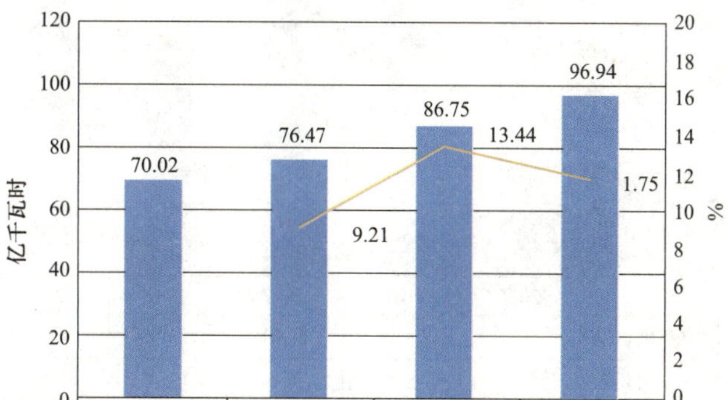

	2016	2017	2018	2019
供电量	70.02	76.47	86.75	96.94
增长率		9.21	13.44	11.75

图 1-14 山西地电 2016—2019 年供电量变化情况

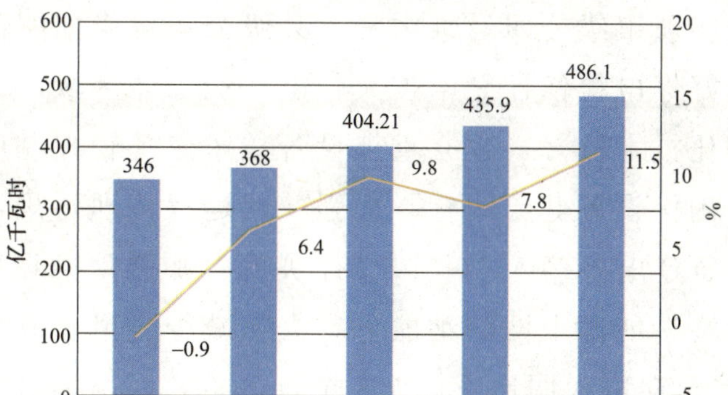

	2015	2016	2017	2018	2019
供电量	346	368	404.21	435.9	486.1
增长率	-0.9	6.4	9.8	7.8	11.5

图 1-15 四川水电 2015—2019 年供电量变化情况

陕西地方电网日最大统调负荷 1029 万千瓦，同比增长 5.32%；日最大供电负荷 738 万千瓦，同比增长 3.51%，最高用电负荷 738 万千瓦，均创历史新高；全年供电量 486.01 亿千瓦时，同比增长 11.50%，供应 626 万户居民用电；购电量及自发电量 486.00 亿千瓦时，如图 1-16 所示。集团公司认真做好电网迎峰运行工作，按照负荷预测情况，适时调整电网、厂站运行方式，做好负荷合理分配；加强电网运行监测，及时处理各类风险预警，全年未发生因本级电网供电能力不足而造成的限电。

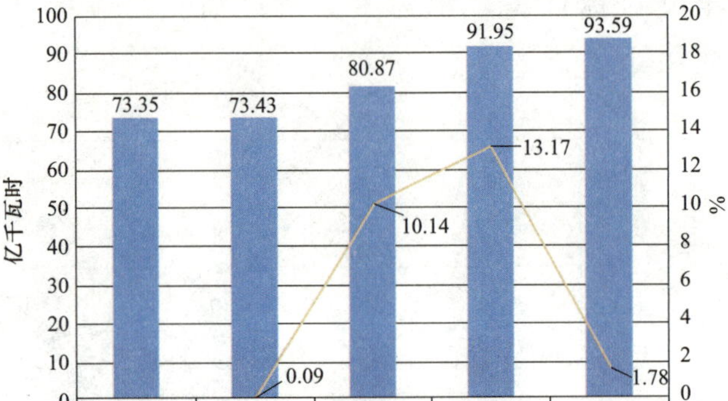

	2015	2016	2017	2018	2019
供电量	73.35	73.43	80.87	91.95	93.59
增长率		0.09	10.14	13.17	1.78

图 1-16　陕西地电 2015—2019 年供电量变化情况

2019 年，陕西地电采取多项措施，使得生产运行更加高效。制定规范化变电运维站评价管理办法、评价标准，完善电网运行维护管理规定，理顺运维管理职能，实现市级公司运维主网、县级公司运维配网的整体目标；加强检修管理，做好停电检修计划，扩大带电作业工作区域，严格控制设备检修停电次数；深化技术监督，建立重点设备技术监督管理制度，对入网设备进行抽查试验，确保设备健康运行；加强并网运行管理，规范各类电源接入项目并网审批，新建电源接入 30 项、281 兆瓦；加强厂网调度管理，深入开展经济调度，提高新能源上网消纳能力，大幅减少弃风、弃光，弃风弃光率下降到 5.8%，综合弃电率同比下降 7.3 个百分点。

（二）积极落实安全投入，安全基础不断夯实

安全生产是保护劳动者的安全健康、促进社会生产力发展、推动企业进步的基本保证，积极落实安全防护，做好安全生产工作对于电力企业来说意义重大。

陕西地方电力 2019 年落实安措费用 3227 万元，不断改善安全生产条件，

安全培训 1630 人次，组织安全活动 6240 次，安全防护投入 3227 万元。持续推进安全生产标准化达标工作，对 6 家单位进行三级标准化查评验收，完成全年达标建设目标，7 个市级供电分公司和 2 个子公司达到二级标准化企业。圆满完成建国 70 周年、“两会”等重大活动及迎峰度夏过冬期间的保电工作。加强隐患排查和风险管控，开展安全专项检查治理行动，排查治理一般事故隐患 227 项。圆满实现“六不发生”目标，安全生产形势持续稳定。加强电力设施保护工作，开展电力设施保护检查，查处扼制输电线路外力破坏，2019 年共查处涉电案件 20 起，为公司挽回经济损失 19.7 万余元。

山西地方电力有限公司认真落实“8＋7”安全认识和安全抓手，严学安规、严守安规、严格到位、严查违章、严治隐患、严肃问责，“333”安全举措扎实推进，“136”安全模式逐渐形成。强化规程意识，修订复审了 80 余个运行规程，员工参与安规培训达 3200 余人次，安全防护投入 405 万元。狠抓“一头一尾”，建立了各级岗位安全责任清单，推动安全挂牌、带班值班、走动式管理、周四安全活动常态化。强化安全监督检查针对性和有效性，旗帜鲜明“反三违”，全年查处违章 58 起。大力开展安全体检、专项行动等安全大检查，推进“防大风险、除大隐患、遏大事故”工作常态化，全年整治隐患 35 项。完善安全绩效考核体系，全面推进安全标准化建设，所属 13 个单位达到了国家电力安全生产二级企业标准分值，“管理无漏洞、现场无隐患、行为无违章、安全无事故”的局面持续巩固深化。同时认真组织开展春检、“迎峰度夏”“雨季三防”等季节性工作，处理缺陷 3802 项。加强调度管理，升级数据网安全技术，优化主干网和接入网方式，积极构建以技术、工作和管理为主体的电力调度运行标准体系。

2019 年度，四川水电集团对安全、环保管理制度体系进行了全面修编完善，累计新编制安全环保制度 6 个，修订安全环保制度 28 个，并全部印发实施。四川水电集团全年累计开展各类安全培训 835 次，参训人员 2.15 万人次，安全活动 5715 次，安全防护投入 1538.98 万元。开展两期安全监督管理人员培训，432 人顺利取得资格证书。针对现场作业安全问题，深入基层开展安全管理及特种作业人员培训，参训人员 1614 人。通过各类检（督）查，水电集团及各公司累计发现一般安全隐患 2108 处，管理问题 838 个，整改率 100%，投入隐患整改资金 219.89 万元；全年检查中未发现重大安全隐患。2019 年度，水电集团发生一起电力生产安全责任事故，造成 1 人死亡；未发生一般及以上有责设备事故；未发生一般及以上有责环保事件；无Ⅱ级以上有责突发事件发生。全面启动配电网生产设备安全风险评价工作，推广使用智能分界断路器、配电网故障定位仪等“四新技术”，切实提升电网安全可靠运行水平。从 2019 年度安全生产工作开展总体情况来看，川能水电集团紧紧围绕各上级单位对安全生产工作的安排和部署，结合工作实际，以应急管理、安全教育培训、工程建设安全监管、安全隐患排查整治、反违章管理、“安措”计划管理等重点工作为抓手，进一步健全安全（环境）保障体系和安全（环境）监督体系，着力提高基层执行力，安全生产总体态势处于“可控、能控、在控”状态。

（三）供电稳定可靠，供电服务水平进一步提高

作为市场的参与主体，地方电力企业努力为客户提供优质服务，2019 年各项管理指标稳步提升。

1. 供电可靠性进一步提高

陕西地方电力各类生产运行指标持续向好，2019 年供电可靠性达到 99.71%、综合电压合格率达到 98.63%，均达到年度工作目标。户均停电时间 24.95 时/户，优化线损统计方式，提高统计质量，加大线损核查力度，综合线损率降至 4.72%，与年度工作目标相比下降 0.57 个百分点。深化采集系统应用，持续监测配变负载率异常、线路停电等状况，提高配网运行可靠性。试点建设配网故障抢修指挥系统，以抢修工单为载体，实现故障信息的有效传递，主动创新型服务模式，实现了故障智能判断—系统自动派单—抢修可视—复电确认的高度自动化、可控化、可视化全新服务模式，实现了应急抢修数字化，极大地提升了供电可靠性和客户服务水平。

山西地方电力公司 2019 年供电可靠性同比提高了 0.2917 个百分点、综合电压合格率同比提高 1.454%。通过扎实有效的设备治理，设备故障率、故障停电率持续下降，220 千伏线路发生故障停运 1 次，比上年减少 5 次，未发生故障跳闸；110 千伏线路（剔除未投重合闸的 4 条充电线路）发生故障 19 次，与上年持平；35 千伏线路发生故障停运 18 次，与上年相比下降 30 次；10 千伏线路发生故障停运 1478 次，同比下降 1071 次。山西地方电力通过运用“治理、调整、再治理、再调整”的循环往复，不断调整治理方案，增强治理的针对性和实效性。大力开展防雷害、防鸟害、接地、线路通道、防外力破坏、低值、零值绝缘子、线路三跨和 3560 型塔大档距、大高差缺陷等线路治理，全年检查、治理输配电线路 839 条 67277 基塔杆，消除各类缺

陷6790项。大力开展主变故障损坏、主变故障非停、全停设备、安自装置、高压开关柜、变电综自、直流电源系统等变电设备治理，完成了20座变电站光电互感器、综自系统、容性设备绝缘监测的改造和36座变电站直流系统的改造，完善37座变电站备投功能。

2. 优质服务水平持续提升

2019年，地方电力企业优质服务水平进一步提升。山西地方电力客户满意度100%，服务承诺兑现率100%。陕西地方电力集团在由陕西省质量技术协会、陕西省用户满意度测评中心、新华网陕西频道、陕西传媒网联合主办的“陕西顾客满意度测评结果揭晓活动”中，荣获“行业最佳服务单位”称号。

2019年度，地方电力企业在优质服务保障手段和管理措施等方面开展建设工作。四川水电集团共计完成7个优质服务制度流程、5个优质服务标准的修订印发，完成标准化营业厅建设107个，创建优质服务达标供电所51个；16家电力公司已全面推行24小时不间断报修与抢修服务模式；6家电力公司推行便捷支付方式，普及客户182万余户；11家电力公司建立优质服务社会监督机制，聘请优质服务兼职监督员80人；成立党员服务队103支。积极落实“四抓四提升”，开展标准化供电营业厅和优质服务达标供电所创建活动；推进供电服务信息化建设，加快营销信息化系统开发应用，实现营销系统对供电优质服务的全方位支撑与保障，提升用户侧智能化水平。同时，公司积极整治12398投诉举报共性问题，建立12398投诉举报共性问题台账，规范投诉处理流程，限时办结客户投诉，及时解决客户诉求，切实提高客户满意度；推动成立统一客户服务中心，着力构建“以客户为中心”的服务体系，建成省属地方电网统一客户服务中心，打造24小时供电服务热线平台，受理客户业务咨询、信息查询、故障报修、投诉、举报、建议、表扬、意见、订阅等服务请求，大幅提升服务品质和满意度，增强客户幸福感。

陕西地方电力集团公司积极探索“互联网＋”发展路径，信息数据中心正式投运，公司在营销管理、集采负控、密钥发卡等系统的基础上自主研发多元化缴费平台，资产管理系统、电费管理暨多元化缴费系统、企业信息门户和协作共享平台等一批信息化项目上线运行，达到业内领先水平，推广网上营业厅业务办理，利用手机APP实现了移动互联网支付，解决了客户交费难的问题，手机APP注册率达到82.12%，互联网支付占比达到56%。同时，集团公司率先实现远程下发电费数据到本地费控智能电表，改变了传统持卡购电、刷卡用电的方式，使陕西地电电费管理水平迈上新台阶，实现智能电表全覆盖、全费控、全采集，提前完成居民小区 145.19 万户智能电表改造任务，进一步提升企业管理，改善客户体验。主动做好电力普遍服务，优化 96789 客服热线运行方式，提升服务效率。

3. 不断提升“获得电力”，巩固优化营商环境

2019 年以来，各地方电力企业贯彻优化营商环境工作部署精神，认真落实“获得电力”优质服务要求，持续提升“获得电力”优质服务水平，积极推进各项服务措施落地见效。

山西地方电力通过加强业务管控，梳理精简办电流程环节，实现低压客户由 6 个环节压减到 2 个环节，居民不超 4 日、非居民不超 15 日；高压 10 千伏客户由 6 个环节压减到 4 个，总时长不超 20 日。2019 年，山西地方电力主动参与山西能源革命综合改革，严格落实国家电价政策，积极参与山西电力体制改革，持续深化“获得电力”优质服务专项行动，主动靠前服务，多元化缴费模式正在形成，微信业务系统即将投入运行，用电营商环境不断优化，低压居民客户办理平均时长 1.3 天，非居民低压客户办理平均时长 1.485 天，高压客户办理平均时长 7.88 天，分别较上年缩短 13.3%、23.1%、13.4%。全面清理规范商业综合体转供电行为，切实让每一名终端用户都享受到了实实在在的降价红利。

陕西地方电力大力推动电力直接交易，向用户侧传导电改红利，全年直接交易电量 102.76 亿千瓦时。满足客户便捷缴费需求，开通 POS 机缴费渠道，多元化缴费系统手机 APP 注册用户突破 580 万户，注册率 75%。投入配套资金 0.53 亿元，实施低压客户“三零”服务，提升用户“获得电力”指标；落实国家调价政策，清理规范转供电环节不合理加价行为，确保各类电价规范执行，为优化省内营商环境发挥重要作用，用户“获得电力”指标排名中，公司始终保持靠前位次；积极配合国家能源局检查，启动“专项整治漠视侵害群众利益、持续优化用电营商环境服务提升年”活动。持续做好大客户服务，推行“三个一”客户服务模式，优质服务常态机制不断健全；加快审批进度，缩短专线客户供电方案批复时限，确保新增大用电项目按期投运；推进大客户与发电企业直接交易，节省客户用电成本 1.76 亿元；严格执行“一般工商业平均电价再降低 10%”政策，减少企业用电成本 2.9 亿元，受到省工信厅表扬。

四川水电集团响应省委省政府号召，组织召开优化电力营商环境工作会，

开展漠视侵害群众利益专项整治，全面整改国家能源局督导检查出的问题，修订完善14项管理制度，开展2019年度用户“获得电力”优质服务工作，不断提升优质服务水平。成立领导小组，制定《2019年度“获得电力”优质服务行动方案》，安排布置相关工作，确保专项工作层层落实到位；组织召开优化电力营商环境专题工作会，深入剖析在供电服务中的薄弱环节和存在问题，要求所属电力公司进一步提升业扩报装业务办理时效，规范用电业务办理行为，清理各类违规收费和不合理收费，建立杜绝“三指定”行为的长效机制；积极推进政企联动机制，充分利用各地优化营商环境政府协调机制，积极争取地方政府支持，加强部门间交流协作，配合地方政府建立一窗受理、联合审批、限时办结制；提升业务办理标准化管理水平，结合省属地方电网实际，制定了一系列标准化管理制度，规范了办理流程，提升了办电效率；启动“三零”服务，打造先进样板工程，通过不断强化管理，所属电力公司普遍服务水平及能力得到提升，下属企业结合县域实际，深化服务内容，着力打造成为先进样板工程；加大信息公开和宣传力度，强化供用电信息公开公示，通过营业厅、官方网站、新闻媒介等渠道，对外发布公开用电报装服务流程、时间要求、收费标准及有关政策等信息，主动告知受电业务办理进程，拓展信息查询和电费缴纳渠道。

四、电力体制改革和业务转型

（一）国家对电力改革提出要求

1. 经济高质量发展要求电力行业转变发展模式

电力行业是国民经济的重要基础产业，其发展质量事关国民经济发展质量。长期以来，我国电力工业快速发展，有力地支撑了经济社会发展。尤其是2015年以来，我国电力市场化改革稳步推进，电力市场建设加速，电源结构不断优化，终端能源消费电气化水平不断提高，数字化智能化电网加快发展，为电力行业高质量发展奠定了基础。“十四五”时期是我国推动经济高质量发展、建设美丽中国的重要时期，也是进一步转变发展方式、优化经济结构、转换增长动力的攻坚期，产业结构将进一步优化，新旧动能加快转换，新产业、新业态将不断涌现。2019年政府工作报告提出“深化电力、油气、铁路等领域改革，自然垄断行业要根据不同行业特点实行网运分开，将竞争性业务全面推向市场”。随着电力在能源的中心地位不断提升，电力行业应适应经济高质量发展要求，进一步深化电力市场化改革，转变发展模式，提升治理能力，从传统的解决电力短缺问题转变为提高电力行业发展质量，实现电力行业绿色低碳安全高效发展，对经济高质量发展提供有力支撑。

2. 国家不断降低实体经济用电成本

党的十八大以来，党中央高度重视降低实体经济成本，并出台了一系列政策措施。2019 年政府工作报告提出“深化电力市场化改革，清理电价附加收费，降低制造业用电成本，一般工商业平均电价再降低 10%”的要求。2019 年 3 月，《关于电网企业增值税税率调整相应降低一般工商业电价的通知》（发改价格〔2019〕559 号）提出“电网企业增值税税率由 16%调整为 13%后，省级电网企业含税输配电价水平降低的空间全部用于降低一般工商业电价，原则上自 2019 年 4 月 1 日起执行”。2019 年 5 月，国家发改委等四部门发布《关于做好 2019 年降成本重点工作的通知》（发改运行〔2019〕819 号）要求“运用降低增值税税率和降低国家重大水利工程建设基金征收标准产生的降价空间，以及通过延长电网企业固定资产平均折旧年限政策和扩大电力市场化交易等措施降电价，使一般工商业平均电价再降低 10%”。2019 年 5 月，《关于降低一般工商业电价的通知》（发改价格〔2019〕842 号）提出为贯彻落实《政府工作报告》关于一般工商业平均电价再降低 10%的要求，采取第二批措施降低一般工商业电价有关事项。电力行业应按照国家降低成本要求，合理调整电价，降低用电成本。

3. 国企改革对电力企业提出新要求

2015 年《中共中央、国务院关于深化国有企业改革的指导意见》（中发〔2015〕22 号）设计了国企改革的总纲领，提出到 2020 年要形成更加符合我国基本经济制度和社会主义市场经济发展要求的现代企业制度。近年来，国企改革不断深化，初步建立现代企业制度。2019 年是国有企业改革攻坚之年，中央国资国企在改革授权经营机制，完善国资监管模式、加快企业混改、推动企业战略重组和完善激励约束等方面取得进展。2019 年政府工作报告提出“加快国资国企改革。加强和完善国有资产监管，推进国有资本投资、运营公司改革试点，促进国有资产保值增值。积极稳妥推进混合所有制改革。完善公司治理结构，健全市场化经营机制，建立职业经理人等制度。依法处置僵尸企业”。2019 年 4 月，国务院印发《改革国有资本授权经营体制方案》（国发〔2019〕9 号），提出分类开展授权放权，建立健全国资国企在线监管平台，之后中国建材等 11 家中央企业纳入国有资本投资、运营公司试点。2019 年 5

月，国务院国资委确定第四批混改企业名单，共160家企业，其中中央企业107家，地方企业53家。2019年11月，国务院国资委印发《中央企业混合所有制改革操作指引》（国资产权〔2019〕653号），对审批权限、评估定价、股权交易、员工持股、如何利用上市公司平台等进行了明确规范。紧接着，国务院国资委印发《关于进一步做好中央企业控股上市公司股权激励工作有关事项的通知》（国资发考分规〔2019〕102号），明确积极支持中央企业控股上市公司建立健全长效激励约束机制，充分调动核心骨干人才的积极性。电力企业要按照中央相关文件要求，结合电力行业属性特征，进一步深化国资国企改革，推进公司治理体系和运行机制建设，完善现代企业制度。

（二）电力行业市场化改革向纵深推进

1. 增量配电网改革进展缓慢

增量配电网放开是电力改革的重要内容，也是深化电力改革的突破口。2019年1月，为进一步推进增量配电业务改革，《关于进一步推进增量配电业务改革的通知》（发改经体〔2019〕27号）提出进一步规范项目业主确定、进一步明确增量和存量范围、进一步做好增量配电网规划工作、进一步规范增量配电网的投资建设与运营。截至2019年底，国家能源局已经确定四批共404个增量配电业务试点，其中第一批105个、第二批89个、第三批97个、第四批84个，分布在24个省（区、市）和新疆生产建设兵团。在目前已基本实现地级以上城市全覆盖的基础上，第四批试点向县域延伸，试点要求条件较好地区实现县一级试点项目的覆盖，确定甘肃酒泉核技术产业园等共84个项目。在试点工作推进过程中，部分项目由于前期负荷预测脱离实际、未与地方电网规划有效衔接、受电主体项目没有落地等原因，不再具备试点条件。2019年9月，国家发改委、国家能源局同意取消总计24个项目的增量配电业务改革试点资格。2019年11月，国家发改委开启了第五批增量配电网试点申报。

2. 电力现货市场建设试点稳妥推进

2019年6月，随着内蒙古电力多边交易现货市场模拟试运行启动仪式的举行，国家发展改革委、国家能源局确定的第一批8个电力现货市场建设试点全部进入试运行阶段。广东、山东、四川、山西、蒙西等地先后发布了电力现货市场实施方案或者运营规则，明确了市场模式、市场架构、交易品种、交易组织、价格机制等方面的内容。2019年8月，国家发改委、国家能源局公布《关于深化电力现货市场建设试点工作的意见》（发改办能源规〔2019〕

828号），就合理设计电力现货市场建设方案、统筹协调电力现货市场衔接机制、建立健全电力现货市场运营机制、强化提升电力现货市场运营能力、规范建设电力现货市场运营平台等多个方面提出详实指导。2019年9月，我国首批8个电力现货市场试点，纷纷启动连续结算试运行，通过开展按周结算试运行，深入检验市场是否具备长期开展结算的条件，为2020年进入全月正式结算做好准备。

3. 电价改革深入推进

一是煤电价格联动机制取消，执行“基准价＋上下浮动”市场化机制。2019年10月，国家发改委发布《关于深化燃煤发电上网电价形成机制改革的指导意见》（发改价格规〔2019〕1658号），将现行燃煤发电标杆上网电价机制改为“基准价＋上下浮动”的市场化价格机制，并要求各省份直辖市在11月15日上报各省份的燃电上网电价改革方案。截至2019年12月31日，重庆、广西、天津、上海、河南、河北、山东、浙江、贵州等地发布了改革方案。

二是输配电价方面，以“成本加收益”定价办法和激励性监管机制为基础，输配电价监管体系初步建立。2019年初，国家发展改革委发布《关于开展第二监管周期电网输配电定价成本监审的通知》（发改价格〔2019〕165号），部署对全国除西藏以外的30个省份34个省级电网和华北、华东、东北、西北、华中5个区域电网全面开展新一轮输配电成本监审。2019年5月，国家发改委、国家能源局联合修订出台新版《输配电定价成本监审办法》（发改价格规〔2019〕897号），明确提出“电网企业未实际投入使用、未达到规划目标、重复建设等输配电资产及成本费用不列入输配电成本”。针对交叉补贴的问题，国家发改委2019年12月发布的《省级电网输配电价格定价办法（修订征求意见稿）》提出，结合电力体制改革进程，合理测算政策性交叉补贴规模，妥善处理政策性交叉补贴问题。截至2019年底，河南、重庆等18个省市正式发布配电网配电价格指导意见，各省市均要求执行最高限价，结算方式既有默认综合计算又有分类和综合结算各选其一，对于基本电费的收取、交叉补贴的处理、购电方式各地做法不同。

4. 电力市场化交易逐步发展

一是经营性电力用户发用电计划全面放开。作为新一轮电改“放开两头”的重要环节，发用电计划放开改革逐步扩围，2017年3月，国家发展改革委、国家能源局《关于有序放开发用电计划的通知》（发改运行〔2017〕294 号）提出“逐年减少既有燃煤发电企业计划电量”。2018 年 7 月，国家发展改革委、国家能源局《关于积极推进电力市场化交易 进一步完善交易机制的通知》（发改运行〔2018〕1027 号）提出“全面放开煤炭、钢铁、有色、建材四大行业用户发用电计划”。2019 年 6 月，在放开钢铁等四大行业之后，国家发展改革委《关于全面放开经营性电力用户发用电计划的通知》（发改运行〔2019〕1105 号）提出，将经营性电力用户全面纳入电力市场。截至 2019 年 12 月底，湖南、云南、河北南网、陕西、冀北、重庆、新疆、湖北、辽宁、吉林、宁夏、贵州等 11 个省级电网宣布全面放开经营性电力用户参与电力市场化交易，不再受电压等级和用电量限制。

二是规范开展电力中长期交易。随着电力体制改革深入推进，电力市场化交易逐步发展。2019 年 9 月，国家能源局印发《关于加强电力中长期交易监管的意见》的通知（国能发监管〔2019〕70 号），将电力市场化改革 9 号文发布以来市场上出现的一些问题进行了总结，并有针对性地提出 12 项措施规范电力中长期交易，对其进行监管，在电力市场化交易过程中的不正当竞争和串通报价等行为将被严格禁止。2019 年 12 月，国家发改委印发《关于做好 2020 年电力中长期合同签订工作的通知》（发改运行〔2019〕1982 号），鼓励市场主体协商签订中长期合同时，充分借鉴上下游电价联动机制经验，采用灵活可浮动的价格机制，理顺和打通电力及其上下游行业的价格市场化形成机制，明确未签合同市场主体不享有电力现货交易权利。

三是电力辅助服务市场范围不断扩大。截至 2019 年底，全国 19 个地区启动电力辅助服务市场，挖掘系统调峰潜力约 6500 万千瓦，2019 年增加水电、风电、核电等清洁能源发电量超过 850 亿千瓦时，发电企业获得补偿费用约 260 亿元。

四是电力交易机构股份制改造实现新突破。2018 年 8 月，国家发展改革委、国家能源局发布《关于推进电力交易机构规范化建设的通知》（发改经体〔2018〕1246 号），要求对北京电力交易中心、广州电力交易中心和各省（区、市）电力交易中心进行股份制改造，非电网企业资本股比应不低于 20%，鼓励按照非电网企业资本占股 50%左右完善股权结构。截至 2019 年底，完成 10 家交易中心股改。其中，南网范围内的 6 家电力交易中心已经全部完成股份制改造；国网范围内，山西、湖北、重庆完成，北京交易中心引入战略投资者。

五是电力市场化交易规模逐步提高。2019 年，全国各电力交易中心组织完成市场交易电量 2.8 亿千瓦时，其中省内中长期交易电量占比 81%，省间交易电量占比 19%，市场交易电量占全社会用电量比重较上年进一步提升，如图 1-17 所示。

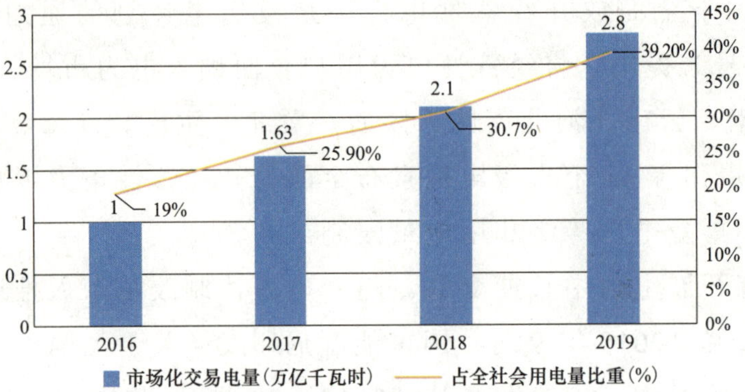

图 1-17　2016—2019 市场化交易电量及占比

（三）区域电力市场化改革取得进展

1. 增量配电网改革

陕西继在前三批试点中获批 17 个试点项目后，在第四批试点中获批 2 个试点，分别是黄陵矿区增量配电业务试点和靖边能源化工综合利用产业园区增量配电业务试点。2019 年 10 月陕西发改委发布《关于增量配电网配电价格有关事项的通知》（陕发改价格〔2019〕1237 号）明确提出了增量配电网配电价格的定价方法、调整机制和结算制度。榆林地区加快推进增量配电业务试点改革，围绕重点工业园区增量配电改革试点，组建电力发—输—配联合经营主体，建立煤—电—用联动机制，充分发挥榆林煤电低成本优势，打造源—网—荷一体化发展的增量配电改革示范区。截至 2019 年年底，获批榆神工业区、神木“飞地经济”示范园、靖边综合能化园区 3 个全国增量配电业务改革试点，其中榆神工业区、神木“飞地经济”示范园试点已经完成配电网规划批复、供电区域划定，即将开工建设；靖边综合能化园区正在编制配电网规划，特别建立 330 千伏电压等级的增量配电试点，首开国内同类改革的先河。

山西在第四批试点中获批 7 个试点，分别是忻州经济开发区核心区东片区增量配电试点、平定经济技术开发区（化工园区和新材料园区）增量配电试点、霍州煤电集团有限责任公司增量配电试点、山西昔阳经济技术开发区增量配电试点、山西三聚盛输变电工程有限公司娄烦矿区110千伏输变电工程增量配电试点、晋煤集团增量配电试点、风陵渡经济技术开发区增量配电试点。2019年1月，山西转型综改示范区配售电有限公司挂牌成立，这是全国规模最大、全省首个增量配电试点混合所有制配售电公司。

四川在第四批试点中获批2个试点，分别是泸州市航空航天产业园区增量配电业务试点、成都市青白江区欧洲产业城增量配电业务试点。但同年9月，四川达州市地方电网增量配电业务试点、凉山州地方电网增量配电业务试点取消试点资格。

内蒙古达拉特经济开发区增量配电业务改革试点是国家发展改革委、国家能源局批复自治区首批4个试点之一，于2019年1月4日取得了电力业务许可证，标志着自治区首个增量配电业务改革试点正式启动运营。

广西继在前三批增量配电改革试点中获批14个试点后，在第四批试点中获批5个试点，分别是来宾市合山煤矿区增量配电试点、防城港渔澫港区增量配电试点、玉林市博白县工业集中区城南产业园增量配电试点、百色市百色-文山跨省经济合作园（广西）及那坡县永乐工业园区增量配电试点、钦州市钦南区金窝工业园增量配电试点。2019年4月，广西自治区发改委发布了《关于增量配电网配电价格管理有关事项的通知》（桂发改价格规〔2019〕348号），明确对于非招标方式确定投资主体的配电网项目，实行最高限价法；对于招标方式确定投资主体的配电网项目，采用招标定价法确定配电价格，但招标确定的配电价格不得高于前款规定的最高限价。

2. 电力市场建设

一是电力现货市场建设加速推进。四川省于2019年6月发布了《四川电力现货市场建设试点方案》及相关实施细则（模拟试运行征求意见稿）。同月，四川电力现货市场模拟试运行在成都正式启动，标志着作为全国8个电力现货市场试点省份之一的四川电力市场化改革迈出坚实一步。山西省积极构建山西电力现货市场“统一市场、两级运作”的整体框架，在省内市场建立“中长期合约仅作为结算依据管理市场风险、现货交易采用全电量集中竞价”的电力市场模式，在省间市场以外送中长期交易结果为边界，在省内现货市场预出清的基础上，以省内平衡后的富余发电能力参与省间现货交易。山西在电力现货市场建设过程中，突出“新能源优先”，全力保障新能源优先出清和消纳，为支持新能源可持续发展，实现山西能源供给侧结构性转型提供坚强保障。内蒙古电力多边交易市场于 2010 年 5 月正式挂牌运行，成为我国第一个正式运营的省级电力市场。2019 年 6 月，蒙西电力多边交易现货交易正式启动模拟试运行，逐步走向“中长期交易为主，现货交易为补充”的市场模式。

二是电力直接交易规模稳步提高。陕西省为了有序推进省内电力市场建设，于 2019 年 3 月印发《2019 年上半年电力直接交易实施方案》，明确了综合考虑电力供需平衡、优先发用电范围、清洁能源消纳等因素，确定全年电力直接交易规模 500 亿千瓦时，其中上半年交易电量规模 250 亿千瓦时。根据陕西电力交易中心发布的陕西省电力用户、售电公司与发电企业自主协商直接交易成交结果公告，2019 年上半年，共有 25 家发电企业、71 家售电公司、1054 家电力用户交易成功，成交电量 14792843 兆瓦时；2019 年下半年共有 25 家发电企业、65 家售电公司、1150 家电力用户交易成功，成交电量 17506616 兆瓦时。其中榆林市 2019 年全市完成电力直接交易 122 亿千瓦时，比 2018 年增加 22 亿千瓦时，占到全省电力直接交易总规模的 20%以上。山西省深入完善山西电力中长期交易机制，创新交易品种，促使电力市场建设稳步、快速推进，交易电量连续 5 年实现两位数以上高速增长。山西省于 2018 年 12 月发布了《2019 年山西省电力直接交易工作方案》，2019 年市场主体准入范围和交易规模进一步扩大，全年累计组织市场化交易 117 次，成交电量 1586.46 亿千瓦时，同比增长 32.3%。四川省为了积极稳妥推进电力市场建设，于 2019 年 2 月印发《四川省 2019 年省内电力市场化交易实施方案》。2019 年省内市场化交易电量 872.57 亿千瓦时，首次突破 800 亿千瓦时，创历年来新高。共计 5221 家市场主体参与直接交易，其中批发用户 173 家、零售用户 4655 家、售电公司 84 家、电厂 309 家、售电公司成交电量 6722.32 亿千瓦时，电力用户成交电量 200.25 亿千瓦时。截至 2019 年 10 月，蒙西电力多边交易市场成员已达到 1820 户，形成了以年度、季度、月度为周期，双边协商、集中竞价、集中撮合、挂牌等为模式的多个交易品种。2019 年 1—10 月，蒙西电力多边交易市场完成交易电量 1180.8 亿千瓦时，市场交易电量占蒙西电网售电量的 66.5%，占蒙西电网区内售电量的 75.8%，降低企业用电成本 64.3 亿元。

广西在 2019 年认真落实国家电改文件精神和自治区进一步深化电改措施部署，围绕市场化改革重点工作，推进电力市场建设，有序组织电力交易，规范市场管理，助推广西全社会用电量连续两年增速排名全国前列。截至2019年底，广西准入市场主体6086家，其中发电企业准入46家，电力用户准入5899家，售电公司准入141家。2019年共组织80次市场交易，其中直接交易64次，交易电量690.82亿千瓦时，发电全交易15次，交易电量59.74亿千瓦时，用电权交易1次，交易电量7.78亿千瓦时，平均度电降幅11.42分/千瓦时。

三是电力辅助服务市场建设实现起步。2019年西北能源监管局积极有序推进陕西辅助服务市场建设工作。4月正式启动了陕西电力辅助服务市场建设工作，按照“服务工作大局、坚持市场方向、促进节能环保、自主自愿参与、分步有序实施”的原则，成立陕西电力辅助服务市场建设工作协调推进小组，并起草了市场运营规则；11月形成了《陕西电力辅助服务市场运营规则（征求意见稿）》，面向全省征求意见；12月，印发《陕西电力辅助服务市场运营规则（试行）》；12月20日，陕西电力辅助服务市场正式进入试运行。陕西电力辅助服务市场的试运行标志着陕西电力市场建设进入了新阶段，不仅将有效提高系统消纳新能源电量的能力，进一步促进陕西电力行业节能减排，而且将显著提高陕西电力系统安全稳定运行水平，降低电网调峰压力、减小运行风险。2019年4月，内蒙古电力调峰辅助服务市场有关市场运营机构按照《内蒙古电力调峰辅助服务市场运行规则（模拟运行版）》组织开展了市场模拟运行，并形成了2019年1月14日、21日和29日模拟运行试结算结果。南方能源监管局于2019年7月发文征求对《广西电力调峰辅助服务市场交易规则》意见，提出紧紧围绕广西电网运行需要，将有偿调峰补偿机制改进为市场化竞争机制，由市场决定调峰服务提供方和价格，明确以市场化运行机制建设为手段，以促进可再生能源消纳为目标，解决广西电网运行的迫切需要，标志着广西电力调峰市场建设迈出重要一步。

3. 电价改革持续推进

一是降低输配电价和一般工商业电价。陕西省积极落实中央要求，分别于2019年3月、6月落实降低输配电价和一般工商业电价措施。2019年3月，陕西省发改委发布《关于调整陕西电网电力价格的通知》，将电网企业增值税税率由16%调整到13%，腾出的电价空间全部用于降低陕西一般工商业用电价格和输配电价，每千瓦时平均降低2.18分。2019年6月，陕西省发改革委发布《关于调整陕西电网电力价格的通知》（陕发改物价〔2019〕548

号），提出将陕西电网电价中征收的重大水利工程建设基金标准降低 50%、电网企业固定资产平均折旧率降低 0.5 个百分点、省内水电企业增值税率下调和跨省跨区外购电价差等措施所形成的降价空间，统一用于降低陕西一般工商业用电价格和输配电价，每千瓦时平均降低 4.75 分。山西省分别于 2019 年 4 月、6 月落实降低输配电价和一般工商业电价措施。2019 年 4 月，山西省发改委提出，电力行业增值税率由 16%调整到 13%后，一般工商业用电销售电价降低 2.55 分/千瓦时，山西一般工商业用电输配电价同步降低 2.55 分/千瓦时。2019 年 6 月，山西省发改革委发布《关于降低我省一般工商业用电价格及有关事项的通知》（晋发改商品发〔2019〕261 号），提出降低一般工商业用电价格 4.07 分/千瓦时，一般工商业用电价格同步降低 4.07 分/千瓦时。四川省分别于 2019 年 4 月、6 月落实降低输配电价和一般工商业电价措施。2019 年 4 月，四川省发改委发布《关于降低四川电网一般工商业用电价格有关事项的通知》（川发改价格〔2019〕235 号）提出，自 2019 年 4 月 1 日起，四川电网（含 2016 年及以后新改制供电公司）“一般工商业及其它用电”类别目录销售电价、输配电价、趸售工商业电价每千瓦时下调 2.23 分钱。2019 年 6 月，四川省发改革委发布《四川省发展和改革委员会关于再次降低四川电网一般工商业用电价格等有关事项的通知》（川发改价格〔2019〕257 号），提出降低四川（含 2016 年及以后新改制供电公司）“一般工商业及其它用电”类别目录销售电价，不满 1 千伏、1—10 千伏、35—110 千伏以内各电压等级的降价标准分别为每千瓦时 6.36 分、6.23 分和 6.09 分；降低四川（含 2016 年及以后新改制供电公司）“一般工商业及其它用电”类别输配电价，不满 1 千伏、1—10 千伏、35—110 千伏以内各电压等级的降价标准分别为每千瓦时 3.60 分、3.47 分和 3.33 分。内蒙古全区 2019 年分两次降低一般工商业电价，4 月 1 日起，通过实施电网企业增值税税率由 16%调整为 13%的降价措施，蒙西电网一般工商业电价每千瓦时平均降低 4.24 分；蒙东电网一般工商业电价每千瓦时平均降低 3.0 分。7 月 1 日起，内蒙古再次实施了重大水利工程建设基金征收标准降低 50%（市场化交易电量除外）、电网企业固定资产平均折旧率降低 0.5 个百分点、呼辽直流专项工程降价等降价措施，蒙西电网一般工商业电价每千瓦时再次降低 4.86 分；蒙东电网一般工商业电价每千瓦时再次降低 5.0 分。涉及一般工商业用电类别的输配电价相应降低。通过两次降价，蒙西、蒙东电网每千瓦时分别降低 9.1 分、8 分，降幅分别为 15.58%、

11.04%，年降价金额 9.15 亿元。广西于 2019 年 1 月发布《关于地方电网输配电价改革有关事项的通知》，核定广西地方电网 2019 年输配电价准许收入。2019 年 4 月印发《2019 年深化电力体制改革降低用电成本若干措施的通知》（桂政办发〔2019〕39 号），提出扩大增量电量专场交易范围、免收增量交易电量基本电费、加快推进输配电价执行标准的调整、扩大 10 千伏大工业用户电力交易范围、优化居民阶梯电价政策等措施。在降低销售电价方面，自 2019 年 4 月 1 日起，工商业及其他用电（单一制）销售电价平均降低 2.82 分/千瓦时；自 2019 年 7 月 1 日起，工商业及其他用电（单一制）销售电价平均降低 4.55 分/千瓦时，两次累计工商业及其他用电（单一制）销售电价平均降低 7.37 分/千瓦时。在此之后要求清理规范转供电环节加价。

二是调整销售电价分类结构。四川省于 2019 年 6 月调整销售电价分类结构，将“大工业用电”和“一般工商业及其它用电”归并为“工商业及其它用电”类别，分两部制和单一制。归并后，“大工业用电”执行“工商业及其它用电”的两部制电价，“一般工商业及其它用电”执行“工商业及其它用电”的单一制电价。

三是实行分类支持性电价政策。2019 年 3 月，四川省发改委公布了《贯彻落实〈深化四川电力体制改革的实施意见〉2019 年度工作方案》（川发改价格〔2019〕136 号），提出要实施分类支持性电价政策，突出对重点产业和绿色高载能产业电价支持力度。四川省发改委、四川省经信厅联合发布了《关于 2019 年新增纳入精准扶持输配电价政策范围企业名单的公示》，公示拟新增纳入精准扶持输配电价政策范围的 9 家企业。2019 年 8 月，四川省发展和改革委员会、四川省经济和信息化厅、国家能源局四川监管办公室、四川省能源局日前联合发布《关于落实精准电价政策支持特色产业发展有关事项的通知》（川发改价格〔2019〕318 号），提出对符合国家产业政策、环保政策和节能减排政策的电解铝、多晶硅、大数据、新型电池、电解氢等纳入精准电价政策支持范围，并明确精准电价政策的输配电价，要求形成精准支持的交易电价和精准支持的到户电价。内蒙古自 2019 年开始停止执行蒙东电网大工业目录销售电价，蒙东地区大工业用电全部进入电力交易市场，试行大工业倒阶梯输配电价。2019 年 10 月，内蒙古结合 2018—2019 年供热期试行的实际情况，发布《2019—2020 年及以后年度蒙东地区清洁供暖优惠电价政策》（内发改价字〔2019〕675 号），进一步完善蒙东地区清洁供暖电价政策。

四是制定电能替代价格政策。为了促进电能替代，地方政府积极出台电能替代电价政策。山西省为了降低居民用户“煤改电”用电成本，于 2019 年 10 月出台《关于我省 2019—2021 年“煤改电”用电价格及有关事项的通知》，明确了居民家庭“煤改电”电价政策、村级“煤改电”电价政策、其他电采暖电价政策，要继续推进“煤改电”用电价格市场化。四川省为了促进丰水期富裕电量消纳，于 2019 年 5 月出台了《关于 2019 年我省丰水期试行居民生活用电电能替代价格政策的通知》（川发改价格〔2019〕258 号），明确 2019 年继续试行丰水期居民生活用电电能替代价格政策。

（四）地电企业密切关注电改动态，积极参与电力改革

陕西地电继续推进增量配电改革，发挥现有资源优势，布点重要工业园、重点乡镇等潜在竞争区域，加快区域配套电网建设，扩大电网覆盖面，按照“能控则控、能参则参”的原则，参与国家增量配电网改革试点，推进富平、澄合、靖边等增量配电试点项目。顺应电价改革，争取到将公司纳入省级电网输配电价核定范围；完成输配电价第二周期成本监审；加大与省电力公司协商力度，努力疏导电价矛盾，解决电价构成复杂、新能源返送电费结算等问题。顺应能源变革趋势，主动适应电能替代对配电网的新要求，加快电网技术创新和规划建设。成立榆林发展工作领导小组，开辟业务审批“绿色通道”，支持榆林电网跨越发展。合作交融追求互利共赢，加强政企合作，充分发挥资源富集区优势，努力打造电价洼地，服务和促进地方经济发展。依托地方政府支持，积极开展电能替代推广、综合能源服务试点等政企合作项目。推进央地融合，与国网陕西省公司优势互补，差异化发展，与国神集团、国电投集团等联合开展能源开发。促进多方合作，与陕鼓集团、西电集团等合资组建陕西分布式能源股份公司，与引汉济渭、东庄水库、山东中材、陕西环保等企业开展战略合作，积极推进与新疆生产建设兵团的电改合作。西部机场三期综合能源服务、陕西建工园区节能、陕西铁塔分布式供电等合作项目落地。

四川水电集团配合完成第二个监管周期输配电成本监审，通过划分资产和业务边界，全面完成所属电力公司厂网分开、主辅分离改革。加强输配电成本管理，规范省属电网输配电成本核算，确保输配电相关成本费用全部纳入输配电成本，提高输配电资产有效性并全部计提准许收益。理清农网悬空资产现状，配合相关部门推动农网悬空资产列为输配电有效资产工作，在定

价环节将农网悬空资产作为输配电有效资产，纳入全省输配电成本进行统筹测算。输配电价改革实现“双同价”，输配电价同价和目录销售电价同价。加强政策争取，力争与省级电网实现输配电价统一测算，实现交叉补贴及电力普遍服务基金的全省统筹。

山西地电主动参与山西能源革命综合改革，严格落实国家电价政策，积极参与山西电力体制改革，持续深化“获得电力”优质服务专项行动。

（五）地电企业聚焦电力主业，拓展多元业务

陕西地电积极落实能源革命战略要求，实现全方位改革举措，由配电企业向综合能源服务集团转型。一是着手调整产业布局。制定公司“135”发展战略，即“1个目标”，收入达到1000亿元，建成一流综合能源服务集团；“3个步骤”，2020年建成一流电力投资控股型集团；2023年建成能源投资控股集团，成为中国500强企业之一；2030年建成国内具有领先品牌影响力、市场号召力、客户美誉度的一流综合能源服务集团；“5个路径”，通过统筹改革协调发展，实现电源基础稳固化、电力供给智慧化、关联业务集约化、综合能源平台化、资本运作专业化。二是优化企业集团管控，综合考虑分子公司产业特征和管理成熟度，明确了操作型、战略型、财务型三类集团管控模式，对企业进行分类管理。三是系统性开展各层级授权放权还权工作，出台《关于进一步明确集团公司各层级管理权限的意见》，激发各层级单位的经营内生动力。四是优化资源配置，谋划业务转型。整合组建发电、电力建设、综合能源集团，设立能源研究院和股权投资公司。兼并重组彬州电力公司，稳步推进物资公司混改，水电公司成功登陆“新三板”。

四川水电集团积极适应国内外能源发展大趋势，以可持续发展为主题、转型升级为主线、全面深化改革为动力，聚焦电力主业的同时，全面推动综合能源服务、产城融合、多种经营业务协同发展，确保国有资产保值增值，实现企业高质量发展。2019年，四川水电集团多元业务发展取得初步成效。一是综合能源服务初具规模。以全资子公司四川能投售电有限责任公司为平台，全力推进一体化综合能源服务商建设。2019年川能售电公司实现市场化售电量43千瓦时，位居全省第二；代理交易客户277家，占全省用户数的8.23%；成功取得重庆、江苏、浙江等三地省外电力市场主体资格。积极拓展用能服务，取得电力工程施工总承包叁级、电力设施承装（修、试）四级资质，承揽成都地铁电气安装工程、川威集团110千伏线路改建工程等项目，

参与农网工程施工，实现产值近亿元。稳步推进增量配电网、合同能源管理、咨询、设计等业务。二是产城融合板块稳健发展。坚持“以产促城、以城兴业”的发展理念，以市场为向导的运营模式，推动产城融合项目实现专业化运营。稳步推进成都温江“金泉怡景”地产项目、达州市泛铁山国家森林公园旅游景区项目，扎实开展永安公司电力调度大厦项目、昭觉县新区电力设施及商住综合体开发项目前期工作。三是多种经营业务持续增长。全资子公司四川能投百事吉实业有限公司，以建设“规范化、专业化、标准化”综合管家式服务平台为目标，不断优化综合物业资源要素、更新市场化物业服务体系，整合线上线下资源，创新推出“川能云餐”、“互联网＋出行”、线上商城等服务，综合物业服务能力显著提升。2019 年荣获“成都市物业服务品牌企业”称号，通过 ISO22000 食品安全管理体系认证。

五、经营提质和管理增效

2019 年，面对各类风险挑战不断上升的复杂局面，地方电力企业迎难而上，发挥电力企业善打硬仗的担当精神，突出生产经营、电网建设、安全保障等重点工作，圆满完成年度各项工作目标，经营业绩全面提升，工作质效全面改善，为地方经济和社会文明建设提供了充足、可靠、安全的电力保障。

（一）经营提质

1. 经济绩效

2019 年，地方电力企业在当地政府的领导下，认真落实年度重点工作目标和工作要求，全面完成了当地政府和国资委下达的各项经营任务。

陕西地方电力集团公司公司坚持以稳增长、促改革、谋发展为主线，持续深化改革创新，不断夯实发展基础，努力提升经济效益，主要经营指标稳中向好。营业收入完成 238.36 亿元，同比增长 3.08%；实现利润总额 14.57 亿元，同比增长 11.23%；净资产收益率 8.72%，同比增加 0.29 个百分点；成本费用利润率 6.12%，同比增加 0.43 个百分点；全员劳动生产率 47.7 万元/人，同比增加 0.9 万元/人，圆满完成省国资委下达的目标任务，被省国资委授予“稳增长突出贡献企业”。

山西地方电力公司坚持稳中求进工作总基调，推进高质量发展“稳”的基础更加牢固、“进”的措施更加有力，主要经营指标继续增长：供电量 96.94 亿千瓦时，同比增长 5.91%；售电量 91.18 亿千瓦时，同比增长 5.41%；综合线损率 5.94%，比计划降低 0.06 个百分点；营业收入 44.3 亿元，同比增加

4.48%，实现利润 3.18 亿元，同比增加 13.98%；净资产收益率达到 9.9%。

四川水电集团，按照“抓改革、提质效、补短板、强安全”的工作总要求，各项生产经营指标均超额完成能投集团下达年度目标任务。营业总收入 74.49 亿元，同比上升 9.63%，完成年度预算的 106.41%；利润总额 8.05 亿元，折算可比利润总额为 10.65 亿元，较上年同口径 7.13 亿元增长 49.37%，完成年度调整目标的 133.13%；资产总额 722.25 亿元，同比增长 8.31%；净资产总额 233.96 亿元，同比增长 20.66%；资产负债率 67.6%，较年度预算降低 2.05 个百分点，调整后归母净资产收益率 4%，比年度计划高 0.89 个百分点；调整后经济增加值（EVA）完成－2.46 亿元，完成年度计划的 132.18%，如表 1-11、图 1-18 所示。

表 1-11　　部分地电企业主要经营指标完成情况

	营收	同比	利润	同比	资产总额	同比	资产负债率	同比
陕西地电	238.36	3.08	14.57	11.23	344.28	10.89	50.91	0.08
山西地电	44.30	4.48	3.18	13.98	57.59	0.37	44.28	－6.84
四川水电	74.49	9.63	8.05	49.37	722.25	8.31	67.6	－3.32

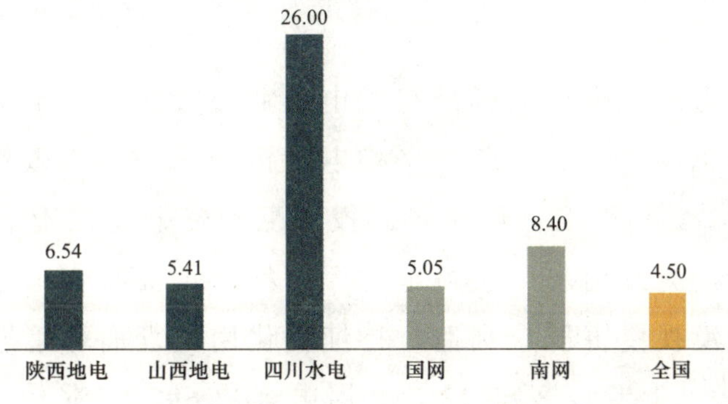

图 1-18　部分电力企业及全国用电量增速比较

2019 年，地方电力企业的经营业绩明显好于行业平均水平。相比于两大电网，公司在营收增幅差距不大的情况下，地方电网的盈利能力和净资产收益率有明显的提升。主要地方电网企业的经营情况如图 1-19 所示。

陕西地方电力集团完成营收为 238.36 亿元，同比增加 3.08%，实现利润 14.57 亿元，同比增加 11.23%，净资产收益率 8.72%。同比增加 0.29 个百分点；山西地方电力公司完成营收为 44.30 亿元，同比增加 4.48%，实现利润 3.18 亿元，同比增加 13.98%，净资产收益率 9.9%。四川水电集团完成营收为74.49亿元，同比增加9.63%，实现利润8.05亿元，同比增加11.23%，净资产收益率8.72%。同比增加0.29个百分点。对比两大电网公司经营形势，地方电网企业的效益提升，主要反映在成本控制和净资产收益率提高两个方面。

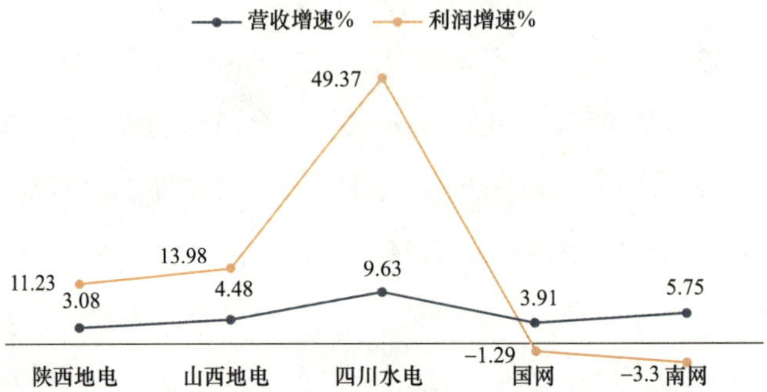

图1-19 部分电力企业营收和利润增速比较

2. 社会绩效

2019年是极其不平凡的一年，世界经济进入换挡升级的调整期，企业经营压力增大。地方电力企业相应国家号召，主动让利，全力支持企业和地方经济发展。

陕西地方电力公司推进大客户与发电企业直接交易，节省客户用电成本1.76亿元。严格执行“一般工商业平均电价再降低10%”政策，减少企业用电成本2.9亿元，受到省工信厅表扬。投入配套资金0.53亿元，实施低压客户“三零”服务，提升用户“获得电力”指标。积极配合国家能源局检查，启动“专项整治漠视侵害群众利益、持续优化用电营商环境服务提升年”活动。新增35千伏以上专线客户22户、用电容量692.11兆伏安。强化基建管理，对施工安全管理、设计勘察取费标准、供应商失信行为等进行规范和约束。持续提升供电保障，有效满足中石化、延长石油、陕西交建、延能化集团、神木精益化工、吉利汽车、农夫山泉等重大项目用电，提前完成“十三五”农网改造升级任务。

山西地方电力公司坚持行业扶贫和定点扶贫相结合、脱贫攻坚与乡村振兴相结合，各单位派驻第一书记和工作队队员，扎根扶贫第一线，夜以继日蹲守扶贫点，充分展现了国企的责任担当。山西地方电力公司通过实施“四个一批”进行精准帮扶，积极帮助发展养殖、运输等产业，发动员工购买了

6 万余斤的农副产品。同时，重点实施电力扶贫项目，新增农网投资 1.5 亿元，加快推进农村电网升级改造。山西地方电力公司规范办理光伏并网业务，编制了《光伏电站并网工作手册》，推动光伏扶贫项目及早落地见效。积极配合各级政府大力推进“煤改电”配套电网改造工程建设，全年投资 2000 万元。全年圆满完成各重要节日、重要会议、重要活动的保电任务。3 月 15 日，山西省乡宁县发生山体滑坡，地电公司以更大的责任承担、更高的政治站位，主动投入抢险救援中，全力保护人民群众的生命和财产，获得了社会的高度评价。

2019 年，地方电力企业努力做企业公民，形成合作共赢的发展环境和生态。山西地方电力公司在晋能集团考核中被评为“A”类企业，荣获“模范集体”称号；1 个分公司、4 个班组、11 名职工受到集团表彰；安泽分公司荣获“全国安全文化建设示范企业”称号，柳林、交口、临县分公司荣获“山西省安全文化建设示范企业”称号；乡宁分公司安全管理考核系统被国家版权局授予著作权；山西地电公司系统 1 人获得全省“五小”竞赛“创新应用奖”、1 人获得“山西省劳动模范”称号，“郑海军职工创新工作室”连续取得 7 项国家专利，并被省总工会命名为“山西省职工创新工作室”。山西地方电力公司下属的 10 个分公司已获得省级文明单位及省级文明单位标兵称号，精神文明创建成果已成为地电人追梦新时代、奋斗新征程的力量源泉。

四川水电集团以电网为纽带，逐步建立了你中有我，我中有你，合作共赢的发展生态。一是区域联网更加坚强，持续推进区域电网建设，平武、青川实现 110 千伏联网运行，消纳富余电量 1600 余万千瓦时；凉山四县实现 110 千伏电网互为备用、相互支撑、多点并网的电网格局，全年联网运行约 2100 小时，交换电量 1000 余万千瓦时，确保了国庆 70 周年等重大敏感时间节点的电力供应。二是投资参股电网建设。屏山王场 220 千伏变电站完成主体工程施工，兴文莲花等 8 个 220 千伏工程列入拟核准项目，目前正在积极推进项目前期工作；根据国家能源局安排，参与修订《电网公平开放监管办法》，推动 220 千伏及以下电压等级向市场主体全面放开，加强配电网信息化建设，积极打造智能电网。三是持续加强电源引入。经过多方协调，美姑、万源 110 千伏变电站并入大电网，高县、叙州区、金堂等 110 千伏变电站已经或即将取得并网许可；加强与华电、华能、中电国际、港航集团洽谈合作，积极争取所属电站“一厂两供”或转网并入省属电网。

2019 年，地方电力企业注重员工培养和发展，职工精神面貌焕然一新，成为引领当地精神文明的一股正能量。陕西地方电力公司汇聚地电正能量，发展氛围更加浓厚。组织开展庆祝新中国成立 70 周年暨集团公司成立 30 周年系列活动，表彰 30 名杰出贡献人物，发布企业文化 2.0 版，确立“为人民、供好电”的企业使命。做好思想政治宣传和主题宣传，召开十九届四中全会宣贯会议，在陕西国资网站、微信公众号刊发专题报道 80 余篇，公司门户网站发稿量达到 4 万余篇，微信公众号阅读量达到 60 余万次。做实做活群团工作，深入开展走访慰问、助学帮困等活动，组织“道德讲堂”、好人事迹分享会以及“青春心向党，建功新时代”主题团日等活动。大力弘扬工匠精神，公司荣获“陕西省五一劳动奖状”，建成首批 6 个“劳模创新工作室”，积极参加陕西省第五届职工科技节，荣获“陕西省职工优秀科技创新成果”金奖等多项荣誉。

陕西地方电力公司积极落实选人用人“一报告两评议”制度，推动“三项制度”改革，制定《深化劳动用工和收入分配制度改革实施方案》，修订《工资总额管理办法》，引进高层次人才。

山西地方电力公司坚持“人才强企”战略，大力实施全民技能提升工程，出台了兼职培训师管理、教育培训管理及考核等办法。各单位优化整合教育培训资源，增配仿真实操设备，选配专兼职教师，增加经费投入，加强实训基地建设。全年投入培训经费 801.55 万元，开展各类专业培训 437 期 12509 人次，其中技能提升培训达 2708 人次。举办了变电运维、送电线路、电气试验三大专业集中培训班，按季度分别组织开展了装表接电、变电运行、财务管理、安全知识专业调考。加大职称评审和技能鉴定力度，不断扩大专业技术人才和技能人才总量，230 人取得职业技能等级，通过率达 93%；6 人取得高级职称，6 人取得中级职称，98 人取得初级职称。

四川水电集团坚持加强技能培训，职工队伍素质持续提升。全年开展各类综合素质和专业技能培训 1250 余次，参训人员 2.9 万人次。开展富余人员分流安置，争取国有企业改革发展资金 92.09 万元，所属公司分流人员 35 人。公司加强人才引进，统一组织举办校园招聘“双选会”和“专场会”，录用高校优秀毕业生 103 人，招聘成功率 78%；加强人才交流，先后推荐 10 名管理人员和专业技术人才到中纪委、省发改委、省总工会等省直机关挂职锻炼和提升能力；强化人才梯队建设，圆满完成为期两年的中层后备干部递进式培训工作，“四抓四提升”成效明显。

3. 环境绩效

2019年，地方电力企业加快实施以电为中心的能源战略，清洁替代、电能替代和节能工作全面推进。

陕西地方电力集团公司以决战脱贫攻坚为契机，实现扶贫与清洁替代、电能替代同步发展。完成光伏扶贫电站接入552座，装机422.39兆瓦，完成18个摘帽县3397个贫困村电力入户达标认定，贫困村电力入户率和通动力电率均达到100%。汉中合力团完成投资近5亿元，建成项目10个，在建项目10个，带动当地特色产业发展，惠及贫困户1694户。“两联一包”成果显著，澄城县按期顺利脱贫摘帽，全系统帮扶63个县、95个村、5788户贫困户，累计投入1804.67万元，已实现脱贫4157户，公司被授予“陕西省助力脱贫攻坚优秀企业”。助力“铁腕治霾”，大力推广清洁能源项目，投资1.4亿元完成煤改电配套电网项目401项，惠及46万用户。加大惠民政策宣传，执行居民峰谷分时电价客户数量同比增加6.57万户。安康分公司推进“电化安康”，为推广电能替代探索出新路径，为保卫蓝天做出新贡献。发布第11次《社会责任报告》，并荣获“典范奖”。

山西地方电力公司提升环保管理，在美丽乡村和清洁蓝天行动中当表率。公司认真贯彻落实企业生态环境保护主体责任，编制了环境保护管理、危险废物管理等办法，公司环保标准化管理从“良好”提升到了“示范”水平。全面组织开展危废暂存间整治工作，签订危废处置协议，所属单位全部通过验收并在集团公司备案，进一步完善了危废物全流程管控体系。公司积极开展变电站噪声监测工作，严控污染排放。绿色环保理念正加速融入企业发展战略，不断在服务生态文明建设的大局中贡献地电力量。

2019年，四川水电集团综合能源服务初具规模。全力巩固省级售电平台，川能售电公司实现市场化售电量43亿千瓦时，位居全省第二；代理交易客户277家，占全省用户数的8.23%；成功取得重庆、江苏、浙江等三地省外电力市场主体资格。积极拓展用能服务，取得电力工程施工总承包叁级、电力设施承装（修、试）四级资质，承揽成都地铁电气安装工程、川威集团110千伏线路改建工程等项目，参与农网工程施工，实现产值近亿元。稳步推进增量配电网、合同能源管理、咨询、设计等业务，相关项目逐步落地。

在节能减排方面，陕西地方电力公司成立了节能减排领导小组，贯彻和落实省委省政府一系列节能减排政策，组织领导各市分公司、多经、辅业公司节能工作，制定年度节能措施计划，对节能任务进行分解，做好节能减排的协调、监督、检查、控制和考核等工作，同时以合同能源管理方式开展节能服务，引导用户实施节能项目，实现科学用电、节约用电，履行企业社会责任。为了进一步降低线损，陕西地方电力公司坚持多措并举，扎实开展线损疑点问题治理深度，以此为契机认真梳理分析，查找日常线损管理中存在问题及原因，有针对性的制定整改措施。建立核查机制，建立“市级指导、县级主抓、上下联动、齐抓共管”的线损核查机制，对配网线损异常的馈路和台区及时发出预警，采取“周梳理，月分析、季通报”的方式，提升线损管理水平。优化工作方式，组织开展配网线损专线检查，针对筛查问题进行认真核查，精准分析，并组织专业人员深入基层“把脉问诊”，现场指导、查找堵塞管理漏洞，甄别并逐条逐项核实馈路和台区疑难问题，抓住重点难点，分析问题根源，制定整改措施，通过疑点核查结果与营业稽查有机结合，达到线损管理“检查一项、规范一块、促进一片”的良好效果。强化业务技能，认真开展线损业务培训，规范线损管理模板，统一线损分析格式，将日常管理中的薄弱点和难点进行归纳总结，召开线损分析例会解决突出问题，增强线损管理工作的针对性和有效性。积极整改巩固，通过不断检查，有效整改，及时完善，线损管理水平进一步提高，2019 年陕西地方电力公司综合节能量为 346 吨标准煤。

（二）管理增效

1. 坚持改革和政策研究，企业转型全面推进

陕西地方电力公司改革转型全面启动，公司着手调整产业布局，顶层设计站高谋远，制定“135”发展战略，配套出台促进集团公司高质量发展、加强党的建设、加强人才队伍建设、加强创新工作、战略转型管控组织优化设计等五个意见，为公司中长期发展明确目标、规划路径。公司加快重组整合，优化资源配置，整合组建发电、电力建设、综合能源集团，设立能源研究院和股权投资公司，综合考虑分子公司产业特征和管理成熟度，明确了操作型、战略型、财务型三类集团管控模式。

链接：陕西地方电力集团公司“135”发展战略

——“1”是目标体系：经过不懈努力，成为省属企业投资集团之一，收入达到 1000 亿元，建成一流综合能源服务集团。

——“3”是步骤安排：建成一流电力投资控股型集团；2023年建成能源投资控股集团，成为中国500强企业之一；2030年建成国内具有领先品牌影响力、市场号召力、客户美誉度的一流综合能源服务集团。

——“5”是路径规划：通过统筹改革协调发展，实现电源基础稳固化、电力供给智慧化、关联业务集约化、综合能源平台化、资本运作专业化。

2019年，陕西地方电力公司重点改革卓有成效。适应电改主动作为，成立榆林发展工作领导小组，开辟业务审批“绿色通道”，支持榆林电网跨越发展。积极配合国家发改委、国家能源局增量配电业务改革调研，推进富平、澄合、靖边等增量配电试点项目。体制机制开局布新，系统性开展各层级授权放权还权工作，出台《关于进一步明确集团公司各层级管理权限的意见》，激发各层级单位的经营内生动力。

四川水电集团坚持开展政策研究，企业改革发展工作成效突出。

一是多方呼吁，电力体制改革意见和建议得到上级支持。认真开展输配分开定价原则及方法研究，积极参与中央、省级相关部门调研，倡议并承办全国地方电力企业发展改革研讨会，多层次、大范围广泛呼吁统筹第二周期输配电价改革及进一步深化电力体制改革，形成较高质量报告，相关建议及措施得到国务院参事室、国家发改委、省委改革办、省委巡视组及省发改委的肯定。积极推动改革现行趸售电价形成机制及管理体制，促进取消国网公司对趸售电价调整的主导权，全力争取实行单一制综合趸售电价，切实降低购电成本。

二是积极争取，多项政策补贴取得明显成效。针对一般工商业电价再降低10%存在较大资金缺口，加强向省发改委汇报，争取到下调省级电网趸售电价实现疏导1.02亿元，降价缺口获得全额疏导。认真落实电价补贴政策，争取到丰水期居民生活用电电能替代电价补贴975万元，力争解决2018年、2019年宜宾、万源、玉宇等3家电力公司城乡居民用电同价补贴资金0.96亿元。

三是加强协调，第二监管周期成本监审取得初步成效。积极配合省成本监审局完成省属电网第二监管周期输配电成本监审，创新提出将农网悬空资产纳入输配电有效资产，得到省发改委认可，已经出具初步监审结果报告。通过努力，在省发改委大力支持下，将“双同价”与第二监管周期输配电价实施统筹考虑，执行时间推迟到2020年，变通解决同价价差补贴资金4.76

亿元。

四是多措并举，农网悬空资产确权取得阶段性成果。认真梳理农网悬空资产及企业状况，分门别类明确确权路径，多措并举推进工作。加大川犍电力胜诉判决执行力度，扣划冻结资金 169.48 万元，查封其名下所有房屋及土地所有权，促进双方达成支付资金占用费的和解方案；提起长宁县电力公司农网投资合同纠纷诉讼，采取诉中保全措施，督促地方政府推动改制重组；开展并购九寨沟电力公司前期工作，完成审计、评估及法律尽职调查工作；加强与国网四川省电力公司沟通、协调，推动解决占用农网资产确权及上市公司债权资金支付事宜；积极开展参股企业农网投资确权，针对峨边电力公司、爱众集团、达州电力集团实际情况，分别落实切实可行方案。

2. 延伸产业链，优化非电辅业，企业经营结构日渐优良

四川水电集团坚持优化非电辅业。地产项目金泉怡景建设顺利，目前第一批次房源建设已达地上 8 层，累计完成投资 18.92 亿元，占总投资计划的 65.8%；售楼部完成主体结构施工，正在进行内部装修准备。三台冬瓜山电航工程全部机组完成试运行并投运，目前正在开展“9.13”洪水水毁工程修复工作，累计完成投资 8.29 亿元，占总投资计划的 79.57%。达州铁山项目半山酒店、景区停车场开始试运行，正在开展项目配套区修建性详规、可行性研究报告编制，以及景区内子项目建设前期工作。金麓公司樱花庄园及龙东路项目全面完工，实现房产销售面积 1608.69 平方米，销售产值约 0.12 亿元。

3. 坚持管理创新，生产经营管理成效持续向好

陕西地方电力公司积极推动管理创新，增强企业内生动力。以理念创新引领管理创新，推动组织变革、管理提升、流程再造，释放创新活力、增强服务意识。依托公司高端智库，增强政策研究和决策能力，完善和优化公司管理制度和组织机构。充分运用信息化手段，实现人、财、物集约化管理、标准管理、价值管理，推动全价值链、全生命周期的管理创新，做到流程简洁高效、制度规范管用。公司加强信息化建设，集成贯通、融合提升管理水平，以“集成贯通”促进公司经营管理现代化，在人力、财务系统基础上，上线运行资产管理系统，实现对人财物的集中管控，统一公司资产实物管理和价值管理，覆盖资产全生命周期的各个阶段，打通了“资产—财务—资金”数据链，促进了业务和财务的一体化。以“互联网＋”引领客户服务多元化，在营销管理、集采负控、密钥发卡等系统的基础上自主研发多元化缴费平台，

率先实现远程下发电费数据到本地费控智能电表，改变了传统持卡购电、刷卡用电的方式，彻底解决了客户缴费不便的问题。以“两化融合”推动电网生产运行智能化，建成配网自动化系统通过与配网 GIS 系统交互，在电网发生故障后，能够实现故障快速定位和隔离并恢复非故障区域供电，缩短了故障查找和抢修时间，提高了供电可靠性。随着公司信息化建设不断发展，公司已经启动大数据、云计算和移动计算研究工作，深化资源共享和业务协同。在现有体系基础上，建立“全局可视、态势感知、内外兼顾、立体防护”的全新安全体系，持续提升公司网络与信息安全水平。

四川水电集团坚持管理创新，提质增效。一是狠抓生产经营管理，大力实施增供扩销，川能售电公司、四川能投发展、昭觉等 7 家公司售电量增长超过 10%。经过多方努力，全力争取大用户，集团公司综合线损率实现持续降低，昭觉、资中、大竹等 8 家公司同比下降 1 个百分点以上。

二是充分发挥区域电网优势，加强经济调度和富余电量消纳，川南、川东、凉山、平武青川区域电网分别产生联网经济效益 4907 万元、580 万元、768 万元、292 万元。

三是加强资金链和市值管理，进一步强化银企合作，优化融资结构，全年实现各类融资 88.51 亿元；严格控制融资成本，把握发行窗口期，成功发行中期票据、短期融资券 20 亿元，新增经营性融资综合资金成本仅 4.07%，较同期基准利率节约利息支出 0.2 亿元；坚持引入多家投资人谈判债转股资金成本，最终利率较单一投资人降低 0.5 个百分点，年节约资金成本 0.17 亿元；充分发挥结算中心资金归集功能，全年创造直接经济效益近 1 亿元；加强资金管理，利用资金使用空档期，通过结构性存款、国债逆回购等实现利息收入约 0.5 亿元。

四是积极落实各项优惠政策，加强向省财政厅沟通汇报，全年争取到位农网还贷资金 14 亿元，确保了农网贷款的还本付息。认真落实财税优惠政策，全年实现减免税款 0.4 亿元，成功申报并获得财政发债补贴资金 20 万元。积极参与脱贫攻坚，美姑、金阳公司争取到政府扶贫工程资金 0.2 亿元。

五是加强成本控制，严格控制五项费用发生，在营业收入同比增长 5.96%情况下，仍实现管理费用同比降低。认真落实公务用车改革要求，本部按期完成 8 辆取消车辆处置工作，全年发生车辆运行费用 65 万元，同比降低 34%。

六是加强所属企业扭亏、控亏工作，深入分析各公司经营状况，区别对待收入减少、利润下滑原因，提出改进措施；派驻工作组入驻德格公司，全面掌握公司经营状况及管理漏洞，目前正在制定提升管理控制亏损方案。全年实现电力企业扭亏超 1400 万元。

4. 从严管理，管理效能大幅提升

陕西地方电力公司精益求精，管理能力持续提升。持续加强财务管控力。加强债务约束管控，加快在建工程转固，加大债权清理力度，资产负债率同比下降 0.29 个百分点。加强成本管控，完成资产清查工作，为落实资产全寿命周期管理奠定基础。维护公司发展权益，经过多方努力，将公司纳入省级电网输配电价核定范围，配合国家发改委完成输配电价核定第二周期成本监审。加强资金管控，全面上线资金余额监控功能，将一级子公司所属 27 家分子公司纳入集团资金归集范围。推广使用银行承兑汇票，减轻公司营运资金压力。公司不断提升风险防控力。强化法律风险点管控，健全企业法律风险防范机制，严格执行法律意见书制度，完成累计标的额 90.95 亿元各类合同的法律审核，妥善处理 8 起诉讼案件和非诉讼法律纠纷。扩大审计监督覆盖面，完成各类审计项目 4961 项，出具审计报告 736 份，下发审计决定 24 份，审定建设投资 19.47 亿元，节约资金 0.88 亿元，查出各类问题 125 个，整改落实问题 87 个。开展营业稽查、普查，纠正各类营业差错 4.1 万多起，追补电量 1816.7 万千瓦时，追补电费 1176.4 万元。

山西地方电力公司实施提升“四个管理”举措，2019 年经营水平明显提高。公司严格执行晋能集团“十二项经营管理制度”，以“六精五细”为抓手，大力推进并实施精细化管理。建立健全制度体系，修订了安全、生产、资金、预算、绩效考核等管理制度 73 个。强化财务管理。全年可控费用下降了 5%，财务费用减少了 1162.95 万元。减免企业所得税 424.56 万元。全面预算管理大力推进，有效杜绝了无计划、无预算支出。强化人力资源管理，开展了规范劳动用工和薪酬发放管理自查自纠工作，完成了人力资源系统员工信息采集并上线运行。各单位积极建树标杆，主动对标学习、对标交流、对标互查。各领域一体化信息平台陆续上线运行。管理基础进一步夯实，管理素质、管理水平实现了综合提升。

公司稳步推进星级供电所创建，整改问题 327 个。加快推进电能量信息采集，改造低压户表 41507 户，低压采集覆盖率达 83.55%，专变、台区总表采集成功率、数据自动获取率均超过了99%。加大营销稽查力度，全年发现违约用电69起，查处偷窃电57起，挽回损失129.72万元；规范电价执行515户，规范基本电费执行45户，增加收入3303.55万元。强化电费清收工作，实现当年电费结零，旧欠电费收回811.11万元，完成年度目标的181.72%。主动参与山西能源革命综合改革，严格落实国家电价政策，积极参与山西电力体制改革，持续深化"获得电力"优质服务专项行动，主动靠前服务，多元化缴费模式正在形成，微信业务系统即将投入运行，用电营商环境不断优化，居民、非居民、高压客户业务办理平均时长分别压缩了10.8%、23.7%、10.42%。全面清理规范商业综合体转供电行为，切实让每一名终端用户都享受到了实实在在的降价红利。

三是加强农网投资管控，切实保障电网发展所需。认真开展清理2010年以来因规划调整、脱贫攻坚等造成的农网10千伏及以下项目超投资计划情况，拟定解决途径，上报省发改委依法合规妥善解决。加强电网项目规划，严格控制投资规模，申报2020年投资计划23.5亿元，重点解决脱贫攻坚、智能电表全覆盖、提升高压电网供电能力及"两率一户"达标等问题，确保投资效益。加快推进农网审计进度，切实解决审计存在问题。组织召开农网项目审计协调会议35次，发出工作提醒函21份，现场督促进度滞后单位，全年累计完成工程结算审计及竣工决算审计275个，审减金额4.76亿元，审减率13.22%。

六、电气化水平与地方经济发展分析

（一）电气化水平现状

我国乡村地区地大面广，城乡二元化发展、城乡之间地域差异较大，能源资源禀赋各异且分布极为不均衡。虽然受制于地理位置气候等先天条件，随着助力乡村振兴国家战略的开展，乡村能源消费总量节节攀升，作为社会发展进步的标志之一，清洁优质的二次能源电力还尚未成为我国农村能源消费的主要形式。

近年来，我国农村能源消费总量超过6亿吨标准煤当量，占全国能源消费总量的15%以上，其中电力在能源消费总量占比不足20%。农村乡镇生活用能占农村能源消费量略超过50%，农村生产用能为略低于50%。值得注意的是，其中电力在能源消费总量占比不足20%。

全国农村生产用能消费结构中，商品能源消费量占比90%以上，非商品能源消费总量占比低于10%。商品能源消费中占比比重依次为煤炭、成品油、电力、焦炭，其中煤炭和成品油合计占比超过70%。非商品能源消费中薪柴和秸秆为主要消费形式。

随着国家乡村振兴战略的实施，地方电力企业大力推动乡村电气化工作。农村能源生产方面，也正在逐步从传统燃煤等化石原料为主的方式向清洁低碳的以可再生能源为主的方式转变。

当前，我国农村能源生产主要包括生物质能（包括生物质直燃、沼气、生物质成型、生物质燃料乙醇及生物柴油等）、小型电源（包括离网型太阳能光伏发电、离网型风力发电、微水电等）、太阳能热利用（太阳能热水器、热泵、采暖、制冷空调、太阳房、太阳灶等）。近年来，以沼气、太阳能、生物质发电、生物质成型为代表的农村能源产业依然保持强劲的发展势头，新产品、新技术不断涌现，综合效益突出。太阳能热利用产业继续保持稳步发展，沼气逐渐进入新的发展阶段，生物质发电和成型产业技术有较大的进步，“三小电”产业方兴未艾，如表1-12所示。

表1-12　　近年来农村可再生能源生产情况

生物质能源	生物质发电总装机容量超过1千万千瓦；户用沼气超过5千万户，年产量超过100亿立方米，规模化沼气工程超过10万处，年产气量超过30亿立方米；生物质成型燃料年利用量超过800万吨；生物质液体燃料中乙醇年产量超过200万吨，生物柴油年产量超过80万吨
太阳能	太阳能热水器超过5千万台，集热面积超过8千万平方米；累计推广太阳灶超过2百万台；太阳房超过30万处，集热面积超过2千万平方米；小型光伏发电超过4万处，装机容量近10万千瓦
小风电	小型风力发电（大于1千瓦、小于50千瓦）累计装机超过10万台，装机容量超过4万千瓦
小微水电	小微型水力发电（小于500千瓦）累计装机超过3万台，装机容量超过9万千瓦

注：农业农村部统计。

生物质能。我国生物质能资源种类多且分布广泛，生物质资源可转换为能源的潜力约为4.6亿吨标准，已利用量约2200万吨标准煤当量，还有约4.4亿吨标准煤当量可作为能源利用。生物质发电技术基本成熟，生物质能热电联产可以直接用于城镇居民供暖或工业生产供热等领域，热电联产将成为农林生物质发电的重点发展方向。沼气生产方式将逐步向集中化、规模化、高值化（生物天然气）方向发展，在综合条件较好的地区可积极发展规模化沼气工程。生物质成型燃料主要用于城镇供暖和工业供热等领域，成型燃料机械制造、专用锅炉制造、燃料燃烧等技术日益成熟，处于规模化发展初期。生物质的梯级利用、多联产的生物质炼制是未来生物质液体燃料发展的主要产业技术方向。

太阳能。太阳能热利用应用领域正在由户用型向工程化、由生活热水向采暖制冷、由生活供热向工农业生产供热采暖扩展。光伏发电应用逐渐形成集中式和分布式并举格局，步入与农业、养殖业、生态治理等产业融合发展新阶段。

小风电。小风电装机主要分布在风能资源较丰富的区域（内蒙古、新疆、黑龙江、山东等省区），经过40多年的发展，小型风力发电技术日趋完善，使用领域逐渐扩大到城乡居民供电、海岛与近海养殖、海水淡化、农村公路照明及交通监测、森林防火检测、农业灌溉及副产品加工用电等与农业和农村相关领域。尤其是随着互补型分布式电源的兴起，小型风能供电系统更能发挥其作用。

微小水电。我国微水电资源主要分布在长江流域、西南地区和西藏地区，微水装机也主要分布这些区域（广东、广西、云南等省）。在我国西藏的东部和南部、四川西部、云南西部、青海和甘肃南部等偏僻、边远的少数民族地区，由于居住分散，远离大电网，近期在技术和经济上都难以靠电网延伸来解决供电问题。开发利用这些地区微小水电，可解决当地农村的日常生活用能问题。

（二）地方电力电气化特点

2019年，中央一号文件提出坚持农业农村优先发展总方针，要求推进田水林路电综合配套，明确指出夯实农业基础，扎实推进乡村建设。2019年1月，国家电网公司发布《关于服务乡村振兴战略大力推动乡村电气化的意见》，总体目标是全面落实乡村电网发展规划，农村电网基础设施持续改善，农村供电服务水平进一步提高，农村，农业各领域电气化水平大幅提升，在农产品种植，加工，乡村旅游等方面建成一批电气化试点示范工程，促进乡村能源生产和消费方式发生显著变革，为实现乡村振兴不断注入新动能，助力农业生产、乡村产业，农村现代化取得积极成果，农村地区电能占终端能源消费比例达到38.5%，在现有基础上提高2个百分点。

1. 提升农村电网建设水平

农村电网改造作为重要民生工程，关系到脱贫攻坚、乡村振兴，关系到千千万万农民群众的切实利益，也是扩大投资、促进经济平稳增长的重要举措。在提前完成新一轮农村电网改造升级的基础上，国家电网有限公司继续安排一定规模的农村电网投资，尤其是加大对地方电网供区、贫困地区等薄弱环节投资力度，让人民群众拥有更多获得感。

陕西地方电力公司持续加强电网建设，通过变电站建设、老旧电网线路改造、新增配变等手段，实现各县、重点乡镇、工业园区 110 千伏变电站覆盖面进一步提升，重要客户、重点区域实现“N-1”供电。四川水电集团大力推广节能型配电变压器的等一系列新技术、新设备、新材料、新工艺，取得了显著效果。山西地方电力公司填补了地电系统临汾区域 220 千伏网架的空白，助力社会经济发展和全面建成小康社会。

2. 提高农村供电服务能力

农村能源是全面建成小康社会、美丽乡村建设的基础和重要组成部分。大电网经营企业全面落实乡村电网发展规划，持续改善农村电网基础设施，进一步缩短企业获得电力时间，优化营商环境；重点推进“三区三州”、抵边村寨等农网改造建设攻坚；建立农网供电监测评价体系，将机井通电纳入电网企业日常服务范围，提高农村电力服务水平。各地方电力企业同样加强乡村电气化建设，提高终端能源消费中的电能比例，服务地方经济社会发展，从电网建设到服务能力建设、优质服务水平等各方面，为乡村电气化建设赋能。

3. 推广乡村电气化项目

2019 年，地方电力企业加强与地方政府部门的沟通协调，争取当地政府政策支持，引导农业农村用户主动选择电能，淘汰高污染、低效率的用能方式；分析挖掘乡村电气化潜力，为农业农村客户提供“一站式”服务；加大主题宣传力度，通过开展户外宣传、发放宣传资料等方式，广泛宣传电气化典型项目的经济效益、社会效益、环保效益，普及用电知识，积极向农村居民和企业介绍推广电采暖、电锅炉、电动汽车等项目。

4. 特色用能项目建设

2019 年，地方电力企业以建设安全可靠、经济合理、坚固耐用的现代化农村配电网为目标，实施农网升级改造，推动农村电气化水平提升，释放农村用电需求，激活乡村特色产业发展。特色产品加工方面，开展电能向烤烟、制茶、制陶、煎饼加工等领域渗透应用等示范，推动将地方特色和土特产品做成带动农民增收的产业；农业种植方面，开展推广农田机井电排灌、农业大棚电保温、电动喷淋等技术，打造电气化示范大棚等活动；畜牧养殖方面，开始推广电孵化、热泵等技术，以电气化升级推动养殖业现代化转型；水产养殖方面，在水产增氧、水循环等环节推广电能替代新技术，打造全电气化虾稻共生养殖示范基地，建设海产品电加热育种示范基地试点，推动建设电孵化室。

5. 新型用电产品推介

2019年，地方电力企业围绕“家庭电气化、绿色进万家”活动主题，积极倡导绿色节能家电、智能家居生活，提升城乡居民生活电气化。采用多种方式宣传环保性能优越的新型用电产品，如厨房电炊具、电锅炉、分散式电采暖、电动汽车等，使“节能环保，绿色低碳、便捷高效”的生活方式深入人心。在新建住宅建筑中大力推广应用电采暖、电热水器、电炊具等家电设备，倡导“智能环保零排放”家庭生活理念。发挥电力公司营销网络优势，拓展居民用户与家电厂商间的家电购销渠道，向居民推介普及节能家电设备，扩大居民用电市场，促进居民用电增长。

（三）电气化对地方经济发展的重要推动作用

实施乡村振兴战略是关系全面建设社会主义现代化国家的全局性、历史性任务，全面实施乡村电气化提升工程，坚定不移的发展乡村电气化，助力乡村振兴全面发展。

通过全面实施乡村电气化提升工程，农村地区供电服务能力不断提升：在东部地区全面实现供电服务均等化、美好生活电气化和清洁能源消纳本地化；在中部地区实现供电服务均等化为经济社会发展赋能；在西部地区满足“三农”发展所需的电力供应，供电可靠性和供电质量逐步提升，基本实现供电服务均等化。通过建立以电为中心的现代农村能源体系，满足农村多样化用能需求，为农林牧渔高效发展和农村产业结构调整注入充沛动能，为农村清洁能源开发利用发挥平台作用，显著提升绿色电气化水平和农村地区电能在终端能源消费的比重。

1. 电气化工程提升乡村生态环境

良好的生态环境是人民幸福生活的必要条件，建设美丽宜居的乡村生态环境是乡村振兴的重要内容。乡村电气化的实施，电网在能源资源配置和转换利用中的基础平台作用得到发挥，乡村分布式光伏、地热、垃圾发电、生物质发电等新能源发展，一系列电气化项目的建设，将促进农村能源清洁低碳转型和生态环境改善，支撑农业农村实现可持续发展，农业生态环境恶化问题得到进一步遏制，乡村生态环境得到修复和改善，绿水青山就是金山银山的理念得到践行，打造集约高效生产空间、营造宜居适度生活空间、保护山清水秀生态空间得到落实，乡村绿色发展方式加快推行，农村人居环境得到整治，人与自然和谐共生的乡村发展新格局成功构建，生态宜居的美丽乡村得到实现。

2. 电气化工程振兴乡村社会经济

实施乡村振兴战略是建设现代化经济体系的重要基础。在乡村振兴战略实施的大背景下，农业农村经济发展迎来了重大战略机遇。电力是农村经济发展、农民生产生活水平提高的重要基础，通过实施乡村电气化工程，实现农业生产电气化，将推动农业生产从增产导向转向提质导向，增强我国农业创新力和竞争力：建设一批标准化生产基地、加工基地、仓储物流基地，实现乡村农业、产业从生产、加工到流通的"一条龙"服务，大大提高农业生产效率，促进农牧渔业的改造升级；推动种养业向规模化、标准化、品牌化和绿色化方向发展，延伸拓展产业链，增加绿色优质产品供给，不断提高质量效益和竞争力；巩固提升粮食产能，助力粮食主产区和特色农产品优势区发展农产品加工业，建设农产品精深加工基地和加工强县。

3. 电气化工程改善乡村能源结构

美丽乡村建设是美丽中国的重要内容，美丽乡村建设离不开充足电力的保障。乡村电网的改造升级，乡村供电能力质量将得到提高，农村地区从"有电用"向"用好电"、从主要满足量的需求向更加注重质的需求的全面转变，智慧车联网、智慧能源服务系统将向乡村地区延伸，智能家居和节能家用电器等技术、产品将得到推广。乡村绿色出行、家庭电气化、乡村分布式新能源将得到大力发展，居民用电质量得到可靠提升的同时，乡村面貌也将焕然一新，现代化的生产生活场景，将成为乡村一道亮丽的风景线，展现着乡村的独特魅力。

七、普遍服务与重点工程项目协调发展

2015 年 11 月，中共中央政治局召开会议，审议通过《关于打赢脱贫攻坚战的决定》（中发〔2015〕34 号），成为指导决战决胜脱贫攻坚的纲要性文件。2017 年 10 月，总书记在党的十九大报告中提出"坚决打赢脱贫攻坚战"，

要求动员全党全国全社会力量，坚持精准扶贫、精准脱贫，深入实施东西部扶贫协作，到2020年农村贫困人口实现脱贫，贫困县全部摘帽。2018年6月，中共中央 国务院《关于打赢脱贫攻坚战三年行动的指导意见》提出了打赢脱贫攻坚战三年行动的总体要求。2019年政府工作报告提出“精准脱贫要坚持现行标准，聚焦深度贫困地区和特殊贫困群体，加大攻坚力度，提高脱贫质量”。2019年是打赢脱贫攻坚战、决胜全面建成小康社会的关键之年，重点聚焦“两不愁三保障”（不愁吃、不愁穿，义务教育、基本医疗和住房安全保障）重点解决影响贫困人口脱贫的突出问题，继续深入推动深度贫困地区脱贫攻坚，探索建立稳定脱贫机制。以现行农村贫困标准衡量，连续7年来我国每年减贫1000万人以上，截至2019年底我国农村贫困人口减少到551万人，农村贫困发生率下降到0.6%。2019年“三区三州”脱贫攻坚取得重大进展，建档立卡贫困人口减少到43万，贫困发生率下降到2%。

电力普遍服务是针对贫困地区、贫困人口精准扶贫的重要举措，有助于提高贫困人口生活水平，解决电力发展“不平衡不充分”问题。针对我国电力普遍服务实际和特点，我国主要通过“两改一同价”、跨地区东西帮扶以及财政资金支持三种方式支持并实现电力普遍服务。2015年我国电力普遍服务覆盖率达到100%，已经基本解决无电人口问题。国家能源局提出的2019年工作重点包括继续推进光伏扶贫、农网改造等重大工程；扎实推进定点扶贫和对口支援工作，加大“三区三州”等深度贫困地区和特殊困难群体能源脱贫攻坚力度，进一步提升能源民生工作水平；落实乡村振兴战略，加快乡村地区可再生能源开发利用和新一轮农村电网升级改造；推动供气设施向乡村延伸，完善能源基础设施网络。2019年3月，《关于印发2019年脱贫攻坚工作要点的通知》（国能发规划〔2019〕32号）提出，一是以“三区三州”等深度贫困地区为重点，持续推进农村电网改造升级；二是建立贫困地区电力普遍服务监测评价体系，进一步提高电力普遍服务水平；三是配合国务院扶贫办下达脱贫攻坚期间光伏扶贫项目计划，有序开展光伏扶贫电站建设；四是积极支持贫困地区重大能源项目建设；五是提高贫困地区农村可再生能源开发利用水平。电力企业贯彻落实国家要求，积极履行社会责任，加大农网投资建设改造力度，深入开展电力扶贫工作，推动乡村电气化提升，保障安全可靠供电。2019年，我国累计下达光伏扶贫规模1910万千瓦，帮扶贫困户407万户。全国“获得电力”服务水平整体提升，“获得电力”指标的世界银行排名巩固提升，在 2018 年第 14 位的基础上，进一步提升至第 12 位。

各地方电力企业认真贯彻落实中央脱贫攻坚决策部署，聚焦深度贫困地区和计划摘帽县，坚持与乡村振兴有机衔接，落实脱贫攻坚重点任务。

截至 2019 年年底，山西省全省剩余 17 个贫困县全部进入摘帽程序，最后 918 个贫困村全部退出，23.9 万人脱贫，贫困人口减少到 2.1 万，贫困发生率下降到 0.1%以下。光伏扶贫是精准扶贫标志性工程之一，山西省作为全国光伏扶贫首批试点省份，立足光照资源丰富优势，自 2015 年开始强力组织推进光伏扶贫，光伏扶贫已成为壮大村集体经济、保障贫困群众持续稳定增收的重要路径。截至 2019 年底，全省光伏扶贫总装机规模 295.04 万千瓦，在全国 26 个有光伏扶贫项目省份中排名第二。其中，村级（联村）电站 5221 座、156.04 万千瓦；集中电站 53 座、139 万千瓦。涉及 11 个市、75 个县（57 个贫困县、18 个非贫困县）。全省光伏扶贫累计结算收益 16.78 亿元，发放到村 13.71 亿元，惠及 6077 个贫困村、36.85 万余贫困户。

陕西省 2019 年强力推进《陕西省民政系统打赢脱贫攻坚战三年行动实施方案》，印发《2019 年全省脱贫攻坚兜底保障行动方案》（陕民发〔2019〕13 号），全力推进 2019 年民政脱贫攻坚兜底保障各项工作。其中一项重点是加快实施贫困地区道路、安全饮水、电力基础设施建设和农村环境综合整治等，确保 29 个拟摘帽县和绝大多数贫困村的基础设施和基本公共服务指标达到退出标准。截至 2019 年底，陕西省实现 57.88 万贫困人口脱贫，贫困人口减少到 18.34 万人，贫困发生率下降到 0.75%，剩余的 29 个贫困县全部脱贫摘帽，区域性整体贫困基本解决。

四川省 2019 年实现 50 万人脱贫，1482 个贫困村退出，其中深度贫困地区累计减贫 18.7 万人，635 个贫困村退出；31 个贫困县达到退出标准，贫困发生率降至 0.3%。2019 年 4 月，国家能源局、国务院扶贫办下达“十三五”第二批光伏扶贫项目计划，四川共有 57 个光伏扶贫项目，涉及四川甘孜、凉山两州 7 个县、33 个乡镇、3230 户贫困户，建设资金超过 1.3 亿元，资金来源主要是扶贫资金、东西协作资金、定点帮扶资金及社会捐赠资金。

内蒙古坚持因地制宜、分类施策，切实把“精准”要求贯穿于脱贫攻坚全过程各方面，全年实现 14.1 万贫困人口脱贫，贫困人口由 2013 年的 157 万减少至 2019 年年底的 1.6 万，贫困发生率由 11.7%下降到 0.11%，剩余的 676 个贫困嘎查村全部出列，最后一批 20 个国贫旗县摘帽工作已完成第三方评估，按照程序公告退出。光伏扶贫工程是我国新能源开发利用与脱贫攻坚有机结合的重要工作，自国家2017年实施光伏扶贫以来，内蒙古全力推进光伏扶贫，2017年至2019年，全区共建设光伏扶贫电站165.5万千瓦，覆盖全区11个盟市、2335个建档立卡贫困嘎查村，盟市覆盖面达到91.7%、建档立卡贫困村覆盖面63.4%。

广西2019年全年切块下达深度贫困地区财政专项扶贫资金56.48亿元，全年20个深度贫困县共减贫48.25万人，708个深度贫困村出列，其中12个深度贫困县完成摘帽，实现贫困户100%通生活用电、贫困村100%通动力电。农网改造方面，广西提出2019年底以省为单位实现广西全区农村电网“两率一户”指标达到国家要求，完成贫困县、沿边县（市、区）农村电网改造升级。2019年广西新一轮农村电网改造升级攻坚计划完成投资不低于150亿元，其中在南方电网广西电网公司供电区域投资不低于70亿元，在南方电网广西新电力投资集团管辖区域投资不低于80亿元，重点解决8个边境县（市、区）、4个极度贫困县和28个两年计划脱贫摘帽县、98个极度贫困村等供电网架薄弱问题。

2019年，地方电力企业深入开展电力扶贫，保障地方经济社会发展，助力脱贫攻坚。陕西地方电力公司决战脱贫攻坚，完成光伏扶贫电站接入552座，装机422.39兆瓦，完成18个摘帽县、3397个贫困村电力入户达标认定，贫困村电力入户率和通动力电率均达到100%。“两联一包”成果显著，澄城县按期顺利脱贫摘帽。陕西地电系统帮扶63个县、95个村、5788户贫困户，累计投入1804.67万元，已实现脱贫4157户。公司被授予“陕西省助力脱贫攻坚优秀企业”。2019年3月，澄城分公司获得陕西省劳动竞赛委员会授予的“2018年陕西省助力脱贫攻坚竞赛先进集体”称号。2019年5月，汉中供电分公司获得陕西省劳动竞赛委员会授予的“2018年陕西省助力脱贫攻坚竞赛先进集体”称号。2019年8月，榆林供电局获得中共陕西省委组织部、陕西省扶贫开发办公室授予的“陕西省2018年度驻村联户扶贫工作优秀单位”称号。2019年11月，获得山陕西省工业经济联合会授予的“2019年陕西企业社会责任报告典范奖”。2019年12月，陕西地方电力公司获得陕西省脱贫攻坚领导小组办公室授予的“陕西省助力脱贫攻坚优秀企业”荣誉。

四川水电集团2019年贯彻打赢脱贫攻坚战的总体要求，聚焦深度贫困地区，定点帮扶，支持所属公司积极参与地方脱贫攻坚，有力保障了地方经济社会发展及脱贫攻坚。一是持续开展乡城县定点帮扶。着力教育扶贫，推进乡城县香巴拉镇冷龙村、水洼乡白格村等 6 所村级幼儿园完善及收尾工程，已具备投入使用条件；新增投入 105 万元捐赠 36 台一体化教学设备，实现乡城全县中小学全部教学班全覆盖；向乡城全县中小学捐赠 10000 册课外书籍，帮助学生增长知识、扩展视野；捐赠 30 万元用于乡城县“青少年教育促进计划”，促进全县教育事业发展；设立“东尔村大学生奖励基金”，为 7 名学生发放助学奖金 1.8 万元。二是全力建设坚强电网畅通脱贫路。着力电力扶贫，全力满足贫困地区和群众追求美好生活的需要，大力开展贫困地区电网改造升级，推进易地扶贫搬迁项目建设，投入 2095 万元实施电力扶贫专项工程，解决 34 个村、3651 户贫困户、1.55 万名贫困群众的生活用电达标问题。三是支持基层企业参与地方脱贫攻坚。着力成效扶贫，所属公司选派 14 名驻村“第一书记”、27 名驻村工作组成员和 675 名结对帮扶人员持续参与脱贫攻坚，为 20 个贫困村、1394 户贫困户、5619 名贫困群众持续提供帮扶。通过与对口帮扶村联合开展党日主题活动等方式，积极引导贫困村党员增强信心，发挥模范带头作用；开展“大走访”活动“两不愁三保障”回头看大排查，认真梳理和解决群众困难；捐赠 96 万元用于贫困村基础建设和改善生产生活条件；投入 38 万元扶持贫困村产业发展；打造线上商城扶贫专区，助力群众增收致富；积极开展帮扶慰问活动，向贫困群众发放慰问金和慰问物资 50 万元；“全国扶贫日”活动组织捐款捐物 53 万元。2019 年，集团公司派驻东尔村原第一书记赵登全和所属大竹公司分别被省委、省政府联合表彰为 2018 年脱贫攻坚“五个一”帮扶先进个人和先进集体。水电集团属的渠县公司被渠县县委、政府授予 2019 年度“脱贫攻坚创新奖”。东尔村党支部荣获乡城县“先进基层党组织”荣誉称号。

山西地电公司坚持行业扶贫和定点扶贫相结合、脱贫攻坚与乡村振兴相结合。各单位派驻第一书记和工作队队员，扎根扶贫第一线，夜以继日蹲守扶贫点。通过实施“四个一批”进行精准帮扶，积极帮助发展养殖、运输等产业，发动员工购买了 6 万余斤的农副产品。重点实施电力扶贫项目，新增农网投资 1.5 亿元，加快推进农村电网升级改造。规范办理光伏并网业务，编制了《光伏电站并网工作手册》，推动光伏扶贫项目及早落地见效。积极配合各级政府大力推进“煤改电”配套电网改造工程建设，全年投资 2000 万元。2019 年扶贫投资 60.05 万元，扶贫人数 2102 人，扶贫项目 10 个。

内蒙古电力集团扶贫三年行动计划年度项目全面落地，完成573个村级光伏扶贫电站接入、133户贫困户通网电、89个自然村通动力电、183个易地安置点通电和554眼机井通电低压工程，实现脱贫攻坚三年行动计划阶段目标，圆满完成自治区脱贫攻坚“清零达标”专项行动配套电网建设，公司定点帮扶的兴安盟吉力化嘎查所有贫困户全部脱贫。

八、绿色环保与节能减排整体推进

打好污染防治攻坚战是党的十九大做出的重大决策部署。2019政府工作报告提出“污染防治要聚焦打赢蓝天保卫战等重点任务，统筹兼顾、标本兼治，使生态环境质量持续改善”,“巩固扩大蓝天保卫战成果，今年二氧化硫、氮氧化物排放量要下降3%，重点地区细颗粒物（PM2.5）浓度继续下降。持续开展京津冀及周边、长三角、汾渭平原大气污染治理攻坚，加强工业、燃煤、机动车三大污染源治理。做好北方地区清洁取暖工作，确保群众温暖过冬”,“坚持源头治理，加快火电、钢铁行业超低排放改造，实施重污染行业达标排放改造。调整优化能源结构。推进煤炭清洁化利用。健全天然气产供储销体系。大力发展可再生能源，加快解决风、光、水电消纳问题”。2019年我国持续开展重点区域秋冬季攻坚行动，北方地区清洁取暖试点城市实现京津冀及周边地区和汾渭平原全覆盖，完成散煤治理700余万户；大力推进煤电、钢铁行业超低排放改造；大宗物资运输“公转铁”取得积极进展；开展清洁车用油品行动，严厉打击非法黑加油站点和劣质油品，蓝天保卫战取得积极成效。

电力行业是我国节能减排的主力军，全面推进能源消费革命，加快形成绿色发展方式和生活方式，发展和使用绿色电能，对于打好污染防治攻坚战至关重要。2019年7月，工业和信息化部印发《工业领域电力需求侧管理工作指南》（工信部运行〔2019〕145号）提出“指导用能单位开展电力需求侧管理工作，实现节约、环保、绿色、智能、有序用电”。2019年10月，生态环境部等多部委引发的《京津冀及周边地区2019—2020年秋冬季大气污染综合治理攻坚行动方案》（环大气〔2019〕88号）提出“完善采暖用电销售侧峰谷电价，支持具备条件的地区建立采暖用电的市场化竞价采购机制。落实好差别电价政策，对限制类企业实行更高价格”。

2019年电力行业始终践行“绿水青山就是金山银山”的可持续发展理念，积极贯彻落实国家各项节能减排政策要求，通过提高可再生能源发电消纳能力、积极推进电能替代、加强节电管理、积极开展节电宣传等措施，在努力做好自身节能减排工作的同时，推动减排和能源低碳转型，促进低碳清洁能源大范围优化配置和高效利用，为打赢污染防治攻坚战贡献力量。

一是积极采取措施促进可再生能源发电上网消纳。党的十九大提出推进能源生产和消费革命，构建清洁低碳、安全高效的能源体系。大力发展可再生能源是实现能源转型，落实能源战略，构建清洁能源体系的关键。可再生能源发电是可再生能源替代传统能源最主要、规模最大的途径。近年来，我国可再生能源发电上网定价机制初步理顺，消纳状况也不断改善，但仍然存在局部地区、局部时段消纳难问题。2019 年 4 月，国家能源局《关于完善风电供暖相关电力交易机制扩大风电供暖应用的通知》（国能发新能〔2019〕35 号）提出，深入研究电力与热力系统调度运行机制以及保障对应风电项目并网消纳的技术措施，进一步完善风电供暖相关电力交易机制。2019 年 5 月，国家能源局《关于 2019 年风电、光伏发电项目建设有关事项的通知》（国能发新能〔2019〕49 号）提出，积极推进平价上网项目建设。严格规范补贴项目竞争配置，优先建设补贴强度低、退坡力度大的项目，全面落实电力送出和消纳条件。同月，国家发改委还印发了《关于建立健全可再生能源电力消纳保障机制的通知》（发改能源〔2019〕807 号），采用“可再生能源消纳责任权重”替代了在 2018 年三次征求意见稿以及原有国务院和国家发改委、国家能源局发布的相关文件中使用的“配额制”名称，这一改变，即是要明确把促进可再生能源消纳作为政策初衷，并从政策设计上对政府能源主管部门、电网企业、电力用户等各类主体的责任进行了明确规定，推动可再生能源的保障消纳。2019 年，全国非水电可再生能源电力消纳量为 7388 亿千瓦时，占全社会用电量比重从 2015 年的 5.0%提高到 2019 年的 10.2%，如图 1-20 所示。从各省份非水可再生能源消纳情况看，2019 年有 15 个省份达到《关于印发各省级行政区域 2020 年可再生能源电力消纳责任权重的通知》（发改能源〔2020〕767 号）提出的最低消纳权重（西藏不考核），仅重庆 1 个省份达到激励性消纳责任权重。全国 9 个省份非水可再生能源消纳权重占比超过 15%，其中宁夏、西藏、黑龙江、青海和吉林超过 18%。

二是积极推进电能替代。2016 年 5 月，国家发展改革委、国家能源局联合八部委出台《关于推进电能替代的指导意见》（发改能源〔2015〕189 号），明确到 2020 年，电能占终端能源消费的比重达到 27%，提出要在生产制造、交通运输、居民采暖、电力供应与消费等重点领域，因地制宜，分类推广电能替代。随着分布式能源、储能、电动汽车、智慧用能等技术快速发展，需求侧用能方式发生改变，多种能源通过电能进行转化，在需求侧大力实施电能替代对推进能源领域清洁低碳高效发展非常重要。电力企业抓住国家推进北方冬季清洁取暖、能源供给侧结构性改革和绿色交通运输体系建设的发展机遇，大力推进电能替代。2016—2019 年，我国每年完成替代电量分别为 1079 亿千瓦时、1286 亿千瓦时、1558 亿千瓦时、2066 亿千瓦时，如图 1-21 所示。其中，2019 年前三季度电能替代保持较快增长，替代量合计达到 1600 亿千瓦时，同比增长超过 30%，占全社会用电量的 3%。分领域看，工业、交通运输、居民生活、农业领域电能替代比重分别占 59%、8%、7%、3%，如图 1-22 所示。分产业看，冶金电炉、辅助电动力、建材电窑炉、工业电锅炉等电能替代量合计比重接近 55%。

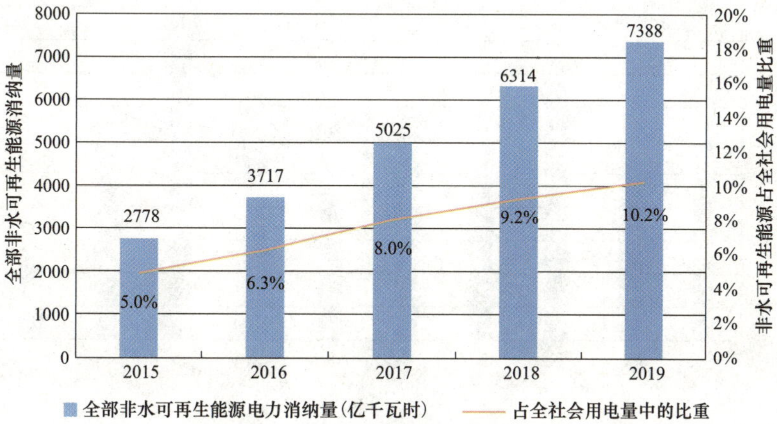

图 1-20　全国非水可再生能源电力消纳情况

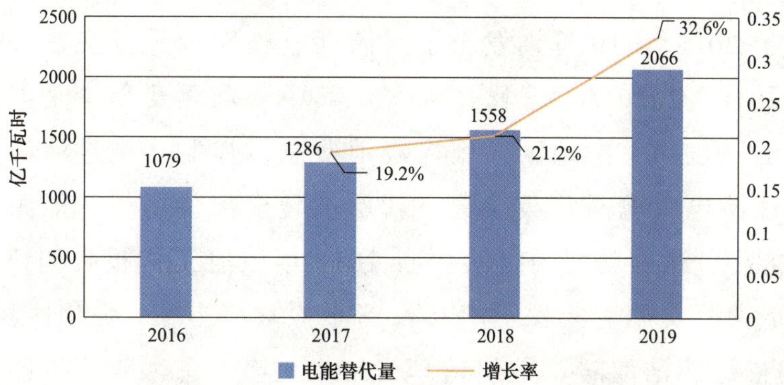

图 1-21　2016—2019 我国电能替代量及增长

三是持续推进煤电节能升级改造，淘汰落后产能，不断优化煤电机组结构，通过多种措施降低供电煤耗和线路损失率，电力行业线损率、碳排放量等指标持续优化，为国家落实应对气候便化目标和承诺做出积极贡献。截至 2019 年年底，我国碳强度较 2005 年降低约 48.1%，非化石能源占一次能源消费比重达 15.3%，提前完成对外承诺的到 2020 年目标。度电碳排放量持续下降，2019 年约为 577 克/千瓦时，较 2010 年下降约 23%。2019 年全国线损率为 5.93%，大部分省（市）线损率也持续下降，2019 年全国、部分省市及主要电网企业的线损率如图 1-23 所示。

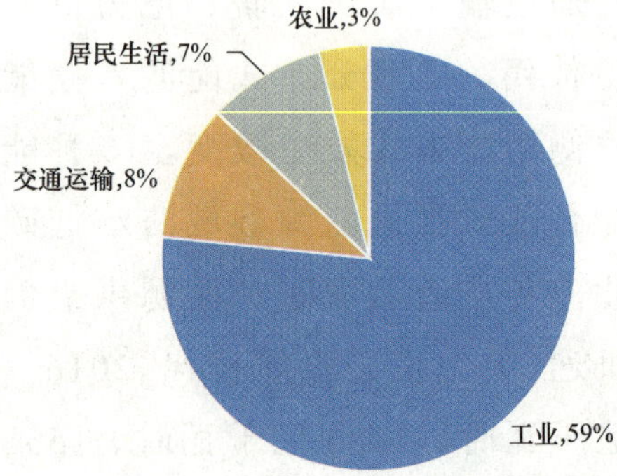

图 1-22　2019 前三季度我国分领域电能替代所占比重

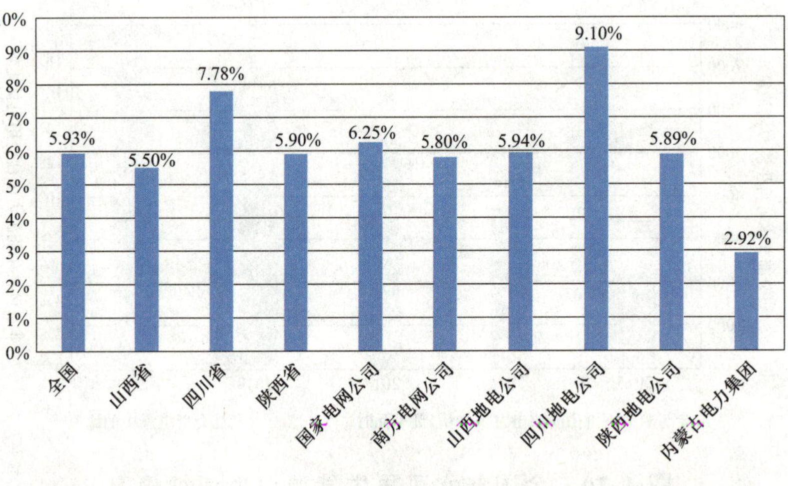

图 1-23　2019 全国、部分省市及主要电网企业线损率

陕西省于 2018 年 10 月，发布了《陕西省铁腕治霾打赢蓝天保卫战三年行动方案（2018—2020 年）（修订版）》，其中一项重要举措是能源消费结构调整更加清洁，包括关中地区实施煤炭消费总量控制、推进清洁能源替代、加快农村“煤改电”电网升级改造、新增供暖全部使用清洁能源（天然气、电、可再生能源）供暖等措施。陕西省 2019 年政府工作报告明确“打好污染防治攻坚战，铁腕实施蓝天保卫战和汾渭平原攻坚方案，强化区域联动治理，2019 年持续推进清洁取暖、散煤治理”。2019 年 5 月，陕西省印发《陕西省关中地区散煤治理行动方案（2019—2020 年）》，提出 2020 年采暖季前，在保障能源供应的前提下，关中平原地区基本完成生活和取暖散煤替代，暂不具备条件的山区积极推广洁净煤。

山西省 2019 年将燃煤污染控制作为大气污染防治工作的重点，安排 10 亿元资金用于完成全省 97 万户煤改气、煤改电工程任务。2019 年 5 月，山西省财政先行下达 8 亿元，用于全省 11 个市的冬季清洁取暖工程奖补。对采暖“煤改电”居民用户，执行居民用电峰谷分时电价政策。

四川省全面落实积极应对气候变化国家战略，2019 年全省碳强度较 2005 年下降约 70%。2019 年 7 月印发《成都市氢能产业发展规划（2019—023 年）》，提出打造中国氢能产业高端装备制造基地、核心技术创新高地和示范应用标杆城市的目标；积极推进全国清洁能源示范省建设，建成全国最大清洁能源基地，自向省外送电以来，水电全口径累计外送电量突破 1 万亿千瓦时。

内蒙古牢牢把握“把内蒙古建成我国北方重要生态安全屏障”的战略定位，以打好污染防治攻坚战实际行动践行“两个维护”，2019 年 6 月印发《内蒙古自治区 2019 年度大气污染防治工作要点》，其中一项重要举措是加快调整能源结构，构建高效能源体系，包括实施能源消费双控，推进冬季清洁取暖、开展燃煤综合治理、提高能源利用效率、发展清洁能源和新能源。2019 年，淘汰县级以上城市建成区内 10 蒸吨/小时及以下燃煤小锅炉 1031 台，更换清洁炉具 12617 套，削减散煤 22.7 万吨。

广西于 2018 年 12 月印发《广西 2019 年度大气污染防治攻坚实施计划（征求意见稿）》，提出加快调整能源结构，推动燃煤和生物质锅炉治理，包括实施煤炭消费总量控制、加快清洁能源替代、推进燃煤和生物质锅炉综合整治等任务。

2019 年，地方电力企业提高可再生能源发电消纳能力，助力降低弃风弃光率。陕西的传统能源和清洁能源的富集区都在陕北地区，用电高负荷区在关中地区。榆林风、光等资源总量约占全省总量的 70%，由于本地消纳能力有限，过去陕北与关中只有榆横—信义 750 千伏一条输电通道，陕北长期存在窝电现象。2019 年陕北至关中 750 千伏第二通道输变电工程投运，这是我国清洁能源消纳 15 项重点工程之一，也是陕西历史上投资规模最大的输变电工程，它的建成使陕北到关中的送电能力由 230 万千瓦提高到 610 万千瓦，有利于解决清洁能源外送消纳问题。同年 12 月，陕西电力辅助服务市场建设试点工作的试运行，对于促进陕西清洁能源消纳、保障电力系统安全、稳定、经济运行起到积极作用。陕西地电近年来积极落实国家有关新能源政策，网内接入大量的新能源机组。截至2019年年底，陕西网内已并网风电12座，装机753.1兆瓦；光伏电站22座，装机919.5兆瓦。2019年清洁能源发电量43.08亿千瓦时，清洁能源消纳41.38亿千瓦时，大幅减少弃风、弃光，综合弃电率同比下降7.3个百分点。但目前清洁能源消纳仍存在以下困难：一是地方电网电压等级以110千伏为主要构架的现状，存在局部区域负荷低谷时期新能源电量不能全部消纳问题，需要根据电力市场最新形势提升主网架电压等级。二是新能源主要集中在榆林西网接入和消纳，但榆林西网最大用电负荷425兆瓦，就地消纳能力严重不足。三是陕西省水电资源主要集中在陕南区域，该区域电量负荷小，分散，就地消纳能力有限，且该区域骨干电网以35千伏为主，不具备整体调配能力，水电资源在县域内、县与县之间的区域内不能被充分调配利用，导致丰水期县间无法消纳富余电量，弃水现象严重。

四川水电集团积极采取措施促进清洁能源消纳。截至2019年11月底，四川水电装机容量达7839万千瓦，占全省总装机的80%左右，水电装机规模和发电量均居全国第一。2019年四川省弃水电量为92亿千瓦时，较2018年同期减少30亿千瓦时，同比下降24.6%。这是四川弃水电量连续3年保持下降趋势，并降至6年来最低。四川弃水电量降低的主要原因有两个，一是采取多项举措促进省内消纳；二是水电外送机制创新、通道能力提升。从省内看，四川大力推动水电消纳产业示范区建设，目前已有六大水电消纳产业示范区，引入电解铝、大数据、多晶硅等绿色高载能产业。2019年，六大水电消纳产业示范区新增用电量23亿千瓦时，同比增幅30%以上。从外送来看，四川水电外送形成“1525”新格局，即利用10大外送通道，面向5个市场（华东、华北、华中、西北、重庆），依托2级平台（北京+四川），实施5项举措（深化战略合作、推动市场定价、丰富交易品种、挖掘通道能力、完善周期组合），联合推进四川水电外送。2019年四川外送电量（全口径）超过1280亿千瓦时，连续6年突破千亿。四川地电2019年清洁能源发电量197996.07万千瓦时，清洁能源消纳96.85%。

内蒙古电力集团积极探索多能互补、智能调控的综合能源服务，推动建设大规模“源—网—荷—储”友好互动系统，科学谋划系统运行方式，支持分布式能源发展，研究多途径消纳新能源的模式与机制，全力推动新能源汇集外送工程，积极推进清洁能源消纳，优化电源结构，形成开放共享的绿色清洁能源网络。为缓解地区弃风弃光矛盾，提高电网消纳新能源水平，在内蒙古电力多边交易市场上创新风火打捆模式的市场柔性消纳新能源机制，鼓励风电企业参与长协和挂牌交易。2019 年，网内清洁能源装机容量 2678.24 万千瓦，占比接近 40%，新能源上网电量 530.61 亿千瓦时。

2019 年，地电企业积极推进电能替代，满足“煤改电”用电需求。陕西地方电力公司贯彻落实陕西省“煤改电”政策，加快电网建设改造、智能电表改造和城镇居民小区户表改造进度，落实居民峰谷分时电价政策，积极推动节能改造、碳纤维采暖等项目，实施电动汽车充电基础设施建设，推进电能替代，响应低碳环保，促进绿色发展。结合 2018 年采暖季电网运行情况及陕西省煤改电推进规划，滚动修订电网发展规划，系统解决“煤改电”用电需求在年度投资计划中及时安排建设项目，提前布局，满足“煤改电”用电需求。2019 年安排煤改电配套电网专项工程 401 项，投资 13942 万元，涉及煤改电用户 45.85 万户。新建改造 10 千伏线路 295 千米，安装配变 1950 台/390.0 兆伏安。

内蒙古电力集团出台了《关于坚持“生态优先、绿色发展”导向，加快拓展电能替代业务的实施意见》，从发挥电网服务保障作用、优化电源电网布局、科学安排电力调度、优化电力资源配置、补足电网发展短板等多个方面入手，本着政企合作，整体布局、重点推进，分步实施、主动引领，优势互补的基本原则，全面与地方政府开展合作，积极参与配套市政、供热、路政、电价等方面的规划和政策制定，重点发展电动汽车充电基础设施及相关产业，稳步推进电供热等相关产业，探索发展其他领域电能替代产业。2019 年，内蒙古电力集团与呼和浩特、鄂尔多斯、乌兰察布、锡林郭勒、乌海 5 个盟市政府签署电能替代业务的战略合作框架协议，助力社会形成绿色低碳的生产生活方式。2019 年，电能替代项目替代电量 4239.68 万千瓦时，相当于节约标煤 14414.91 吨，减排二氧化碳 31797.59 吨，减排二氧化硫 36.04 吨，减排氮氧化物 69.95 吨，减少烟尘排放 60.9 吨，对于优化当地能源供给结构，构建清洁低碳、安全高效的现代能源经济体系有着积极促进意义。

2019 年，地电企业完善节能减排体制机制，促进节能减排。陕西地电高度重视节能减排工作，以合同能源管理方式开展节能服务，引导用户实施节能项目，实现科学用电、节约用电，履行企业社会责任。2019 年陕西地电综合节能量为 346 吨标准煤，综合线损率 5.89%。

四川水电集团坚持生态优先、绿色发展的原则，促进节能减排。一是做好生态流量下泄排放，推动企业绿色发展。2019年，组织所属电力企业开展小水电站生态流量泄放设施改造、监测监控等工作，按照“因地制宜、安全可靠、技术合理、经济适用”的原则，采取改造电站引水系统、泄洪闸门、溢洪道闸门、大坝放空设施、冲砂设施，增设专用生态泄水设施或生态机组等措施，确保小水电站稳定足额下泄生态流量，并要求各电力企业在流量泄放设施的安装、调试、维护、检修等工作开展过程中，必须符合国家有关设计、施工、运行管理相关标准，严防对电站主体工程造成损坏或正常运行造成不利影响。在完善生态流量泄放设施的同时，四川水电所属电力企业还因地制宜地采取在河道下游受影响河段进行河床清淤整治，或修建亲水性堤坝、过鱼设施等生态修复措施，改善拦河闸坝下游河湖水资源条件，恢复河流连通性，为水生生物营造栖息环境。二是健全绿色发展机制，做好环保监督检查。2019年度，为进一步健全企业绿色发展体制机制，水电集团先后编修印发了《四川省水电集团环境保护投入保障制度》等6个制度，使现行环保制度与国家生态环境保护法律法规体系有效对接，为企业绿色发展，实现环境保护模式的转型升级构建相应的体制机制。为确保绿色发展理念在企业环保工作中的有效落地，2019年度，水电集团重点按照国家《环境保护法》和集团《环境保护管理办法》等法律法规和制度要求，认真开展环保监督检查，对农网工程环境审批手续和竣工验收工作开展情况进行检查，加强集团所属在建工程项目施工现场的监督检查，确保工程建设过程中“三废”的及时规范处置。2019年四川水电集团实现社会节电6353.67万千瓦时，综合线损率9.1%。

山西地方电力公司认真贯彻落实企业生态环境保护主体责任，编制了环境保护管理、危险废物管理等办法，公司环保标准化管理从“良好”提升到了“示范”水平。全面组织开展危废暂存间整治工作，签订危废处置协议，所属单位全部通过验收并在集团公司备案，进一步完善了危废物全流程管控体系。积极开展变电站噪声监测工作，严控污染排放。绿色环保理念正加速融入企业发展战略，不断在服务生态文明建设的大局中贡献地电力量。

各地方电力企业加大节电宣传力度，提升用户节电意识。陕西地方电力公司加大惠民政策宣传，执行居民峰谷分时电价客户数量同比增加6.57万户。安康分公司推进“电化安康”，为推广电能替代探索出新路径，为保卫蓝天做出新贡献。9月26日，陕西省地方电力（集团）有限公司以“电化陕西 保卫蓝天 节能补贴服务惠民”为主题，在大荔县举办“电化陕西”电能替代活动暨金秋九月产品推介会渭南主会场活动，邀请县域内各大中型企业、电器运营商，宣传开展“你买电器、我送电费”惠民促销，提供线路检查、用电保护等增值服务，搭建农副产品展销平台，进行“电商惠农”营销等各类活动，助力地方铁腕治霾、脱贫攻坚等各项重点工作开展，保障和促进县域经济稳步快速发展。

四川水电集团在企业员工中树立“创新、协调、绿色、开放、共享”的新发展理念，积极引导职工培育和践行节约集约循环利用的资源观，提高能源资源利用效率，加快改善生态环境，在企业内外持续深入开展绿色环保低碳宣传教育，取得了较好的成效。2019年，川能水电集团以全国节能宣传周和全国低碳日活动为载体，在企业内外部大力宣传绿色发展理念。川能水电集团围绕“绿色发展，节能先行”的宣传重点，以线上宣传方式为主，组织动员全体员工积极参与各类绿色环保主题宣传活动。通过活动开展，在企业内外宣传绿色发展理念、普及生态文明、绿色发展理念和知识，培养企业员工勤俭节约、绿色低碳的生产生活方式、消费模式和生活习惯，形成崇尚节约、合理消费与绿色环保的企业风气和氛围。

内蒙古电力集团加强低碳办公理念，倡导无纸化办公，加强车辆油耗管理，完成公司所属37座变电站照明系统节能改造，内蒙古电力生产调度楼获得二星级绿色建筑设计标识证书。

第四节 地方电力可持续发展

一、地方电力的机遇

（一）电力改革进程加快，配电改革提速

2019年，国家发展和改革委、国家能源局围绕全面深化电力体制改革出台了一系列政策，增量配网试点稳步推进，截至2019年年底，全国范围内已批复试点项目达404个。地方电力企业通过参与新建工业园区增量配电网建设或组建售电公司，拓展经营区域和用电客户，为地方电力企赢得了更大的发展空间。其中，国家发展和改革委出台了地方电网和增量配电网配电价格制定的指导意见，增加了电价机制选择权，明确配电价格不能高于省级电网

相应电压等级价格差，有利于地方电力企业获得公平、公正的电力价格。随着电力体制改革的不断深化、电力市场化程度的不断提高，地方电力企业发展环境有了一定程度的改善。

（二）市场化进程加快，市场开放程度更高

2019 年，我国电力现货市场建设试点进一步加快，电力交易机构股份制改造迈出新步伐，市场开放程度进一步加大。全国电力市场直接交易电量 21771.4 亿千瓦时，占电网企业售电量的比重为 36.8%。市场电量的逐步扩大推动了趸售电价的下调趋势，为降低地方电力企业购电成本、消除“高电价”及其负面影响、提高盈利水平与竞争能力创造了有利条件。

（三）能源技术变革加快，新技术、新理念为地电企业提供了弯道超车的机会

2019 年，交直流混合配电网灵活运行技术、智能配电网与物联网融合发展协同规划技术、分布式电源与微电网、智慧变电站、电动汽车及能源互联网等一大批能源新技术、新理念得到应用，有效提升了地方电网的供电可靠性和能源利用效率，由此带动了地方电力企业经营管理水平的提升和业务范围扩展，为地方电力企业实现弯道超车创造了机会。“云、大、物、移、智”等新一代数字技术与传统电力技术的融合应用，为地方电力企业突出配电网专业优势、提升管理水平提供了支撑。

（四）分布式能源发展，实现地方电力企业能源供应多元化

2019 年，全国新增并网风电和太阳能发电装机容量分别为 2572 万千瓦和 2652 万千瓦，尤其是中、东部分布式新能源得到快速发展，其新装风电装机占全国风电新增装机的 61%。随着“源—网—荷—储”一体化安全稳定运行技术的推广应用，能源多元供应化体系更加完备，部分解决了地方电力企业趸售电模式带来的被动从属地位，地方电力企业的业务模式更加多元，分布式能源技术的发展为地方电力企业加快向综合能源服务商转型提供了保障。

（五）终端能源消费中电能比例持续提高，赋能地方电力企业可持续发展

“十二五”以来，我国电气化水平不断提升，2018 年全国电能占终端能源消费比重达到 25.5%，电气化进程已经步入新的阶段并快速向前推进。2019 年，在各级政府大力推动下，相关部门积极贯彻落实并完善电能替代政策，电能替代得到持续推进，其中两大电网区域全年累计完成替代电量 2065.55 亿千瓦时，比 2018 年增长 32.58%。地方电力企业供电区域积极实施电能替

代实现能源消费升级，形成以电能为中心、融合多种能源协同高效运行的能源发展新格局。

（六）国企改革进一步激发地方电力企业活力

国有企业改革是不断适应社会化大生产和社会主义市场经济要求、增强企业活力动力的过程。新时期国有企业改革的主要任务是完善中国特色现代企业制度、积极稳妥推进混合所有制改革，推动国有经济布局优化，提高国有企业活力和效率，切实增强国有企业经济竞争力、创新力、控制力、影响力、抗风险能力。国企改革的进一步深化，将助力地方电力企业发挥自身优势、激发内在活力，走出一条具有自身特色的配电网经营企业之路。

二、地方电力面临的困难与发展障碍

（一）地方电力企业的经营管理水平有待提升

与大电网经营企业比较，地方电力企业规模较小，一定程度存在人员结构老化、经营成本偏高、缺乏自主创新能力等问题，有些问题是先天存在的，长期得不到有效解决，影响到地方电力企业的核心竞争力、影响到企业管理水平。特别是地方电力企业所处区域多是老少边穷地区，供电保障能力和普遍服务任务艰巨，普遍服务成本明显。高于行业平均水平同时，企业还面临着用电需求增长和发展不平衡、不充分问题造成的部分区域供电保障能力不足、电压偏低、电压不稳等问题，如何扬长避短，是地方电力企业经营管理需要创新实践的重要课题。

（二）地方电力企业需要面对电力体制改革新要求

地方电力企业定位于配电网经营企业，随着电力体制改革的深化，电力市场进一步开放，地电企业在享有开放电网公平接入等改革红利的同时，也需要承担新电改提出的新要求，特别是体现在电网装备、电网安全、信息化与智能化、电网运行水平、供电服务质量、供电保障能力等方面的更高要求，以及由于分布式电源具有点多面广、种类繁多、接入电压等级与自动化水平参差不齐、运行参数与运行及安全管理复杂等因素，由此对地方电力企业的配电网从电网结构、信息化与智能化水平、调度与运行管理水平、消纳能力等提出新的更高要求等。

（三）大电网与地方电网矛盾仍待解决

大电网是地方电网的主要电源点，趸售电是地方电力企业的主要经营模式。目前地方电网仍以 110 千伏电压等级电网为主要结构，少见 220 千伏电压等级电网，这样的电网结构已无法满足当地经济社会发展需要。近年来，地方电网营业区内的百万人口大县、区域中心县、资源优势县、工业发展县等，普遍出现用电负荷成倍增长、供电可靠性要求不断提高的态势，以县域为单位、110千伏电压等级为支撑、35千伏电压等级为骨干的供电网络已不能满足当地经济发展的需要，部分区域急需得到220千伏电网支撑并实现区域联网运行。但因为各种原因，220千伏输变电工程项目至今仍无法推进，严重影响经济发展，地方电网供电保障能力无法提升，造成地方电网存在着供电安全隐患。

（四）社会普遍服务和农网发展缺乏长期的制度保障

国家能源局《关于对拥有配电网运营权的售电公司颁发管理电力业务许可证（供电类）有关事项的通知》（国能资质〔2016〕353号）明确规定，电力公司应当履行电力社会普遍服务、保底供电服务和无歧视提供配电服务义务，退出配电业务时履行配电网运营权移交义务。地方地电供电服务区域主要在县及以下地区，农村电网占了表达比重，农村供电呈现出“多、远、散”等特点，用电量低，经济效益差，社会普遍服务成本高，农村地网可持续发展缺乏长期的制度性保障。

三、地方电力发展建议与策略

（一）建立普遍服务长效机制，提升地方电力企业托底保供电能力

从我国国情出发，短期内建议将普遍服务成本计入地方电力企业的准许收入，通过输配电价予以解决。长期来看，要切实解决贫困地区农网投资建设运营等问题，确保地方电力企业更好地服务贫困地区经济发展，一是建议提高贫困地区农网建设财政资金配置比例。二是探索建立全国电力普遍服务基金，重点支持贫困地区可持续发展，从国家层面搭建电力普遍服务基金的法律政策体系，确定资金来源、使用方式和监管考核机制，实现基金在全国范围统筹调剂使用、东部补偿西部，促进全国电力均衡发展，提升地方电力企业履行普遍服务能力。

（二）统筹推进电力体制改革，实现大电网与地方电网和谐发展

地方电力改革事权在地方政府，要深入研究电改政策，提升输配电价监管独立性和科学性，合理核定输配电价，做好电价核定与电网投资、电量增长、降低电价水平等问题的有效衔接，保证地方电力企业合理的收益。要加强电网公平开放监管，规范电网设施开放行为，维护电力市场秩序，保护相

关市场主体合法权益和社会公共利益。在科学规划与安全的前提下，准许地方电力企业建设220千伏变电站与输电线路。部分百万人口大县、区域中心县、资源优势县、工业加快发展县等，普遍出现规划负荷的成倍增长，部分区域社会经济发展急需得到220千伏电网支撑并实现区域联网运行。

（三）提高地方电力企业精益化管理水平，全力打造企业核心竞争力

强化全面预算管理，努力降本增效，提升盈利能力。地方电力企业要积极引入并网优质电源，争取降低趸售电价，减低购电成本；加强管理流程重构，强化投资、物资、电价等“大成本”的集约化管控，提升管理效率及效益；加强电网规划与省市县地方规划的衔接，重点布局工业园区、城市新区及新增电源点等，优化投资规模，把握建设时序，提高投资效益；要加快区域间电网互联互通，提高网间电力电量平衡能力与引电能力，提升电网安全可靠性；加快推进业务重组与商业模式创新，按照输配电价改革要求，将电网业务与其他业务分离，大力培育综合能源服务，形成电网业务与综合能源服务共同发展格局。

（四）全力拓展市场化业务，努力推进地方电力企业转型升级

地方电力企业向综合能源服务转型升级。大力发展市场化售电业务，开拓工业园区等优质配售电市场，通过合作、并购等多种方式，力争获得新增配电网经营权，增加输配电业务收入；充分发挥人才、技术、管理等方面优势，围绕客户需求，提供咨询、设计、建设等全方位一体化服务，开展用能诊断、节能改造、合同能源管理等增值服务；着力在资源富集区、重点发展区域，抢点布局新能源、储能、充电站、充电桩等新兴产业，形成长远发展支撑点；充分利用互联网、大数据处理等技术，深度挖掘客户数据价值，拓展延伸服务；加快信息化技术推广及应用，推动传统线下服务向互联网线上服务模式转变，实现“互联网＋营销服务”，不断提升客户满意度和幸福感。

（五）加强前沿问题和共性问题研究，走专业特色配电网经营企业道路

全国各地方电力企业具有共同的业务属性，受企业规模影响又缺少强大的研究力量支撑，无法形成具有前瞻性、科学性发展战略。为适应未来高度市场化趋势，准确把握技术发展趋势和改革大势，地方电力企业需要通过联合研究，形成较强的企业研究能力、技术创新，服务地方电力事业的发展，在推动输配分开改革中发挥关键作用。

专题报告一

山西地电“十三五”投资情况分析

“十三五”是我国全面建成小康社会的决胜期，深化改革的攻坚期，也是电力工业加快转型发展的重要机遇期，山西地方电力公司积极践行“人民电业为人民、地方电力为地方”的企业宗旨，加大电网建设投资力度，大力推进项目建设，各级电网协调发展，供电能力和供电质量显著提升，电网结构更加完善，技术装备水平持续改善。“十三五”期间总计投资 30.8 亿元，进一步巩固和拓展了用电市场，不断提高城乡电气化水平，带动了区域产业快速发展，有力地促进了经济发展和民生改善，同时，农网改造、光伏扶贫电站接入、“煤改电”配电网建设等一大批民心工程的实施，为全面建成小康社会和人民群众对美好生活的向往提供了坚强的电力保障。

一、电网结构

（一）电网现状

山西地电所属电网构成了 220 千伏为主干网架、110 千伏及以下电压配出的供电格局。具体包括 220 千伏变电站 7 座、110 千伏变电站 50 座、35 千伏变电站 70 座、220 千伏线路 16 条 416.2 千米、110 千伏线路 92 条 1605.6 千米、35 千伏线路 135 条 1601.4 千米、10 千伏线路 600 条 12196.3 千米、低压配变 9733 台、低压线路 16024 千米。服务区域面积 22389 平方千米，占全省国土面积的 14.29%；覆盖人口 296 万，占全省总人口 8.3%。所辖用电户 93.44 万户。

（二）电网指标

2019 年，山西地方电力供电区域最大用电负荷 1747 兆瓦，供电量 96.9 亿千瓦时，供电可靠率达到 99.8341%，综合电压合格率达到 99.211%，两率指标都超过国家标准；户均配变容量为 1.93 千伏安，距离国家标准还有 0.07 千伏安的差距（预计 2020 年达到国家规定的户均 2 千伏安的标准）。此外“十三五”期间，在山西地电离石分公司建立了 D5000 调控系统，营业区内所有 35 千伏及以上变电站全部接入该系统，可实现远方监控、调度；建成安泽县配电自动化系统，实现了城区 10 千伏电网自愈式供电。

目前，山西地方电力配电网基本上形成了以 220 千伏为骨干网架并与国家电网主网相连接，以 110 千伏、35 千伏为配套网架，辐射营业区内 12 县区地方电力用户，各电压等级协同发展的电网架构，基本满足了区域内经济发展对电力的需求。但由于供电营业区面积大、高电压等级变电站布点少，且 35 千伏及以上电压等级用户的逐年增加，出线间隔利用率高，供电半径长，线路、变电转供能力不强，造成山西地电电网结构还比较薄弱，局部供电区域无法满足 “N-1”运行方式，电网抗风险能力还有待加强，供电可靠性相对较大电网经营企业还有一定的差距。

二、“十三五”投资情况

（一）投资结构及投资规模

1. 农网投资

“十三五”期间，山西地电农网投资共计 8.9 亿元（2016 年 1.25 亿元，2017 年 1.5 亿元，2018 年 3.25 亿元，2019 年 1.5 亿元，2020 年 1.4 亿元）其中中央预算内投资占总投资的 20%，为 1.78 亿元，银行贷款 7.12 亿元，共新建改造 110 千伏线路 44.7 千米，35 千伏项目 25 项，主变 17 台，容量 169.5 兆伏安，35 千伏线路 192.3 千米；10 千伏线路 865 功率，低压线路 1928 公里，配变 1573 台，容量 196 兆伏安，户表改造 9.7 万户。极大改善了农村电网结构，提高了农村电网供电可靠性。

2. 新能源送出工程投资

“十三五”期间，国家高度重视新能源产业发展，坚持把发展新能源产业作为推进我国“四个革命”“一个合作”能源发展战略、构建清洁低碳安全高效的能源体系，新能源发展迅猛，特别是光伏扶贫作为国务院扶贫办 2015 年确定实施的“十大精准扶贫工程”之一，充分利用贫困地区太阳能资源丰富的优势，通过开发太阳能资源、连续 25 年产生的稳定收益，实现了扶贫开发和新能源利用、节能减排相结合。根据山西省发展和改革委员会山西省扶贫开发办公室《关于转发<国家能源局国务院扶贫办关于下达第一批光伏扶贫项目的通知>的通知》（晋发改新能源发〔2016〕741 号）、山西发展和改革委员会山西省扶贫开发办公室《关于下达我省“十三五”第一批光伏扶贫项目计划的通知》文件精神，山西地电所属营业区范围内共有集中式电站 7 个，规模为 165 兆瓦、村级电站 717 个，容量 351.53 兆瓦。公司共投资 2.41 亿元建设光伏电站送出工程，保证了新能源项目如期投运、发挥效益。

3. 煤改电配套电网改造工程投资

实施清洁取暖“煤改电”是国家有效改善环境空气质量，提升群众生活水平的重大民生工程，民心工程。山西地电贯彻落实国务院关于《能源发展战略行动计划（2014—2020 年）》（国办发〔2014〕31 号）、国家发改委《关于推进电能替代的指导意见》（发改能源〔2016〕1054 号）以及山西省政府

《山西省打赢蓝天保卫战三年行动计划》（晋政发〔2018〕30 号）等相关文件精神，切实履行电网企业的社会责任，密切配合政府实施冬季采暖煤改电工程，全面提升居民冬季采暖期生活环境质量，按照政府引导、统筹兼顾、因地制宜、稳步推进的原则，积极实施煤改电配套电网改造工程。2017 年至 2020 年，公司实施煤改电配套电网改造工程，共改造煤改电 34880 户，总投资 3.72 亿元。

4. 基建投资

除政策性电网建设项目外，山西地电结合营业区内负荷发展、电网实际情况，以完善电网结构、增加供电能力为目标，安排了电网基建项目，“十三五”期间基建工程投资 15.77 亿，新建 220 千伏变电站 2 座、主变 4 台、容量 720 兆伏安，改造 220 千伏变电站 1 座、主变 1 台、容量 150 兆伏安；新建 110 千伏变电站 5 座、主变 8 台、容量 300 兆伏安，改造 110 千伏变电站 1 座、主变 2 台、容量 80 兆伏安；新建 35 千伏变电站 4 座、主变 8 台、容量 136 兆伏安，新建及改造 220 千伏线路 159.45 千米，110 千伏线路 228.821 千米，35 千伏线路 80.415 千米，10 千伏线路 155.11 千米，配变台区 248 个、配变容量 38.885 兆伏安、低压线路 382.68 千米。“十三五”期间完成电网建设投资 6.83 亿元，2016 年以前完成投资 0.87 亿元。

（二）投资渠道

山西地电自成立以来，在电网建设方面，投资渠道仅有三个，即自有资金、农网投资以及银行贷款。自有资金一直是公司电网建设投资的主要方式，来源主要是公司内部资金积累；另外农网投资也是公司电网建设重要的资金来源，2016 年 2 月，国务院办公厅下发《转发国家发展改革委关于“十三五”期间实施新一轮农村电网改造升级工程意见的通知》，对“十三五”期间全面实施新一轮农村电网改造升级工程作出重要安排部署，根据国家农网改造工程相关政策规定，农网工程投资总额的 20%由国家提供中央预算内投资，80%由实施主体企业通过银行贷款解决，还贷政策为每千瓦时售电量收取 2 分钱的还贷资金，我公司营业区共 12 个县区，总体占到山西 107 个县区的 10%，农网资金约占到全省得 15%—20%。

（三）“十三五”投资效果分析

1. 带动和促进营业区内的国民经济发展情况

2015 年，营业区内售电量 68.61 亿千瓦时，2019 年售电量 91.18 亿千瓦时，增长 32.89%，年均增长率 9.94%；2015 年山西地方电力供电区域的 12 个县 GDP 总值为 1470.7 亿元，2019 年为 1853.7 亿元，增加 26.04%，年均增长率 8.02%；2015 年人均 GDP48118.64 元/人，2019 年人均 GDP58828.27 元/人，增长 22.25%，如表 2-1 所示。

表 2-1　山西省地方电力公司所辖 12 区（县）2015—2019 年经济发展概况

年份	GDP（亿元）	产业结构比例（%）			年末总人口（万人）	人均 GDP（元/人）	城镇化率（%）
		一产	二产	三产			
2015	1470.7	7.45	50.54	42.01	305.64	48118.64	43.96
2016	1509.14	7.13	49.54	43.33	308.5	48919.39	45.48
2017	1766.5	6.3	50.7	43	311.34	56738.1	46.99
2018	2025.81	5.89	49.98	44.13	312.55	64814.69	48.18
2019	1853.69	6.02	52.81	41.17	315.1	58828.27	48.9
年均增长率	5.96	−5.19	1.10	−0.50	0.76	5.15	2.70

从数值可以看到，“十三五”期间山西地电所辖营业区电量、经济发展较快，售电量增比快于经济增比，真正体现了“经济发展、电力先行”。

2. 营业区电网营收情况

随着营业区供售电量的增加，山西地电的各项经营指标也有了较大幅度的提升，2015 年公司营业收入 37.82 亿元，2019 年公司营业收入达到 50.40 亿元，增幅达 33.23%；2015 年公司上交利税 4.44 亿元，2019 年公司上交利税 5.82 亿元，增幅 30.85%；2015 年公司利润 1.27 亿元，2019 年公司利润 2.51 亿元，增幅 97.34%。

3. 电网指标提升情况

2015 年底至 2019 年底，山西地网的 10 千伏配变由 8897 台增加到 10086 台（新增 1189 台），容量由 1192 兆伏安增加到 1616 兆伏安（新增 424 兆伏安），供电可靠率由 99.6967%增加到 99.8341%，提高 0.13 个百分点，农村综合电压合格率由 91.23%增加到 99.27%，提高 8.04 个百分点，配变户均容量由 1.52 千伏安增加到 1.93 千伏安，增加了 0.41 千伏安，2020 年底地电公司户均容量可提升到 2 千伏安。

4. 助力脱贫攻坚情况

农村电网升级改造是民生基础工程，是脱贫攻坚九大工程之一，“十三五”

期间“低电压”“易停电”的问题得到明显改善，有力地保障了农村地区经济社会发展和乡村振兴用电需求，为打赢脱贫攻坚战保驾护航。目前营业区内实现了村村通电、村村通动力电，2017 年中阳、柳林、安泽、乡宁全面脱贫、通过验收；2018 年离石、方山、交口、蒲县全面脱贫、通过验收；2019 年年底兴县、临县、石楼三个深度贫困县也已通过了脱贫验收，营业区内 11 个贫困县全部脱贫。

三、电网投资面临的困难与问题

（一）投资不足

山西地电所属供电区域大部分处于经济欠发达地区，其中有 5 个国家级贫困县、6 个省级贫困县，电网建设历史欠账多，虽然近年来公司投入大量资金对所属电网进行了大规模的建设与改造，但基本上都是属于自身发展—积累—再发展模式，外部仅依靠中央预算内农网投资，电网虽能满足基本需求，但电网结构还不够合理，特别是中低压线路及配变台区在国家第一、二批农网改造至今未进行改造升级的还占到近 30%。随着国家全面建设小康社会以及美丽乡村建设，以及经济发展对电力的需求越来越高，现有电力设施还不能满足需求，还需要增加更高电压等级的变电站布点，以及变更为环网供电模式，电网仍需继续加大投资力度。

（二）占地赔偿费用逐年增加

电网工程作为振兴经济，带动众多产业发展的主要能源基础项目，政府为降低电网企业的投资成本，促进经济发展，提高效率，从征地、青苗补偿等多方面同步出台了相应的补偿标准，但实际办理时较难按标准执行。在实施过程中，由于占地赔偿过高，阻挡严重，给工程建设带来阻碍，经常造成窝工、停工现象，致使建设工期得不到保障，贷款利息加大，建设成本逐年上升。

（三）电网建设与城乡规划不适应

“十三五”初期，公司编制了详尽的电网建设规划，在规划期内，一方面由于政府编制发展规划中许多项目没有落地，或者项目的建设远远达不到规划预定的建设规模，致使电网规划中的负荷得不到落实，电网项目建设的必要性理由不够充分，项目的建设无法在规划时间内实施；另一方面“十三五”期间有些项目是根据政策性因素调整增加的，如煤改电、新能源项目送出工程，这部分项目增加了公司的投资成本。

四、“十四五”发展思路

（一）公司“十四五”战略目标

建设现代化主动式智能电网。要聚焦新基建，广泛使用5G、人工智能等手段，实现电网基建、设备运维检修、营销用电数据采集等领域现代化。聚焦新技术，持续推进技术创新、管理创新和商业模式创新，加快推进一体化信息平台建设和运用，实现客户服务、电力调度、生产运行等领域现代化。聚焦新材料，以数字化、网络化、智能化为电网赋能、赋值、赋智，着力提升电网绿色安全、高效互动和智能开放能力，实现电网发展现代化。聚焦新装备，全面采用高端核心装置，实现输变电设备、供用电设备等领域现代化。聚焦新产品，提供灵活多样的电能供给，以产品强带动产业强，以产业强实现企业强，实现电能利用、降损增效等领域现代化。聚焦新业态，加快清洁取暖替代、充电桩网络建设等实践，服务能源转型新业务、能源数字新产品、能源平台新服务等领域现代化。

（二）“十四五”电网发展目标

优化电网结构，大力运用现代信息技术加快电网升级改造，统筹主网与配网协调发展，建设以220千伏电网为骨干网架，以110千伏、35千伏为主要配网的网络结构；“两率一户”指标达到国内同行业先进水平；提高电网接纳风电、太阳能发电等各种性能的多元化电源的能力，加强电网综合防灾能力建设，推动实现能源结构的战略调整。根据属地政府“十四五”发展规划，山西地电编制了电网发展规划，“十四五”期间拟投资70亿元进行电网建设，逐步发展为国内一流配电网。

（三）持续开展农网改造升级

对照全面建成小康社会及脱贫攻坚重点任务，持续加大农村电网投资力度，加快贫困县电网改造升级速度，提高农村电网装备水平，增强供电保障能力，满足各类用户安全可靠用电需求。推广农业大棚电保温、电动喷淋、养殖电孵化等技术，以电气化升级推动农业现代化转型。服务家庭农场、种粮大户、专业合作社等农业加工用能需求，提供加工、保鲜、包装、传送等全产业链“一条龙”的用电服务，全面提升农业生产、乡村产业、农村生活的电气化水平。

五、政策建议

1. 建议国家能源主管部门按照补短板的原则，对地方电力配电网投资给予政策倾斜，实行计划单列，加大投资力度，单独考核。

其主要原因是：（1）全国仅存的地方配电网公司占全国电网份额极少；（2）地方电力配电网多处于“、”老、少、边、穷”地区；（3）地方电网投资历史欠账较多；（4）地方电力企业所承担的电力普遍服务成本较高。

2. 在输配电价制定和监审政策方面，明确地方配电网不是国家大电网的大用户，确立地方电力配电网与国家大电网的关系，是“网对网”的关系；鼓励地方配电网与发电企业签订直接购电合同，以降低供电成本；地方配电网向国家大电网支付的趸售电价格，以省为单位全网加权均摊输配电成本。

专题报告二

地方电网综合能源服务报告

一、全行业综合能源服务现状与发展趋势

（一）全行业综合能源服务现状

1. 历史发展

随着传统能源的消耗殆尽，人们开始关注可再生能源的利用。据此，业内人士提出“综合能源服务”理念。事实上，能源服务最早起源于 20 世纪末。它主要分为三个阶段：（1）传统能源阶段，人们在发展过程中需要利用能源作为日常生活主要供给能源，在能源使用设备中以节能减排型设备为主，并且将能源当成是商品用于交易，由此形成能源合同管理模式；（2）分布式能源，它的兴起随着生物质能等其它清洁能源的快速发展开始得到大众青睐，从而得到了较为广泛的应用空间；（3）综合能源，它是新时代科技发展的重要产物，随着网络技术及大数据技术的崛起，也为当前能源行业带来了新的活力，这种更加环保且人性化的能源服务模式极大程度上满足了当代人的能源需求，而且它可最大化开发可再生能源的使用效率，这与绿色能源环保理念相契合。因此，各国都在重视综合能源的高效发展，以此强化自身能源供给效果。

2. 研究现状

美国是最早提出综合能源服务的国家，尤其在 2006 年，美国更是将综合能源服务作为國家发展战略目标加以重视，以此为其它国家起到了良好的模范作用。要想获得最佳的综合能源服务质量，就必须结合本国国情制定发展规划，从而全面提高能源的应用效率。在此基础上，日本对于综合能源的研究更加深刻且迫切一些，它在 2010 年设置了与之匹配的综合能源服务体系，并包含供热、供气等内容，而在 2012 年日本更是注重综合能源的创新事宜，进而扩大本国综合能源可行范围。

与其它国家相比，我国对于综合能源的研究会较为落后一些。但我国在综合能源服务发展层面上具有一定的优势，国家已经开始颁布相关的法律大力支持新能源研发事项，各大企业也加大了高新技术的研发力度，形成合力推动综合能源服务系统的发展进程。在研究综合能源系统时需充分考虑能源的安全性、经济性、环保性、智能性、无公害性、高效性等方面，保证综合能源服务将为我国未来的发展提供重要保障。根据当前我国所制定的发展目标来看：预计在 2050 年，可再生能源利用率将占据整个市场的 60%，并在 2022 年，光伏成本将控制在火力发电成本之下，以此有效调整当前电力价格，

促使我国走上新的能源发展道路。

（二）全行业综合能源服务发展趋势

1. 满足用户需求

综合能源服务在未来的发展过程中需要始终以满足用户需求作为前提提供服务。首先，在满足用户需求时需要借助高新技术预测用户对于电能方面的需求，以便为用户提供周到的能源服务。另外，综合能源服务在其发展趋势下还应满足用户对于电力设备方面的服务需求，比如电力设备故障检测与排除方面。未来需要减少人工作业的数量实施智能化管理，这样可对设备进行实时监控，一旦发现设备存在不良故障，可立即进行维修，并且还能给出预警报告，对于设备部件老化部分或是潜在的安全隐患，综合能源服务系统还可提供明确的分析结果，帮助相关人员妥善解决设备故障，为用户提供满意的服务。

电能节约也是综合能源服务发展的重点内容。首先，可在当地根据用户往日用电量设置专门的用电范围，一旦超过预设范围，需立即上报至相关部门进行核实，防止出现窃电或异常用电现象。其次，需对各线路加以检测，优化其性能，避免线路损坏影响供电质量。最后，需要充分发挥余热余压的有效利用，降低能源损耗，以此扩大电能供给范围，让综合能源服务发挥出它真正的作用。

2. 整合产业资源

综合能源服务要想得到高效发展就必须整合产业资源，利用产业为综合能源服务创造一个良好的生态环境，并在此基础上形成各种新型的业务及服务模式。综合能源服务在生态环境的影响下需要涉及到电网公司、互联网企业等其它金融机构、服务行业各种多元化产业。这期间，政府也需要占据一定地位，以此为各产业的发展带来重大保障。同时，在整合产业资源时还应当注重合理监管，比如需对网络安全及信息安全设置专门的监管规范，这样才能促使其它产业也能积极参与到综合能源服务中。由此打开一个全新的综合能源服务格局，确保我国经济也能持续增长。

3. 推动数据发展

综合能源服务已由最开始的业务服务转换为数据服务。以往综合能源服务是为了满足各大企业的电能需求，这导致与企业自身经营、运作等方面的服务类型较多。而今为了全面提高电能质量及服务水平，综合能源服务也开始关注电能用户的内在价值,并利用长期合作的方式优化当前能源服务效果。随着综合能源服务的发展，未来会逐渐将业务数据化转变为以数据为主、业务为辅的服务模式。尤其是在数据量不断增加的新时代，小数据业务服务也已经不适应时代特征，相关人员应当加大综合能源服务研究，以此形成大数据业务服务，从而促使综合能源服务在科技的支持下获得更大的进步。

二、地方电力开展综合能源服务业务转型的目的、必要性、可行性和优势、劣势分析

（一）开展综合能源服务业务转型的目的

采集综合能源网中电（风光水火储）、气（汽）、冷、热、水等数据和运行信息，建设统一的数据应用平台，解耦综合能源的耦合关系，通过安全稳定运行仿真分析，建设高度自动化的安全稳定运行保障体系；应用大数据应用和人工智能技术构建以数据量化分析为基础的“平台枢纽型、成本分析型、交易分析型”三型一网的综合能源网高度智慧经济经济运行管控体系；达到综合能源网“安全稳定、经济高效、节能环保、绿色生态”的建设目标，实现以综合能源服务“节能降耗、降本增效”为经济基础的业务转型目标，探索综合能源服务转型路径。

（二）开展综合能源服务业务转型的必要性

由于煤炭、石油等传统化石能源不可再生，提高能源利用效率、开发新能源、加强可再生能源综合利用是能源发展的必然选择。在这样的背景下，综合能源系统应运而生。综合能源系统是以电力系统为中心，打破供电、供气、供冷、供热等各种能源供应系统单独规划、单独设计和独立运行的既有模式，在规划、设计、建设和运行的过程中，对各类能源的分配、转化、存储、消费等环节进行有机协调与优化，充分利用可再生能源的新型区域能源供应系统。

发展综合能源系统具有三大意义：

首先，通过电、气、冷、热等多种不同形式能源的供应系统在生产和消费等环节的协调规划和运行，综合能源系统可以实现能源的梯级利用，有效提高能源综合利用效率。

实现能源的梯级利用有两个方面的含义：一是按质用能。尽可能不使高质能源去做低质能源可完成的工作；在一定要用高温热源来加热时，也尽可能减少传热温差；在只有高温热源，又只需要低温加热的场合下，则应先用

高温热源发电，再利用发电装置的低温余热加热，如热电联产。二是逐级多次利用。高质能源的能量不一定在一个设备或过程中全部用完，因为在使用高质能源的过程中，能源的温度是逐渐下降的，而每种设备在消耗能源时，总有一个最经济合理的使用温度范围。当高质能源在一个装置中已降至经济适用范围以外时，即可转至另一个能够经济使用这种较低能质的装置中去使用，使总的能源利用率达到最高水平。虽然能源梯级利用是针对发电和供热企业提出的，但可以广泛地扩展到制冷、深冷、化工、冶金等各种工业过程，必要时可用热泵来提高热源的温度品位后再利用。

不同的企业对能量的等级要求是不一样的，可以根据各用能企业能级需求的高低构成能量的梯级利用关系，高能级热源经上一级企业使用后降为低能级热源，供给需求低的企业使用。能量的梯级利用能够有效地满足各单位的用能需要，而不增加能源消耗，极大地提高能源利用率。综合能源系统在实现能源的梯级利用方面的案例已经很多，但是由于其系统本身具有相当大的复杂性，梯级利用方面还存在着相当多的问题。

其次，综合能源系统可以充分利用多种能源的时空耦合特性和互补替代性，弥补可再生能源具有明显的间歇性和随机波动性等问题，促进可再生能源的开发利用。如通过大量储热的方式消纳可再生能源，采用可再生能源发电制氢等。

另外，以供电为中心，电、气、冷、热等供能系统本身存在紧密的耦合关联，电能供应的终端可能导致其他供能系统停运，因此通过多个供能系统的协调规划和运行，可以避免单纯加大某一供能系统投入提高其安全系与自愈能力带来的弊端，从而有效提高多种能源供应的安全和可靠性。与现有的供电、供气、供冷/热一样，安全、可靠、经济是人们对综合能源系统最基本的要求。可靠性评估可以用定性或者定量的指标反映系统的能源供应中断的风险水平，从而指导综合能源系统的规划、运行等生产实践活动。随着经济社会的发展，人们对能源供给的可靠性要求越来越高，综合能源系统与电、气、冷及热等多种负荷在物理上直接相连，确保综合能源系统的供能可靠性显得尤为重要。

（三）开展综合能源服务业务转型的可行性

1. 万峰电网现状

贵州万峰电力股份有限公司属地方国有企业，公司设立于地处滇、黔、桂三省（区）结合部，公司成立于 2014 年 4 月，下辖 10 个子公司（兴义市电力有限责任公司城北配售电分公司、兴义市电力有限责任公司城南配售电分公司、贵州顶效开发区阳光电力有限责任公司、兴义市上乘发电有限公司、兴义市阳光电力投资有限公司、兴义市誉丰发电有限公司、兴义市隆腾电力管理有限公司、贵州金贞售电有限责任公司、安龙县大乘售电有限责任公司、兴仁金峰售电有限公司)，覆盖电力系统发输变配用全部环节。公司经营范围为：水（火）电资源开发、承装（修、试）电力设施、电力购销、电力调度、电力设备试验、电力物资器材等。现有员工约 1300 人，总资产 85 亿元，供电客户 29.0 万户。拥有自备电厂 3 座 6×350 兆瓦、水电装机 253.46 兆瓦、风电装机 95.5 兆瓦、光伏装机 397.5 兆瓦、燃气装机 58 兆瓦、储能 20 兆瓦、风光水火装机总容量 3007.19 兆瓦；220 千伏变电站 7 座、主变 10 台、总容量 1890 兆伏安，110 千伏变电站 25 座、主变 45 台，总容量 2500.8 兆伏安，35 千伏变电站 14 座、主变 22 台、总容量 175.5 兆伏安，220k 千伏线路 29 条、772.25 千米，110 千伏线路 51 条、522.056 千米，35 千伏线路 70 条、488.679 千米，10 千伏线路 301 条、4129 千米（其中公用线路 271 条、专线 30 条），配变共计 7222 台、容量 2257.238 兆伏安（其中公变 2774 台、656.140 兆伏安，专变 4447 台、1666.693 兆伏安），400 伏线路 3380 千米，220 伏线路 4100 千米。

兴义地方电网网架图如图 3-1 所示。

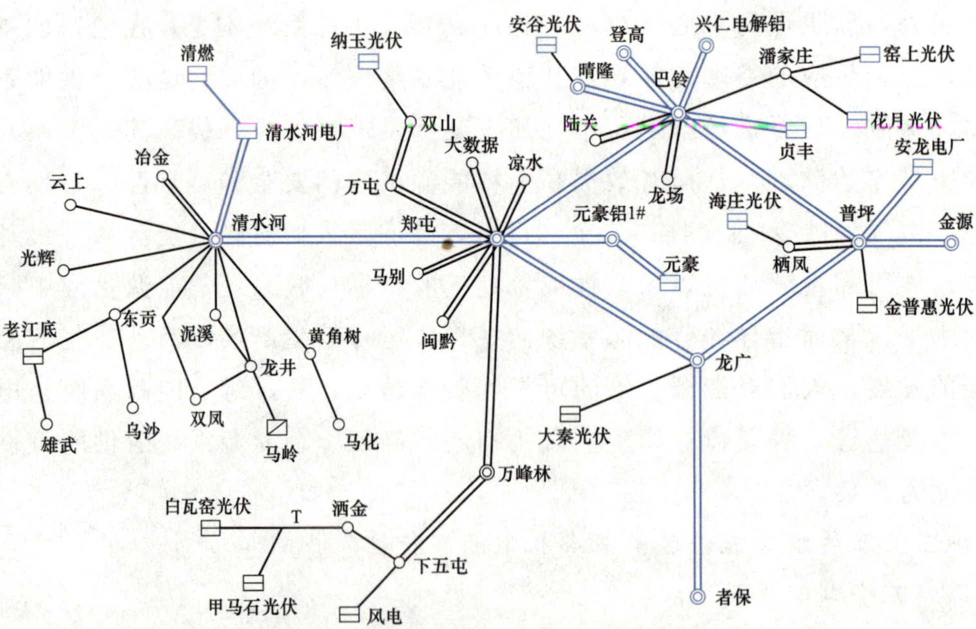

图 3-1　兴义地方电网网架图

截至 2020 年 12 月年底，万峰电力电网网内电源情况如表 3-1 所示。

表 3-1　　万峰电力电网网内电源情况

序号	单位名称	机组类型	机组数量及额定功率（兆瓦）	现有装机容量（兆瓦）	接入变电站名称
1	上乘发电有限公司	火电	2×350	700	220kV 清水河变
2	贞丰发电厂	火电	1×350	700	220kV 巴铃变
3	黔西南州元豪投资有限公司	火电	2×350	700	220 千伏郑屯变
	安龙电厂	火电	1×350	700（在建）	220 千伏普坪变
		火电合计		2800	
1	老江底水电站	水电	2×50	100	110 千伏东贡变、110 千伏雄武变
2	纳灰河一级电站	水电	2×2+1×5	9	城南变
3	纳灰河二级电站	水电	2×2.5+1×5.5	10.5	城南变
4	普梯一级电站	水电	2×3	6	110 千伏乌沙变
5	普梯二级电站	水电	2×3.5+1×2.5	9.5	110 千伏乌沙变
6	永康桥电站	水电	2×6	12	110 千伏乌沙变
7	长底电站	水电	4×4.5	18	110 千伏乌沙变
8	响革电站	水电	1×2	2	35 千伏清水河
9	木贾河电站	水电	2×1.25	2.5	35 千伏清水河变
10	纳省河电站	水电	2×2.5+1×1	6	35 千伏跑马变
11	纳怀电站	水电	4×0.63	2.52	35 千伏跑马变
12	木贾河电站	水电	2×1	2	35 千伏跑马变
13	双河电站	水电	1×1.6+1×0.4	2	
14	鲁础坡电站	水电	2×4	8	35 千伏云上变
15	威舍电站	水电	3×0.63	1.89	35 千伏云上变
16	达力河一级电站	水电	2×0.25+2×0.5	2.5	35 千伏泥凼变
17	达力河 1.5 级电站	水电	3×0.400	1.2	35 千伏泥凼变
18	达力河二级电站	水电	2×1.25+1×0.63	3.13	35 千伏泥凼变
19	达力河三级电站	水电	4×0.5	2	35 千伏泥凼变
20	团结电站	水电	4×0.63	2.52	35 千伏泥凼变
21	白陶厂电站	水电	1×0.2+1×0.5	0.7	35 千伏白碗窑变
22	小田坝电站	水电	2×1.6	3.2	110 千伏岗上变

续表

序号	单位名称	机组类型	机组数量及额定功率（兆瓦）	现有装机容量（兆瓦）	接入变电站名称
23	马岭电站	水电	2×18＋2×4.5	45	110kV 龙井变
24	江源电站	水电	2×0.4	0.8	
25	木浪河后坝电站	水电	2×0.25	0.5	
		水电合计		253.46	
1	白碗窑（品德）光伏电站	光伏	1×45	45	110 千伏洒金变，更上级是 110 千伏下五屯变
2	甲马石光伏电站	光伏	1×50	50	T 接到品德-110 千伏洒金
3	大秦光伏电站	光伏	1×50	50	220 千伏龙光变
4	金普惠光伏电站	光伏	1×50	50	220 千伏普坪变
5	海庄光伏电站	光伏	1×50	50	110 千伏栖凤变
6	花月光伏电站	光伏	1×50	50	110 千伏潘家庄变
7	窑上光伏电站	光伏	1×50	50	110 千伏潘家庄变
8	安谷光伏电站	光伏	1×50	50	220 千伏晴隆变
9	南兴光伏电站	光伏	1×2.5		
		光伏合计		400	
1	白龙山风电场	风电	95.5	95.5	110 千伏下五屯变
		风电合计		150	
1	清水河燃气电站	燃气	40＋18	58	220 千伏清水河电厂
		燃气发电合计		40	
1	清水河储能电站	储能	20	20	220 千伏清水河变
		储能合计		20	

2. 开展综合能源服务业务转型的前期技术基础

分布式电源的大规模接入给电网尤其是区域电网的运行控制、安全保护、调度管理等各方面带来了深刻的影响，通过有效协调系统内部的能量分配，利用各类电源弹性控制功率输出大小，实现分布式发电系统与电力系统之间的融合以及优势互补，为促进源网荷协调控制提供了广阔的空间。

智能电网环境下，可控负荷将具备更强的可观性与可控性，结合用户的响应机制，空调、热水器、电动汽车、铁合金和电解铝等各种主动负荷具有很好的弹性响应电网功率调整需求的能力。

电网态势感知技术应用于电力系统，可促进电网自动化各系统应用功能的融合，显著提升电力系统的智能化水平，有效提高电网运行效率，为电网安全稳定运行提供有力保障，其重要的“预测能力”和“决策支持能力”是实现真正智能电网所不可或缺的重要组成部分。结合适当的态势感知技术体系，电力系统能量管理系统（EMS）的高级应用功能将得到充分发挥。

3. 开展综合能源服务业务转型的实践基础

目前，针对源网荷控制技术的研究，主要集中在电力调度领域，用于消除发电计划相对于实时负荷需求的不平衡量，主要的优化方法包括：集中调度方法、基于等微增率原则的方法、基于博弈论的方法。其中集中调度方法重点考虑间歇式新能源与电动汽车等主动负荷的影响；等微增率法以全网的效益最优为目标；基于博弈论的经济调度方法能够在竞价上网的环境下建立各利益主体的博弈模型，从而体现不同主体的利益。另外，一些研究人员基于电源、电网和负荷柔性特征，探讨了源网荷互动中可能存在的源源互补、源网协调、网荷互动和源荷互动等交互模式，认为通过源网荷的良性互动，能够在可再生能源接纳、自愈控制、潮流控制等方面，提升电网运行的可控性和弹性。

（四）开展综合能源服务业务转型的优势、劣势分析

2015年3月15日中发〔2015〕9号《关于进一步深化电力体制改革的若干意见》。

2016年6月27日，中央全面深化改革领导小组第二十五次会议审议通过《关于设立统一规范的国家生态文明试验区的意见》：福建省、江西省、贵州省。

2016年11月7日国家能源局发布《电力发展“十三五”规划（2016—2020年）》2016年11月30日能源局公布首批105个增量配电网试点项目名单。

2017年7月6日国能发科技〔2017〕20号：国家能源局公布首批“互联网+”智慧能源（能源互联网）示范项目的通知。

1. 开展综合能源服务业务转型的优势

贵州万峰电力股份有限公司属地方国有企业，是电力市场化改革和增量配电网建设试点单位。

网内风光水火装机总容量 2960 兆瓦，储能装机 20 兆瓦。

网内钢铁、工业硅、电解铝、化工、纺织、水泥、民用、新能源汽车、充电站桩等负荷种类齐全。

结合上述可行性描述的电网现状、理论研究和技术储备，在电网建设初期，在场站段建设、通信系统建设和应用管理主站建设等各阶段，充分考虑未来综合能源互联网的发展趋势，及大数据应用和人工智能技术创新趋势，提前谋划，为后期的综合能源服务打下良好的基础条件，贵州万峰电力股份有限公司开展综合能源服务业务转型具有得天独厚的基础条件和技术优势。

2. 开展综合能源服务业务转型的劣势

贵州万峰电力股份有限公司属地方国有企业，利用煤炭资源价格优势，促进地方经济发展是当前首要任务，能源价格可调节空间较小，只有通过大数据应用和人工智能等技术手段，提供综合能源增值服务，实现向生产要效益、向管理要效益。同时，黔西南州居民对综合能源服务认知度不足，需要加大综合能源服务的宣传。

三、2019 年地方电力开展综合能源服务业务情况

贵州万峰电力股份有限公司在调度中心建设初始，按照综合能源服务开始进行顶层设计，建设综合能源服务能效管控系统，工程建设分二期进行，综合能源服务能效管控系统一期工程重点是确保电网安全稳定运行，二期工程开展综合能源服务能效能耗标准体系建立、负荷则能耗能效数据分析、碳资产管理、电源侧多能源互补及梯级利用、电网节能经济运行优化控制、新能源并网技术规范和新能源并网综合控制、电网运行能效提升等建设工作，部分实现综合能源服务转型，并为最终开展综合能源服务奠定基础。

综合能源服务能效管控系统框图如图 3-2 所示，综合能源服务能效管控系统架构如图 3-3 所示。

（一）碳资产管理

完善贵州万峰电力企业碳排放监测、报告及核算方法，厘清自身碳排放家底，为企业合理争取碳排放配额；挖掘万峰电力电网潜在的碳减排项目，通过项目开发和备案，从发改委获取核证减排量；建立万峰电力企业碳排放顶层管理方案。挖掘管理减排及技术减排措施，分析不同措施的技术和经济特性，为各项减排措施的实施、万峰电力电网碳资产管理提供决策支撑。

碳资产管理输入输出数据逻辑关系如图 3-4 所示。

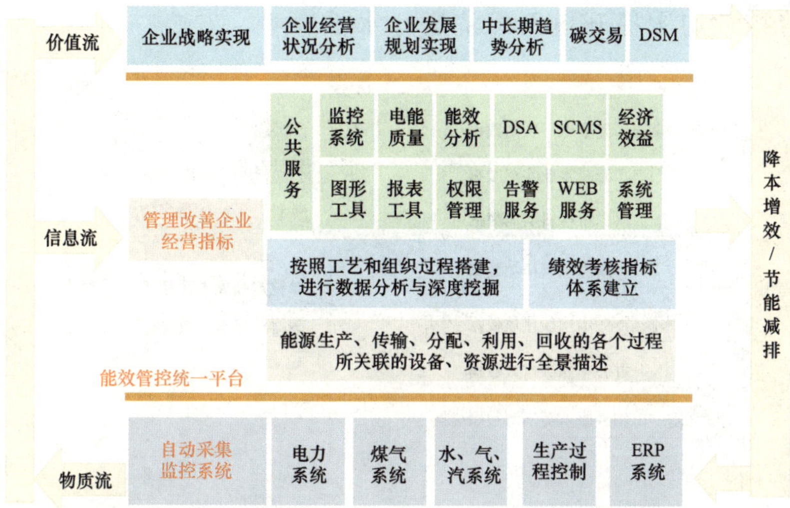

图 3-2　综合能源服务能效管控系统框图

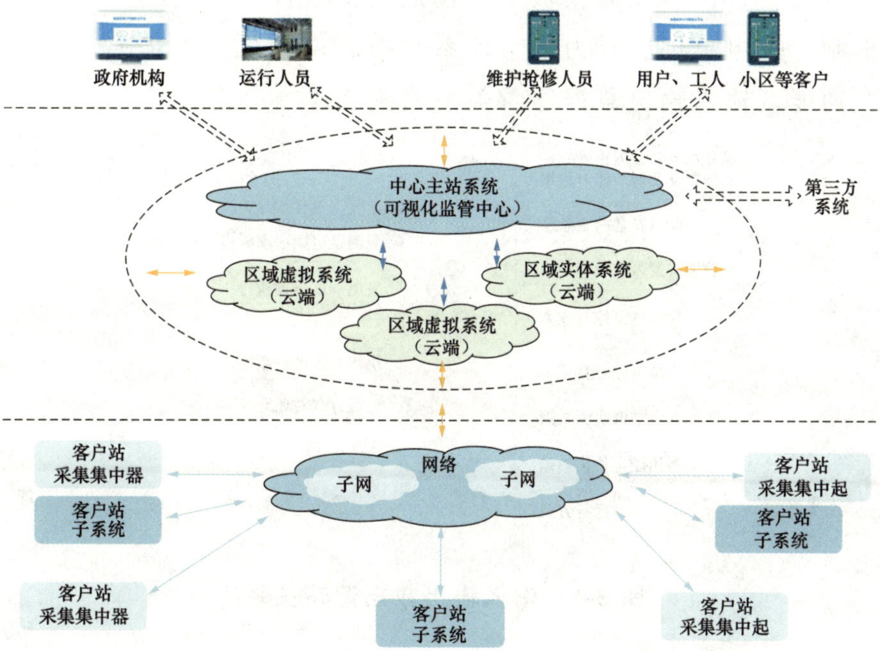

图 3-3　综合能源服务能效管控系统架构

（二）多能互补

多能互补在线协调控制模块建设以实现信息接入、夯实数据基础为抓手；以安全稳定为基础，将能源综合成本、交易价格、新能源消纳政策、风光水发电功率预测、效益分析等纳入电网调度运行，以综合能源成本最优的多能互补在线协调控制目标，促进清洁能源消纳、挖掘电网整体运营效益、强化电网运行管控，切实提升电网经济运行水平。

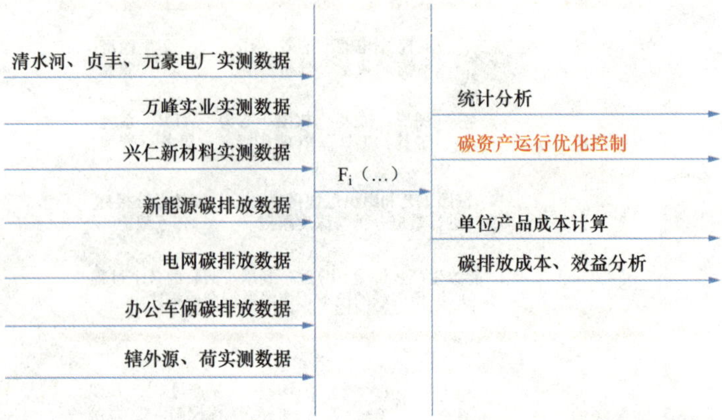

图 3-4　碳资产管理输入输出数据逻辑关系

多能互补在线协调控制模块主要包括数据整合、发电顺序分析评估和额度分配机制、发电单位执行力度考评系数确定、运行方式对比分析、协调控制等六个功能。输入输出数据逻辑关系如图 3-5 所示。

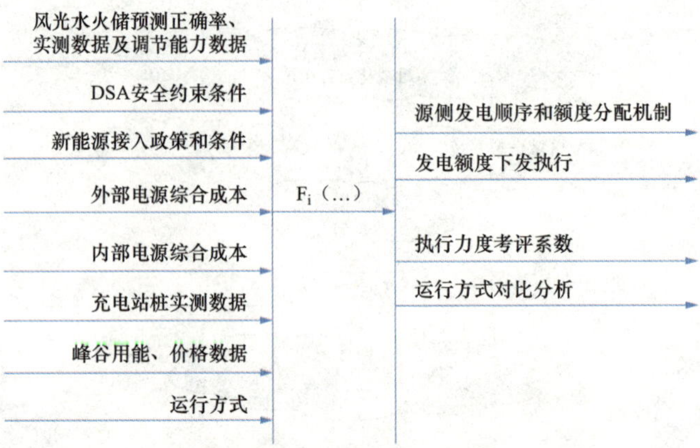

图 3-5　输入输出数据逻辑关系

（三）电网节能经济运行优化控制

在电网正常运行情况下，线网损统计计算方法比较简单，缺少不同运行方式下，线网损率分区同期量化统计分析与对比分析方法；缺少运行电压限额改变线网损率统计对比分析，通过无功补偿改变电网电压，分挡位进行电网方式调整和潮流计算，对电压合格的不同运行方式，进行线网损的计算，实现在保证电压合格率的基础上，实现电压限额改变线网损率分区同期统计对比分析；缺少以线网损最小为目标，建立无功优化的最优潮流模型，进行无功优化，在满足系统各种约束（安全等）的前提下，使全网的有功损耗最小，给出降低线网损的无功调整辅助决策建议。

电网节能经济运行优化控制系统输入输出数据逻辑关系如图 3-6 所示。

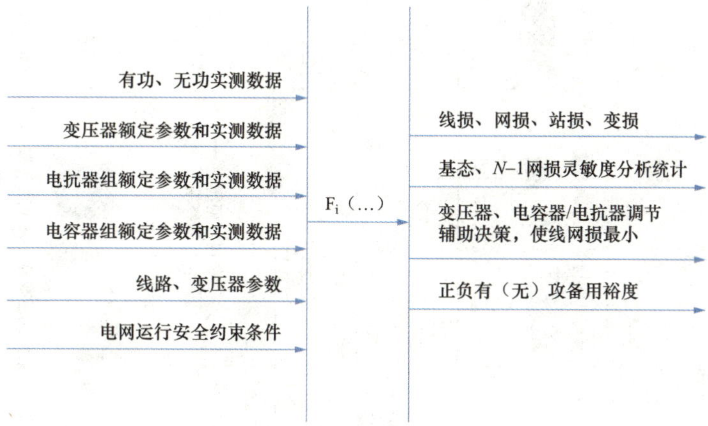

图 3-6　电网节能经济运行优化控制系统输入输出数据逻辑

（四）新能源并网综合控制

新能源场站侧并网综合控制系统由四个主要部分构成，分别是：并网综合控制装置、监控服务单元、快速通信专用网络、快速环网通信控制终端（或源控终端）。其中并网综合控制装置主要实现快速有功/无功功率控制和紧急控制，并为一次调频供频率测量功能；监控服务单元可提供 AGC、AVC、一次调频等服务功能，并具备强大的通信、数据记录管理、事件记录查询以及人机交互功能；快速环网通信控制终端（或源控终端）主要实现系统与逆变器/风电机组进行快速信息交互；快速通信专用网络主要为快速功率控制提供专用信息及控制命令传输网络，以保证快速控制的通信时效性。

光伏电站并网综合控制系统整体架构如图 3-7 所示。

（五）电网运行能效提升

通过统计分析当前电网不同用户设备故障对贵州万峰电力电网造成的经济影响，实现供电负荷等级的有效评价；通过不同用户负荷形态的错避峰优化模型，提出负荷转移与负荷曲线波动的电网经济运行控制方法，实现网内有限电力资源的优化配置；通过自适应电网安全风险的电网社会效益最大化价格体系与节点电价模型，实现系统能耗和成本的降低，提高电网经济运行水平。

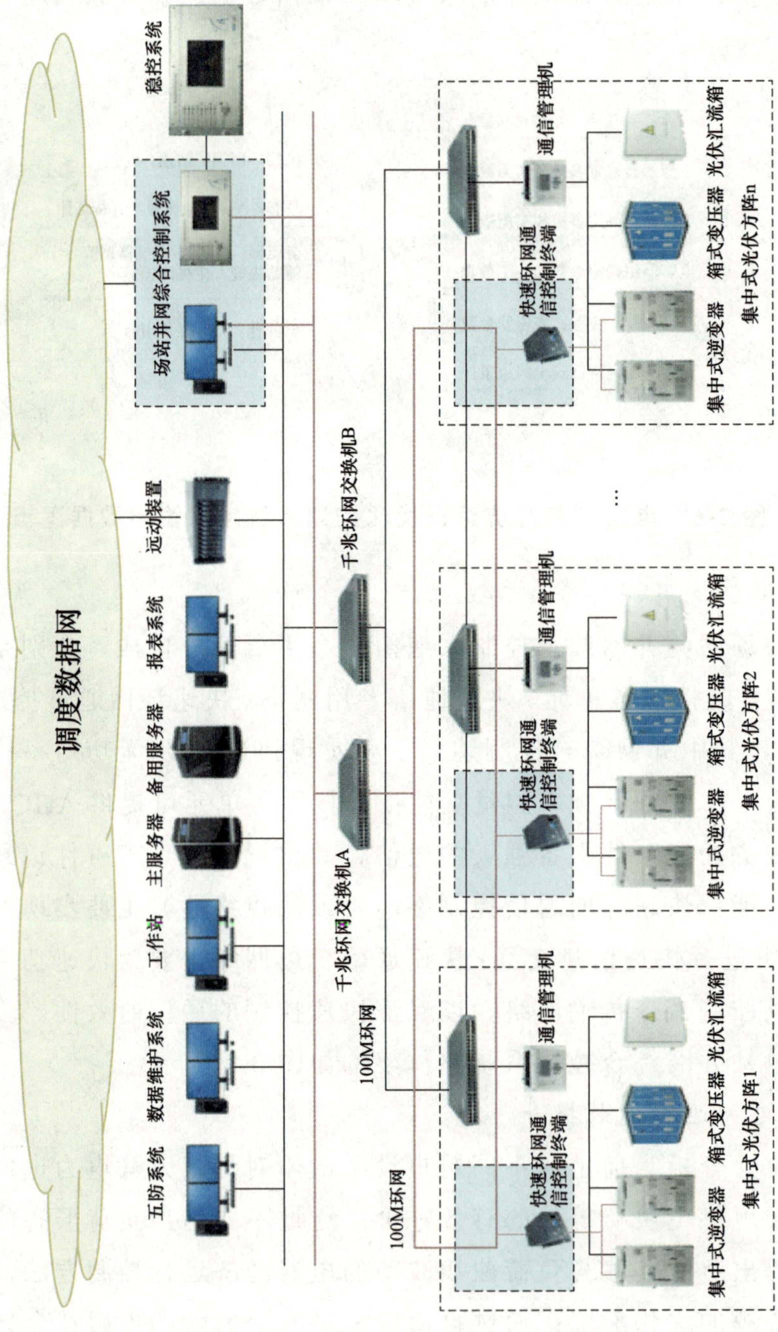

图 3-7　光伏电站并网综合控制系统整体架构

电网运行能效提升整体架构如图 3-8 所示。

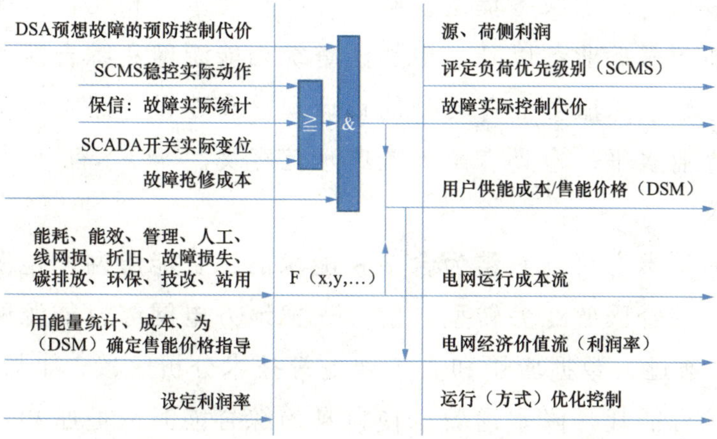

图 3-8　电网运行能效提升整体架构

四、地方电力开展综合能源服务业务转型存在的问题

（一）存在问题

地方电网开展综合能源服务业务转型是关系地方电网生存发展的重大转折。主要存在的问题有以下几点：

（1）地方电网与大电网经营企业在部分区域存在业务竞争关系，缺少雄厚的资金支撑。

（2）地方电网处于发展建设阶段或供电范围相对固定，负荷侧用户和民用负荷数量较少，数据采集量不够完善，大数据应用和人工智能应用验证时间较长。

（3）由于用户数量不足，投资回收期限将延长，投资回报率较低。

（4）地方电网承担地方经济发展重任，开展综合能源服务业务转型需要各级政府的政策支持。

（二）行业水平

贵州万峰电力股份有限公司在调度中心建设初始，按照综合能源服务开始进行顶层设计，建设综合能源服务能效管控系统，工程建设分二期进行，综合能源服务能效管控系统一期工程重点是确保电网高度自动化安全稳定运行，二期工程开展综合能源服务能效能耗标准体系建立、负荷则能耗能效数据分析、碳资产管理、电源侧多能源互补及梯级利用、电网节能经济运行优化控制、新能源并网技术规范和新能源并网综合控制、电网运行能效提升等建设工作，实现电网高度智慧经济运行，部分实现综合能源服务业务转型，并为最终开展综合能源服务奠定基础。与同行业水平相比，贵州万峰电力除了涵盖综合能源服务业务以外，更加注重综合能源网和综合能源服务业务的能效提升，综合能源服务业务转型的设计理念和建设思路及经济效果，明显优于当前同行业水平，也具有重大推广示范意义。

五、建议

地方电网基本上可以归结为含多种能源的综合能源网，电源和负荷种类齐全，在开展综合服务业务转型之前，先把地方电网综合能源网运营好，以数据为中心，通过大数据应用和人工智能等技术分析手段，加强精益化管理，降低能源网综合能耗，降本增效，使自身的综合能源网健康和可持续发展。

综合能源服务业务转型涉及工业负荷、民用负荷、新能源汽车、商业负荷和分布式新能源等，涉及各方利益博弈和平衡，地方电网需根据自身发展情况，规划综合能源服务业务转型方向，进行投入产出经济效益分析，逐步探索开展综合能源服务业务。

技术发展到一定阶段必然带来管理制度的变革，地方电网要注意配套制度的建设，建立综合能源服务效益核算体系，强化后期运行效益评估，以便改进。

分报告一

山西地方电力发展报告

山西地方电力有限公司是晋能集团有限公司旗下的专业化供电服务企业，负责集团配电网产业的投资运营管理。服务区域面积 22389 平方公里，占全省国土面积的 14.29%；覆盖人口 296 万，占全省总人口 8.3%。所辖用电户 93.44 万户。

山西地方电力有限公司作为国有企业，始终把人民对美好生活的向往作为奋斗目标，把"山西地电为山西，地方电力为地方"的宗旨贯穿工作始终。2019 年，公司上下深入学习习近平新时代中国特色社会主义思想，坚持稳中求进工作总基调，全体干部职工团结实干、攻坚克难，圆满完成全年主要目标任务，推进高质量发展"稳"的基础更加牢固、"进"的措施更加有力，主要经营指标继续增长——供电量 96.94 亿千瓦时，同比增长 5.91%；售电量 91.18 亿千瓦时，同比增长 5.41%，如图 4-1 所示；综合线损率 5.94%，比计划降低 0.06 个百分点，如图 4-2 所示。实现营业收入 44.3 亿元，同比增加 4.48%，实现利润 3.18 亿元，同比增加 13.98%，如图 4-3 所示。

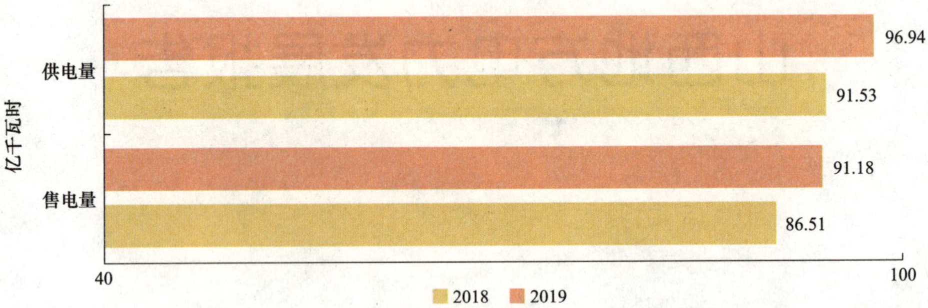

图 4-1　山西地方电力有限公司供售电量

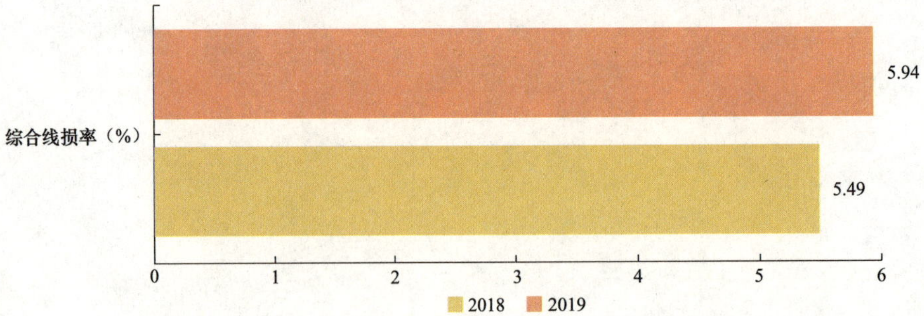

图 4-2　山西地方电力有限公司综合线损率

一、发展环境分析

2019 年，山西省内经济继续呈现稳中向好、长期向好的基本趋势。电力行业得益于经济供给侧结构性改革、新动能快速成长、电能替代力度加大等多重因素的叠加，电力消费持续增长。但随着电力体制改革不断深入，电网企业面临的风险和挑战越来越大。

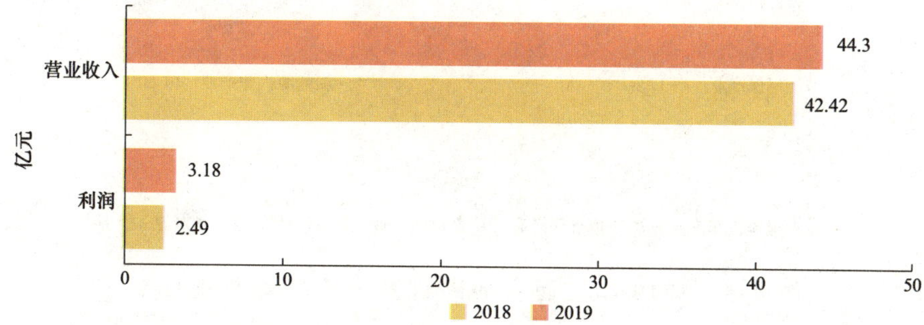

图 **4-3**　山西地方电力有限公司营业收入和利润

（一）区域经济发展情况

2019 年，山西省以“示范区”“排头兵”“新高地”三大目标为牵引，扎实推进三大攻坚战，做好“六稳”工作，统筹推进稳增长、促改革、调结构、惠民生、防风险、保稳定各项工作，保持了经济持续健康发展和社会大局稳定。

全年实现地区生产总值 17026.68 亿元，比上年增长 6.2%。其中，第一产业增加值 824.72 亿元，增长 2.1%；第二产业增加值 7453.09 亿元，增长 5.7%；第三产业增加值 8748.87 亿元，增长 7.0%，如图 4-4 所示。

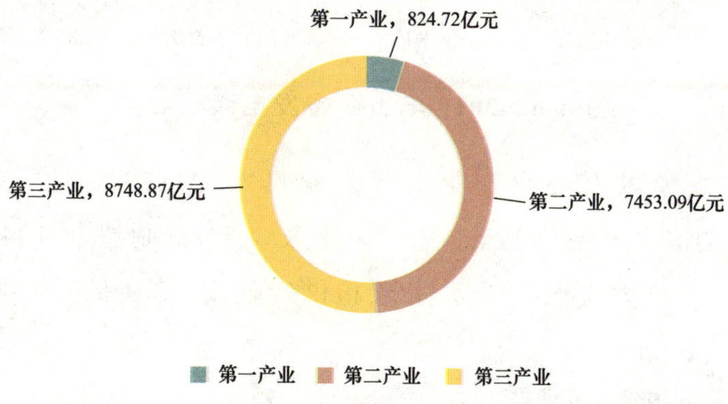

图 4-4　2019 年山西省地区生产总值

全年全省规模以上工业增加值比上年增长 5.3%。其中，煤炭工业增加值增长 4.1%，非煤工业增加值增长 6.5%。规模以上工业中，战略性新兴产业增加值增长 7.4%。其中，新能源汽车产业增长 61.6%，节能环保产业增长

12.1%，新材料产业增长 9.8%，新一代信息技术产业增长 5.9%，如图 4-5 所示。

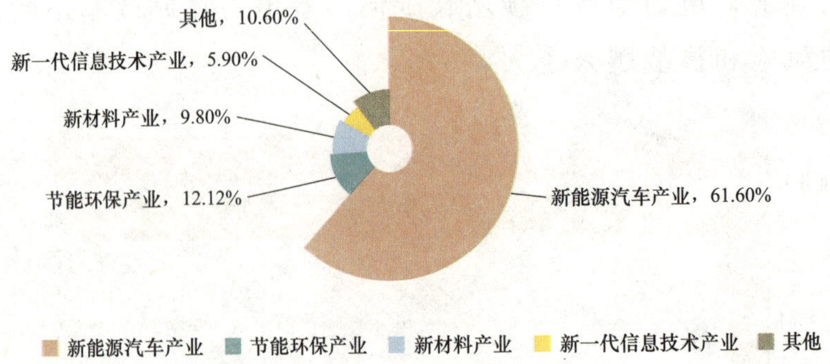

图 4-5　2019 年山西省战略性新兴产业增加值增长

2019 年末全省发电装机容量 9249.2 万千瓦，比上年末增长 5.6%。其中，火电装机容量 6687.2 万千瓦，增长 0.9%；并网风电装机容量 1251.5 万千瓦，增长 20.0%；并网太阳能发电装机容量 1087.8 万千瓦，增长 25.9%；水电装机容量 222.8 万千瓦，与上年末持平，如图 4-6 所示。

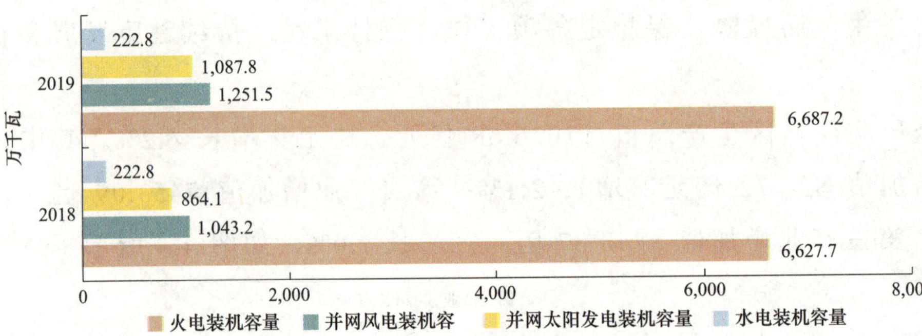

图 4-6　2019 年山西省发电装机容量

全年全省规模以上工业企业实现营业收入 21123.5 亿元，比上年增长 4.4%。分门类看，采矿业 8294.1 亿元，增长 4.7%；制造业 10495.4 亿元，增长 4.0%；电力、热力、燃气及水生产和供应业 2333.9 亿元，增长 5.4%，如图 4-7 所示。

（二）行业发展

1. 发电

2019 年末山西省发电装机容量 9249.2 万千瓦，其中，火电装机容量 6687.2 万千瓦，占比 72.3%，相比 2018 年占比下降 4 个百分点，并网风电装机容量 1251.5 万千瓦，已成为山西第二大电源；并网太阳能发电装机容量

1087.8 万千瓦，水电装机容量 222.8 万千瓦，与上年末持平，如图 4-8 所示。山西 2019 年全社会发电量 3238 亿千瓦时，其中火电发电量 2931 亿千瓦时，占比 90%；余下分别为风电 188 亿千瓦时，光伏 63 亿千瓦时，水电 56 亿千瓦时，如图 4-9 所示。

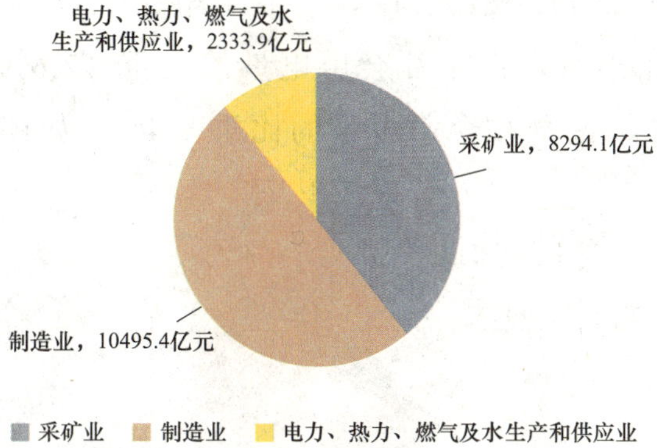

图 4-7 2019 年山西省规模以上工业企业营业收入

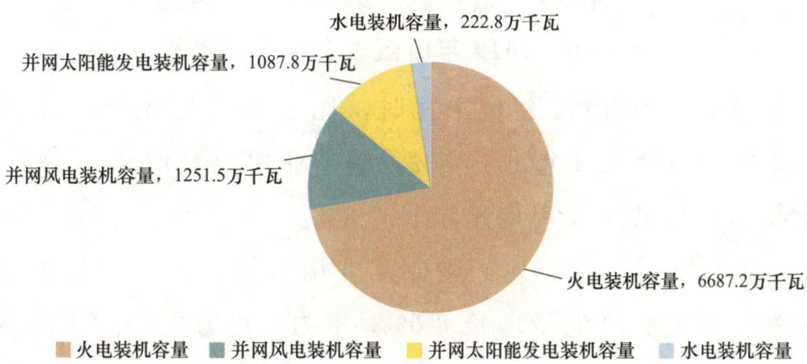

图 4-8 2019 年山西省发电装机容量

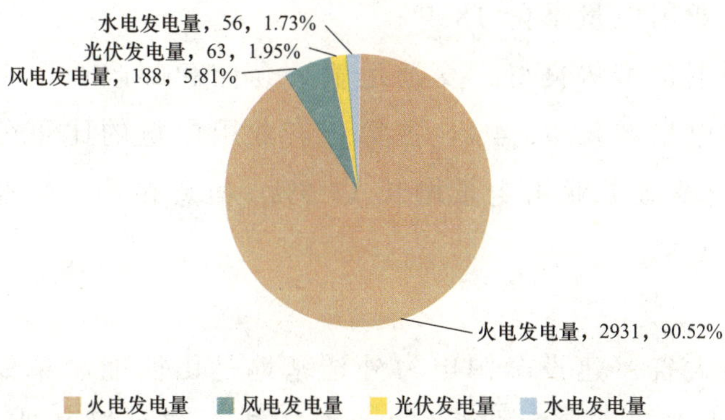

图 4-9 2019 年山西省全社会发电量

2．用电

2019 年，山西省全社会用电总量 2261.9 亿千瓦小时，比上年增长 4.7%。全年用电增速呈总体平稳、稳中趋缓的走势。其中，第一产业用电 17.3 亿千瓦小时，占全社会用电量的比重 0.8%；第二产业用电 1746.5 亿千瓦小时，占全社会用电量的比重 77.2%，其中，工业用电 1722.8 亿千瓦小时；第三产业用电 284.5 亿千瓦小时，占全社会用电量的比重 12.6%；城乡居民生活用电 213.6 亿千瓦小时，占全社会用电量的比重 9.4%，如图 4-10 所示。

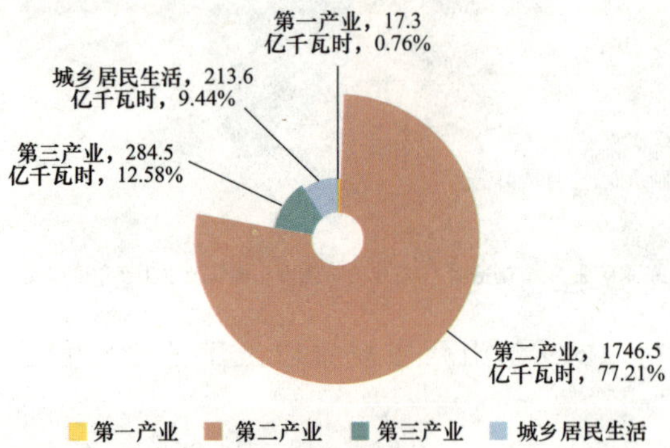

图 4-10　2019 年山西省全社会用电量

全省工业用电量为 1722.8 亿千瓦时，比上年增长 3.3%。分工业三大门类看，采矿业用电量比上年增长 4.7%，制造业用电量增长 0.8%，电力、热力、燃气及水生产和供应业用电量增长 7.8%。

从重点用电行业看，非金属矿物制品业用电量比上年增长 15.5%，石油、煤炭及其他燃料加工业用电量增长 8.6%，电力、热力生产和供应业用电量增长 6.2%，化学原料和化学制品制造业用电量增长 4.9%，煤炭开采和洗选业用电量增长 3.9%，黑色金属冶炼和压延加工业用电量下降 1.9%，有色金属冶炼和压延加工业用电量下降 18.4%。

第三产业用电量增势良好。交通运输、仓储和邮政业用电量增长 9.4%，批发和零售业用电量增长 13.4%，占第三产业用电量的比重分别为 27.9%和 15.2%。租赁和商务服务业用电量增长 13.5%，信息传输、软件和信息技术服务业用电量增长 9.8%。

3．外送电

山西是电力大省，建设全国电力外送基地是山西能源革命综合改革试点的重要任务。依托晋北、晋中、晋东 3 个千万千瓦级外送基地，配合国家“西电东送”和大气污染防治计划，2019 年全省外送电量完成 991.3 亿千瓦时，同比增长 6.9%；网对网外送电量突破 500 亿千瓦时达到 518.4 亿千瓦时，同比增长 11.4%，全省外送和网对网外送实现连续 3 年正增长。

4. 新能源

截至 2019 年年底，山西新能源总装机容量 2339 万千瓦，全国排名第六；新能源占省调装机比重跃升至 34%，全国排名第八；新能源发电量 352 亿千瓦，新能源利用率 99.22%。

山西的风电建设，一方面在晋北地区打造千万千瓦风力发电基地，主要集中在大同、朔州、忻州三市，另一方面有序推进中南部低风速资源开发，充分利用中南部等地区丘陵和山区较为丰富的风能资源，同时也积极推进分散式风电的发展，截至 2019 年底，山西的风电装机已达到 1251 万千瓦，相比 2016 年增长 60%。

在光伏建设方面，采取的措施是大力推进采煤沉陷区光伏领跑者基地建设，以大同采煤沉陷区光伏发电基地为统领，重点布局阳泉、忻州、吕梁、临汾、长治等市采煤沉陷区光伏领跑者基地；同时加大推进光伏扶贫工作，在临汾、大同实施光伏扶贫试点工作的基础上，将光伏扶贫试点范围扩大到吕梁、太行两大连片特困扶贫区；并且多方推进分布式光伏应用。截至 2019 年底，山西光伏装机达到 1087 万千瓦，相比 2016 年增长了 2.6 倍。

5. 山西电力市场

2019 年山西省共组织 117 次市场化交易，共交易电量 1586.46 亿千瓦时，其中省内直接交易电量 943.35 亿千瓦时，占比 59%，相比 2018 年增长 46%；省间交易电量 363.4 亿千瓦时，占比 23%；剩余的 279.1 亿千瓦时均为合同转让交易，如图 4-11 所示。在山西的市场化交易中，新能源交易电量为 49.8 亿千瓦时，占 3 个百分点。

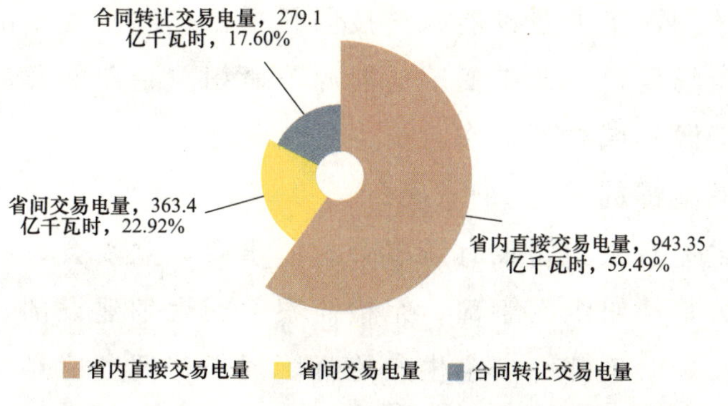

图 4-11　2019 年山西省市场化交易电量

山西电力市场建设是围绕扩大晋电外送规模、促进清洁能源消纳以及创新交易品种展开的。交易形式上存在省间交易与省内交易、中长期交易与现货交易相结合；品种上包括了直接交易、跨省跨区交易、合同转让交易（含发电权交易）和辅助服务交易等；方式有双边、集中竞价和挂牌交易等；交易时序有中长期的年度、季度、月度、月内以及现货的日前、实时。基本原则是采用年度、季度交易锁定市场；采用月度、月内交易扩大规模；以中长期交易规避风险、锁定收益，以现货交易发现价格、调节供给，通过市场化方式保障电力平衡。

截至 2019 年年底，山西省电力交易平台注册的市场主体总共有 5329 家，相比 2018 年底增加 3041 家，其中 2916 家均是新增的电力用户，主要是由于山西的四个重点行业（煤炭、钢铁、有色、建材）、大数据企业、高新技术园区等用户全电量放开准入市场。除电力用户外，2019 年还新增 34 家发电企业以及 91 家售电公司入市。发电企业中的 55%为直调电厂，山西售电公司中的 70%为民营公司。

（三）政策方面

2019 年 5 月 29 日，中央全面深化改革委员会第八次会议审议通过《关于在山西开展能源革命综合改革试点的意见》。这次试点改革要努力在提高能源供给体系质量效益、构建清洁低碳用能模式、推进能源科技创新、深化能源体制改革、扩大能源创新合作等方面取得突破。为此，山西省提出“8 个变革和 1 个合作”：一是变革煤炭开采利用方式，实现煤炭清洁高效开发利用，构筑战略性竞争新优势；二是变革非常规天然气勘采用，力争到 2022 年煤层气产量达到 200 亿立方米；三是变革新能源可持续发展模式，加快打造山西光伏风电基地建设，打造新能源产业链；四是变革电力建设运营体制；五是变革能源消费方式，建立节能优先制度体系，开展节能专项行动；六是变革能源科技相关体制，集中建设能源科技创新平台；七是变革能源商品流通机制，加强能源市场建设；八是变革与能源革命相关企业的发展方式。1 个合作是深入拓展能源领域对外合作。

二、公司基本情况

山西地方电力有限公司设有董事会、监事会、党委会、经营管理层，本部设有综合办公室、组织人事部、纪检监察部、规划建设部、财务管理部、生产技术部、市场营销部、安全生产监督管理部、调度信息中心等 9 个职能部门，下设 17 个分、子公司，组织架构如图 4-12 所示。

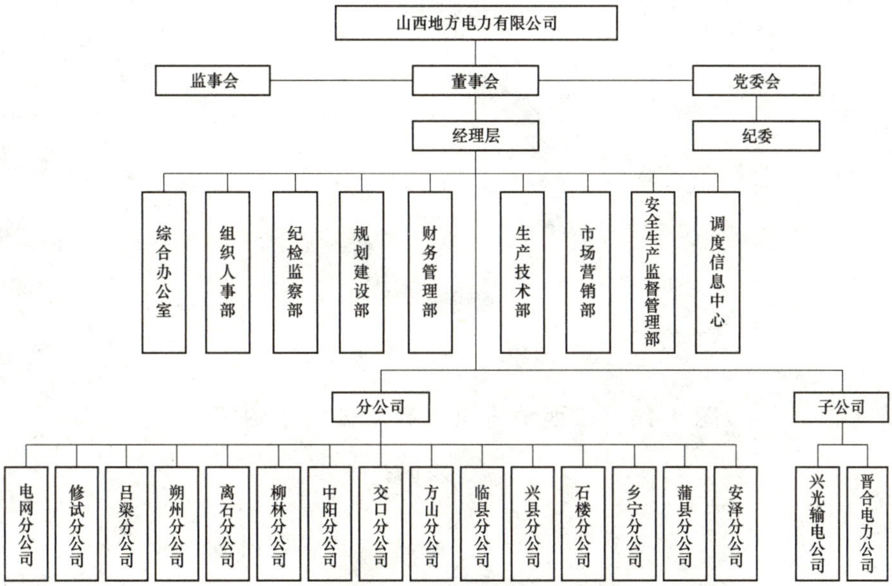

图 4-12　山西地方电力有限公司组织架构

截至 2019 年年底，共有从业人员 3768 人，正式工 2065 人，专职电工 1703 人；其中：大专及以上学历 1811 人，占 48%；高级职称 36 人，中级职称 219 人，初级职称 532 人；高级技师 7 人，技师 110 人，高级工 282 人，如图 4-13、图 4-14、图 4-15、图 4-16 所示。

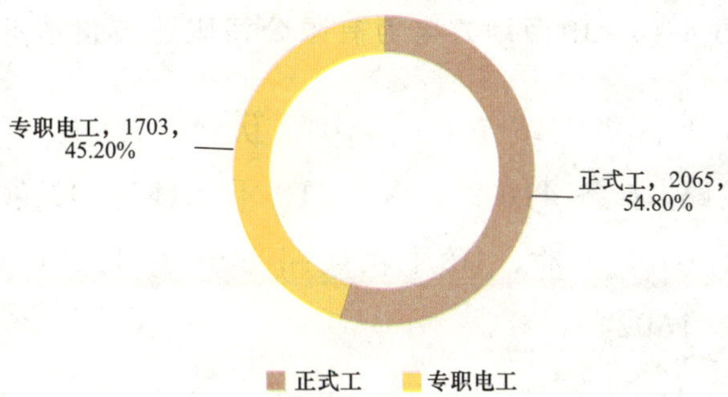

图 4-13　山西地方电力有限公司从业人员

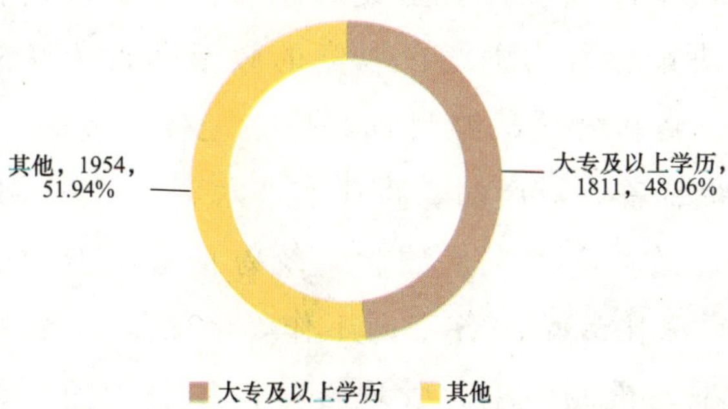

图 4-14　山西地方电力有限公司学历情况

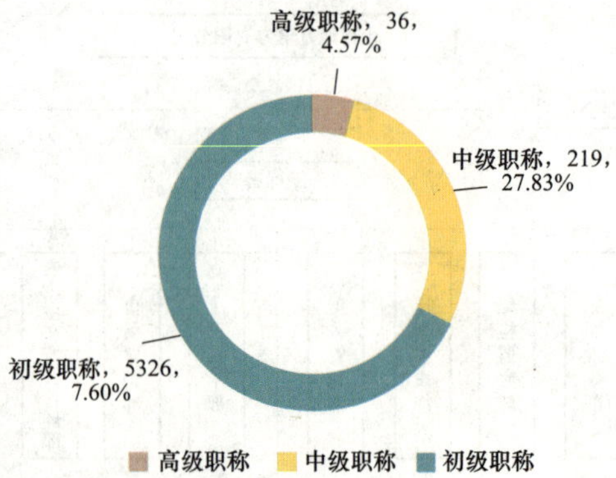

图 4-15　山西地方电力有限公司职称情况

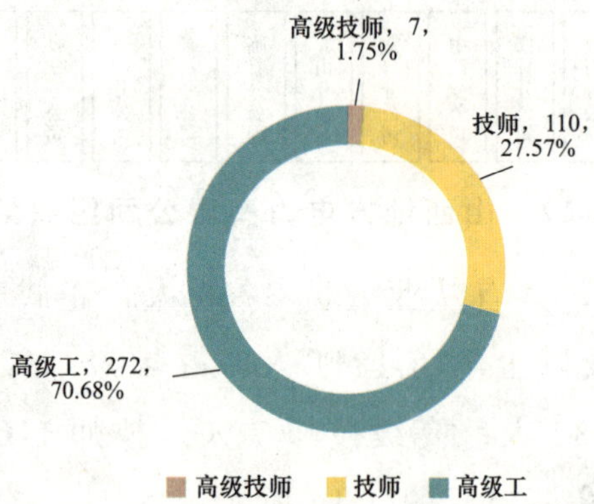

图 4-16　山西地方电力有限公司职业资格情况

公司现有 220 千伏变电站 7 座、110 千伏变电站 48 座、35 千伏变电站 70 座、220 千伏线路 16 条 416.2 千米、110 千伏线路 92 条 1605.6 千米、35 千伏线路 135 条 1601.4 千米、10 千伏线路 600 条 12196.3 千米、低压配变 9733 台、低压线路 16024 千米。

三、发展思路

以习近平新时代中国特色社会主义思想为指导，以贯彻落实党中央、省委和晋能集团党委决策部署为主线，以党的政治建设为统领，紧紧围绕晋能集团“1366”发展战略和公司战略目标、战略定位、战略步骤，聚焦新基建、新技术、新材料、新装备、新产品、新业态“六新”，深入践行“人本、安全、绿色、诚信、创新、效益”的发展理念，统筹推进电网建设、脱贫攻坚、清洁发展、提质增效、深化改革等各方面工作，全面推动观念转型、方式转型、路径转型、动力转型、机制转型、管理转型，精益管理、精准投入、精耕细作，努力建设现代化主动式智能电网，建设党和政府放心，人民群众满意的电网企业。

四、重点工作

（一）加强电网建设，网架结构明显改善

电网建设呈现加速度，乡宁220千伏、柳林北山110千伏、兴县城西35千伏等13项电网工程竣工投运。安泽唐城220千伏，方山积翠、中阳暖泉、蒲县乔家湾110千伏，离石小神头35千伏等输变电工程获得核准批复。兴县贺家会110千伏等12项输变电工程列入山西省“十三五”电网建设规划，8项35千伏农网项目顺利启动，交口220千伏、朔州电子城35千伏等项目已具备开工条件。特别是乡宁220千伏变电站的建成投运，对于推动公司电网发展具有重要的里程碑意义，填补了地电系统临汾区域220千伏网架的空白，助力社会经济发展和全面建成小康社会。

（二）加强设备治理，电网运行安全稳定

大力开展设备综合治理，通过运用“治理、调整、再治理、再调整”的循环往复，不断调整治理方案，增强治理的针对性和实效性。实行共性问题统一解决、个性问题具体分析解决的思路，不断提高设备治理水平和健康水平。大力开展防雷害、防鸟害、接地、线路通道、防外力破坏、低值、零值绝缘子、线路三跨和3560型塔大档距、大高差缺陷等线路治理，全年检查、治理输配电线路839条67277基塔杆，消除各类缺陷6790项。大力开展主变故障损坏、主变故障非停、全停设备、安自装置、高压开关柜、变电综自、直流电源系统等变电设备治理，完成了20座变电站光电互感器、综自系统、容性设备绝缘监测的改造和36座变电站直流系统的改造，完善37座变电站备投功能。大力开展低压配电台区、综合配电箱、熔断器、避雷器、表箱和低压线路等治理。通过扎实有效的设备治理，故障停电率持续下降，供电可靠率同比提高了0.2917个百分点，综合电压合格率同比提高1.454%。

（三）加强队伍建设，人才支撑逐步变强

坚持“人才强企”战略，大力实施全民技能提升工程，出台了兼职培训师管理、教育培训管理及考核等办法。各单位优化整合教育培训资源，增配仿真实操设备，选配专兼职教师，增加经费投入，加强实训基地建设。全年投入培训经费801.55万元，开展各类专业培训437期12509人次，其中技能提升培训达2708人次。举办了变电运维、送电线路、电气试验三大专业集中培训班，按季度分别组织开展了装表接电、变电运行、财务管理、安全知识

专业调考。加大职称评审和技能鉴定力度，不断扩大专业技术人才和技能人才总量，230 人取得职业技能等级，通过率达 93%；6 人取得高级职称，6 人取得中级职称，98 人取得初级职称。在全国地方电力企业第二届“地电杯”电力工匠技能大赛上，取得 1 个团体第一名、4 个团体第二名和 1 个团体第三名的好成绩，2 人荣获全国地方电力“优秀工匠”称号。

（四）提升“四个管理”，经营水平明显提高

——提升综合管理。严格执行集团公司“十二项经营管理制度”，以“六精五细”为抓手，大力推进并实施精细化管理。建立健全制度体系，修订了安全、生产、资金、预算、绩效考核等管理制度 73 个。强化财务管理。全年可控费用下降了 5%，财务费用减少了 1162.95 万元。减免企业所得税 424.56 万元。全面预算管理大力推进，有效杜绝了无计划、无预算支出。强化人力资源管理，开展了规范劳动用工和薪酬发放管理自查自纠工作，完成了人力资源系统员工信息采集并上线运行。各单位积极建树标杆，主动对标学习、对标交流、对标互查。各领域一体化信息平台陆续上线运行。管理基础进一步夯实，管理素质、管理水平实现了综合提升。

——提升生产管理。制定了无人值班变电站运维管理补充规定、作业检查卡和技术导则，及线路开关、架空线路运维管理规定，建成了生产在线监测远程管理系统。加强技术监督管理，完成 46 座 110 千伏变电站开关、母线、间隔及主变的试验、35 千伏及以上变电站接地网的测试、110 千伏及以上变压器本体绝缘油的色谱分析和有载开关绝缘油的耐压、水分试验。认真组织开展春检、“迎峰度夏”“雨季三防”等季节性工作，处理缺陷 3802 项。加强调度管理，升级数据网安全技术，优化主干网和接入网方式，积极构建以技术、工作和管理为主体的电力调度运行标准体系。

——提升营销管理。稳步推进星级供电所创建，整改问题 327 个。加快推进电能量信息采集，改造低压户表 41507 户，低压采集覆盖率达 83.55%，专变、台区总表采集成功率、数据自动获取率均超过了 99%。加大营销稽查力度，全年发现违约用电 69 起，查处偷窃电 57 起，挽回损失 129.72 万元；规范电价执行 515 户，规范基本电费执行 45 户，增加收入 3303.55 万元。强化电费清收工作，实现当年电费结零，旧欠电费收回 811.11 万元，完成年度目标的 181.72%。主动参与山西能源革命综合改革，严格落实国家电价政策，积极参与山西电力体制改革，持续深化“获得电力”优质服务专项行动，主

动靠前服务，多元化缴费模式正在形成，微信业务系统即将投入运行，用电营商环境不断优化，居民、非居民、高压客户业务办理平均时长分别压缩了10.8%、23.7%、10.42%。全面清理规范商业综合体转供电行为，切实让每一名终端用户都享受到了实实在在的降价红利。

——提升环保管理。认真贯彻落实企业生态环境保护主体责任，编制了环境保护管理、危险废物管理等办法，公司环保标准化管理从“良好”提升到了“示范”水平。全面组织开展危废暂存间整治工作，签订危废处置协议，所属单位全部通过验收并在集团公司备案，进一步完善了危废物全流程管控体系。积极开展变电站噪声监测工作，严控污染排放。绿色环保理念正加速融入企业发展战略，不断在服务生态文明建设的大局中贡献地电力量。

（五）强化社会责任，国企担当彰显初心

坚持行业扶贫和定点扶贫相结合、脱贫攻坚与乡村振兴相结合。各单位派驻第一书记和工作队队员，扎根扶贫第一线，夜以继日蹲守扶贫点，充分展现了我们的责任担当。通过实施“四个一批”进行精准帮扶，积极帮助发展养殖、运输等产业，发动员工购买了6万余斤的农副产品。重点实施电力扶贫项目，新增农网投资1.5亿元，加快推进农村电网升级改造。规范办理光伏并网业务，编制了《光伏电站并网工作手册》，推动光伏扶贫项目及早落地见效。积极配合各级政府大力推进“煤改电”配套电网改造工程建设，全年投资2000万元。同时，圆满完成各重要节日、重要会议、重要活动的保电任务。3月15日，乡宁县发生山体滑坡，我们以更大的责任、更高的站位，主动投入抢险救援中，全力保护人民群众的生命和财产，获得了党和政府的高度评价。

（六）强化党的建设，党建引领更加凸显

坚持党建工作与业务工作一起谋划、一起部署、一起落实、一起考核。广泛开展“改革创新、奋发有为”大讨论；深入开展“不忘初心，牢记使命”主题教育。认真落实新时代党的建设总要求，党组织标准化建设有序推进，党内政治生活严肃认真，民主决策机制运作规范，党的建设、全面从严治党在基层班组得到有效延伸。深化集中整治形式主义和官僚主义，大力开展机关作风大整顿、漠视侵害群众利益等专项行动，主动为基层减负，给实干让路。全面抓好集团党委巡察、省委巡视整改工作，公司党委、纪委大力开展了党费、违规报销、违反八项规定、违反“四风”问题、违规兼职及投资入股关联企业问题等专项清查清理。强化监督执纪问责，公司纪委组织了 13 批次监督检查，下达各类提醒建议书 62 份，督促整改问题 181 个。全年问责处分 43 人次，组织处理 16 人，政务处分 7 人，免职 2 人，解除劳动合同 2 人。

深入开展群众性精神文明创建活动，凝聚群团组织力量，激发群团组织的生机和活力。积极开展业务培训、演讲比赛、知识竞赛、文体竞技等活动。积极参与志愿服务，广泛开展形式多样、内容丰富的实践活动，彰显了新时代群团工作的新作为和新风貌。2019 年，地电公司首次纳入集团考核，被评为“A”类企业，荣获“模范集体”称号；1 个分公司、4 个班组、11 名职工受到集团表彰；安泽分公司荣获“全国安全文化建设示范企业”称号，柳林、交口、临县分公司荣获“山西省安全文化建设示范企业”称号；乡宁分公司安全管理考核系统被国家版权局授予著作权；公司系统 1 人获得全省“五小”竞赛“创新应用奖”，1 人获得“山西省劳动模范”称号。“郑海军职工创新工作室”连续取得 7 项国家专利，并被省总工会命名为“山西省职工创新工作室”。10 个分公司已获得省级文明单位及省级文明单位标兵称号，精神文明创建成果已成为我们追梦新时代、奋斗新征程的力量源泉。

五、社会责任

（一）安全生产

2019 年，公司认真落实“8＋7”安全认识和安全抓手，严学安规、严守安规、严格到位、严查违章、严治隐患、严肃问责，“333”安全举措扎实推进，“136”安全模式逐渐形成。强化规程意识，修订复审了 80 余个运行规程，员工参与安规培训达 3200 余人次。狠抓“一头一尾”，建立了各级岗位安全责任清单，推动安全挂牌、带班值班、走动式管理、周四安全活动常态化。强化安全监督检查针对性和有效性，旗帜鲜明“反三违”，全年查处违章 58 起。大力开展安全体检、专项行动等安全大检查，推进“防大风险、除大隐患、遏大事故”工作常态化，全年整治隐患 35 项。完善安全绩效考核体系，全面推进安全标准化建设，所属 13 个单位达到了国家电力安全生产二级企业标准分值，“管理无漏洞、现场无隐患、行为无违章、安全无事故”的局面持续巩固深化。

（二）脱贫攻坚

2019 年，山西地方电力有限公司坚决贯彻落实中央、省委关于脱贫攻坚工作的决策部署，紧紧围绕“改革创新、奋发有为”大讨论和“不忘初心、牢记使命”主题教育相关要求，将精准扶贫工作作为一项重要政治任务来抓，在企业改革、转型、发展任务艰巨的背景下，始终把扶贫重任扛在肩头，坚持行业扶贫和定点扶贫相结合、脱贫攻坚与乡村振兴相结合，充分发挥行业优势，加强贫困地区电网建设和改造升级，投入大量人财物，创新方式方法，深入开展定点扶贫，推动精准扶贫工作取得明显成效，为全面打赢脱贫攻坚战奠定了坚实基础。

1. 电网强身，可靠电能释放发展动力

2019 年，公司进一步加快电网建设步伐，农村配电网改造力度持续加强，全面解决了所辖营业区 11 个贫困县区供电设施老旧、供电能力薄弱、机进通电、贫困村通动力电等问题，切实满足贫困地区生产、生活、民生改善及各项脱贫攻坚工程任务要求。电网改造升级后，供电可靠性与户均容量得到了大幅提升，村民们的生活用电有了保障，生产用电也更加可靠。

巩固提升 2018 年中心村改造、机井通电、贫困村通动力电、煤改电等工程，开展工程投运后的运行维护工作；同时积极向省发改委申请农网改造资金向我公司倾斜，2019 年中央预算内投资 3000 万元，全年农网总投资 15000 万元。

继续加强安全监督、资金使用、概预算审批、设计监理、施工设备招投标、物资管理、竣工验收、资料归档、工程决算等工作的全过程管理，提升能控、可控、在控水平，促进项目有序实施。一是根据电网扶贫总体目标和进度要求倒排工期，详细编制工程项目里程碑计划。二是统筹配置建设资源，落实人力、物力、财力保障，完善物资供应和工程保障，确保覆盖项目建设各个环节。三是强化施工现场安全质量监督，严格标准化作业和现场监护，做到“每项工作都有时间节点、每个时间节点都有工作目标”。四是不定期组织现场检查，召开专门会议，督促、协调工程建设过程中有关事项。公司还根据国家及省发改委对农网改造工作要求，在全面总结历年农网改造建设经验的基础上，先后修订了《基建工程管理办法》《农网建设与改造汇编》等一系列管理制度。

“十三五”期间，公司累计投资 10.2716 亿元用于电网建设，提高了供电质量，降低了农配网线损，合理分配了供电范围，使以往存在的电源布局不合理、供电半径长、供电区域划分不平衡等突出问题逐步得到解决。2019 年，公司将去年农网项目建设投资全部完成，并且新增农网建设总投资 1.5 亿元，对所辖区域的 10 个县（区）电网进行了升级改造，更换配电变压器 169 台，惠及 49449 户农村用电户。

目前公司所辖营业区内 11 个贫困县 2333 个行政村全部实现村村通电、村村通动力电，户均容量达到 1.93 千伏安，110 千伏电压等级容载比达到 2.4，为全省脱贫攻坚工作全面推进奠定了坚实的基础。

公司加大资金投入，改善贫困村的电力基础设施，主要解决电力设施重过载问题，满足新增负荷供电，还包括满足帮扶对象搬迁脱贫安置区的配套供电项目、光伏扶贫项目等电网改造升级工程类项目，大大改善了配电网基础设施条件，解决电压质量、结构不合理等问题。

2. 定点帮扶，增强脱贫致富“获得感”

2019 年，公司 11 个扶贫工作队 48 名队员，在各定点帮扶村“深耕细作”，结合定点扶贫村实际，以加强基层党建工作为抓手，以实现村民增收脱贫为主要目标，以基地带动贫困户发展，通过实施产业扶贫、消费扶贫、“两不愁三保障”等重点项目提高扶贫成效，实现建档立卡贫困户整体脱贫，其他农户生活水平进一步得到提升。

实施“四个一批”：根据贫困致贫原因，实施“四个一批”进行精准帮扶。一是扶持生产一批，帮助贷款发展养殖、运输等产业；二是劳务培训输出一批，进行职业技能培训，输出外地就业；三是教育扶贫一批，通过教育扶贫和雨露计划政策进行直接补贴；四是低保、五保兜底一批。对没有劳动能力，生活特殊困难的贫困户进行全面兜底。

在离石，扶贫工作队带领村民采取“规模化、示范户、散养户”相结合的建设方式，开展林下养殖，壮大发展肉牛、山羊等养殖规模；在安泽、蒲县，党员捐款购买连翘苗、优质鸡苗、饲料，为产业扶贫提供第一推动力；在乡宁，党员干部拿出个人资金为贫困户购置新型中蜂养殖蜂箱，并为贫困户连翘、玉米产销提供便利条件，多次组织开展产业发展技能培训与现场指导；在中阳，分公司党支部牵头成立农村专业合作社；在交口，公司利用企业帮扶资金新建平菇大棚、养殖合作社，带动贫困户共同发展。家庭生态农场，青贮饲料加工、肉鸡养殖、核桃红枣种植加工、退耕还林、养牛场等等，多种模式带动贫困户发展产业，加上光伏扶贫发展项目的补贴，不仅贫困户收入明显提高，同时也增加了村集体经济收入，形成了可持续发展产业链。

公司发动党员干部职工购买贫困村农户出产的土豆、粉条、蜂蜜、小杂粮等农产品，共计金额 123646 元。

六、发展分析

一是智能电网的发展要求越来越高。电力行业是技术密集型基础能源产业，随着用电需求日益加大，与电力设施、设备日趋老化矛盾突出，需要电力超前规划、建设、改造，且社会经济快速发展对电网可靠性和电能质量要求不断提高，因此，输配电系统的可靠性已成为规划、设计、运行应首选考虑的因素，同时因生活现代化进程需要电网运行科技化、自动化水平不断快速提高。

对现代电网要求或未来电网的特征可以概括为“可靠、高效、灵活、开放”，在新能源技术、智能技术、信息技术、网络技术不断创新突破的条件下，智能电网将成为电力能源输配电环节发展的必然选择，也会掀起一片智能电网建设热潮。

二是增量配电网政策将对电网企业的发展产生特别大的影响，增量配电业务改革将进入混改试点，山西出台了关于支持民营经济发展的若干意见，民营资本参与的呼声越来越高，一些优质用户或需求潜力大的用户流失已不可避免，同时售电业务的开放将给电网企业经营带来较大的竞争压力。

三是企业盈利压力凸显。随着国家为实体经济让利相关政策的落地，电价持续降低，电网企业盈利水平逐年下降。国家将全面放开经营性电力用户用电计划，山西省初步建立起了以“准许成本加合理收益”为基础的独立输配电价机制，对电网企业的监管模式由过去核定购销差价转变为以企业有效资产为基础，对成本、收入和价格的全方位监管，对 14 个战略新兴产业以市场化方式提供每千瓦时 0.3 元的电价，电网企业利润空间逐年缩小，经济效益保障难度持续加大。

四是企业社会责任越来越大，供电辖区基本都处于贫困地区，绝大多数是居民用户，居住分散，供电面积广、线路长、负荷时段差异大、运行维护成本高，保底服务、用户“获得电力”任务艰巨；所辖区域承担的扶贫攻坚、光伏脱贫、煤改电以及当地社会发展需要的重点项目、重点工程任务的责任越来越大，安全、管理、服务、效益等方面的问题也越来越突出。

七、政策建议

（一）强化政策支持

强化政策支持，激发市场活力，促进电力行业新动能蓬勃发展。一是在财税、土地、运营等方面加大政策扶持力度，扶持新兴产业、新业态、新模式持续健康发展。二是规范新产业、新业态相关标准体系建设，及时避免行业无序盲目发展造成大量资源浪费。三是加强电力信用体系建设，形成良好的制度机制和社会环境。四是加强综合能源服务、储能、电动汽车充换电设施等产业联通平台建设，打造能源与信息服务有机融合的新业态新产业。

（二）加强基础研究

加强基础研究，开展项目联合攻关，推动电力技术创新突破。一是产学研持续开展联合攻关，尽快在发展瓶颈及战略性技术方面取得突破。二是充分发挥企业创新的主体作用，健全创新机制，鼓励企业积极创新研究。三是加强知识产权保护，为创新成果提供强有力的制度保障。四是尽快出台促进科技成果转化的实施细则，完善激励机制。

分报告二

陕西地方电力发展报告

陕西省地方电力（集团）有限公司（以下简称“陕西地方电力”或“公司”）是省属大型国有企业，注册资本 100 亿元，承担着省内 9 市 70 个县（区）的供电任务，业务范围涉及电力供应及其相关服务、综合能源服务、资本运营等领域，是陕西电力市场的重要主体和能源产业的新兴力量。

公司成立 30 年来，始终以服务全省经济社会发展为己任，坚决贯彻落实国家和陕西发展战略，积极履行“为人民，供好电”的企业使命，锐意改革，创新发展，供电主营业务迅猛发展，供电面积达 14.25 万平方千米、占全省供电营业区面积的 76%，供电人口 2000 万、占全省人口的 51%，用电客户 725 万户。

2019 年，陕西地方电力面对各类风险挑战不断上升的复杂局面，坚持以稳增长、促改革、谋发展为主线，持续深化改革创新，不断夯实发展基础，聚力提质增效，加快转型升级，坚定不移迈出高质量发展新步伐。

一、发展基础

（一）区域经济环境

2019 年，陕西省坚持稳中求进工作总基调，坚持新发展理念，坚持以供给侧结构性改革为主线，紧扣追赶超越定位和“五个扎实”要求，统筹做好“六稳”工作，大力发展“三个经济”，科学谋划、积极作为、精准施策，确保了全省经济持续健康发展，全年呈现经济企稳回升、结构持续优化、发展活力增强、高质量发展稳步推进的良好态势，如图 5-1 所示。

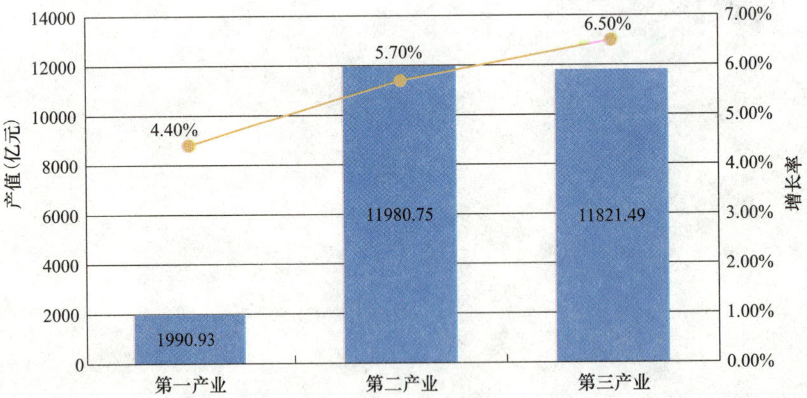

图 5-1　2019 年陕西省产业产值及增长率

2019 年陕西实现生产总值 25793.2 亿元，比上年增长 6.0%。其中，第一产业增加值 1990.93 亿元，增长 4.4%；第二产业 11980.75 亿元，增长 5.7%；

第三产业 11821.49 亿元，增长 6.5%。

从主要行业看，采矿业增加值比上年增长 5.2%，制造业增长 4.7%，电力、热力、燃气及水的生产和供应业增长 9.5%；能源工业增加值增长 5.9%，非能源工业增长 4.7%；六大高耗能行业增加值增长 4.8%；高技术制造业增加值增长 11.1%。

（二）行业发展状况

2019 年，是近年来陕西省经济下行压力较大的一年，能源消费与生产面临双重压力，负重前行，在原油、天然气、电力等能源产品的强劲支撑下，全省能源经济继续发挥全省国民经济压舱石的作用。全年规上工业累计发电量 2118.61 亿千瓦时，同比增长 14.1%。其中，新能源产量中，全省规模以上风力发电量 70.49 亿千瓦时，同比增长 10.1%，太阳能发电量 51.72 亿千瓦时，同比增长 7.1%，均保持较快速度增长。

全省全社会用电量保持平稳低速增长，进入 9 月以后各行业用电增速开始加快。分行业来看，农林牧渔业和城乡居民用电低位运行，服务业和建筑业保持较快增长，工业前低后高，全年保持平稳增长。

2019 年，全省全社会累计用电 1682.82 亿千瓦时，同比增长 5.6%，其中农林牧渔业用电 36.85 亿千瓦时，同比下降 4.2%；工业用电 1031.18 亿千瓦时，增长 5.4%；建筑业用电 34.92 亿千瓦时，增长 9.8%；服务业用电 317.69 亿千瓦时，增长 11.2%；城乡居民生活用电 262.19 亿千瓦时，增长 1.1%。随着全省经济发展质量提高，全年服务业用电量增速高于工业用电量增速 5.8 个百分点，服务业增加值增速较工业增加值增速高 1.4 个百分点，对 GDP 的贡献率达 45%以上，高于工业 8 个百分点，如图 5-2 所示。

信息传输、软件和信息技术服务业用电量高速增长，同比增长 12.4%，其中软件和信息技术服务业增长 20.2%，互联网和相关服务增长 13.7%。工业行业中，计算机、通信和其他电子设备制造业用电量也保持高速增长，同比增长 14.1%，高于工业用电增速 8.7 个百分点。

截至 2019 年年底，陕西省累计建成可再生能源（风电、光伏、生物质）发电装机 1485 万千瓦，位居全国第 13 位，占全省电力总装机的 30.6%。

（三）电力改革进展

2018 年 11 月，国家能源局发布《国家能源局综合司关于健全完善电力现货市场建设试点工作机制的通知》，提出建立协调联系机制、信息报送机制等措施，以推动我国电力现货市场建设试点尽快取得实质性突破，并将第一批试点地区开展现货试点模拟试运行的时限调整为 2019 年 6 月底，2019 上半年完成模拟试运行。进入 9 月份以来，我国首批 8 个电力现货市场试点，纷纷启动连续结算试运行。

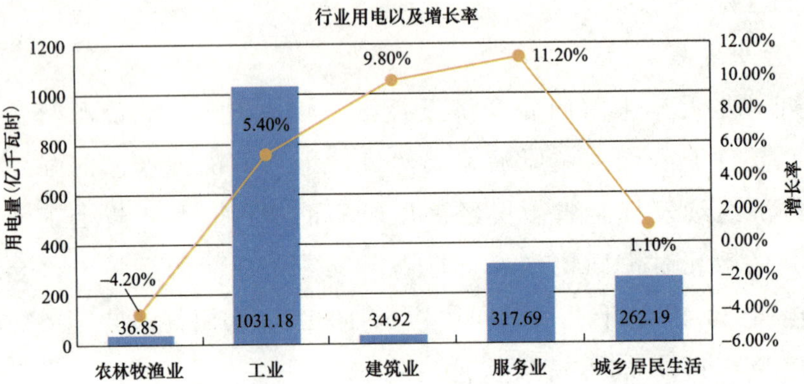

图 5-2　2019 年陕西省行业用电及增长率

近年来陕西省共获批了 19 个增量配电网项目。第一批（2016 年）增量配电网试点名单中陕西共 5 项，第二批（2017 年）增量配电网试点名单中陕西共 5 家，第三批（2018 年）增量配电网试点名单中陕西共 7 家，第四批（2019 年）增量配电网试点名单中陕西共 2 家。截至 2019 年底，全国四批总共申报 404 个增量配电网试点，由于项目工程进展等原因取消 24 个试点，合计共 380 个试点。

根据 12 月初中小配电企业发展战略研究中心发布的《增量配电发展研究白皮书 2019》，目前有 202 个试点项目完成规划编制，233 个试点项目完成业主优选，130 个试点项目确定供电范围，106 个试点项目取得电力业务许可证（供电类），75 家业主单位注册成为售电公司。分地区评估结果显示，河南、新疆兵团、广西和江苏四省区改革推动成效显著。

2019 年一般工商业电价再降 10%。3 月 5 日，李克强总理在作政府工作报告时提出，2019 年深化电力市场化改革，清理电价附加收费，一般工商平均电价再降 10%。

2019 年 5 月 20 日，国家发改委、能源局公布了 2019 年分布式发电市场化交易试点名单，26 个试点区域集中在湖北、河南、山西、黑龙江、天津、江苏、宁夏、河北、陕西和安徽等 10 省份，总量限额为 165 万千瓦。

2019年6月27日，国家发展改革委发布《全面放开经营性电力用户发用电计划有关要求的通知》，明确经营性电力用户的发用电计划原则上全部放开，提高电力交易市场化程度。

截至2019年12月23日，湖南、云南、冀北、冀南、陕西、重庆、新疆、湖北、辽宁、吉林、宁夏、贵州和四川等12个地区宣布全面放开经营性电力用户参与电力市场化交易，不再受电压等级和用电量限制。

二、企业概况

（一）组织架构和业务单元

陕西地方电力公司组织架构图如图5-3所示。

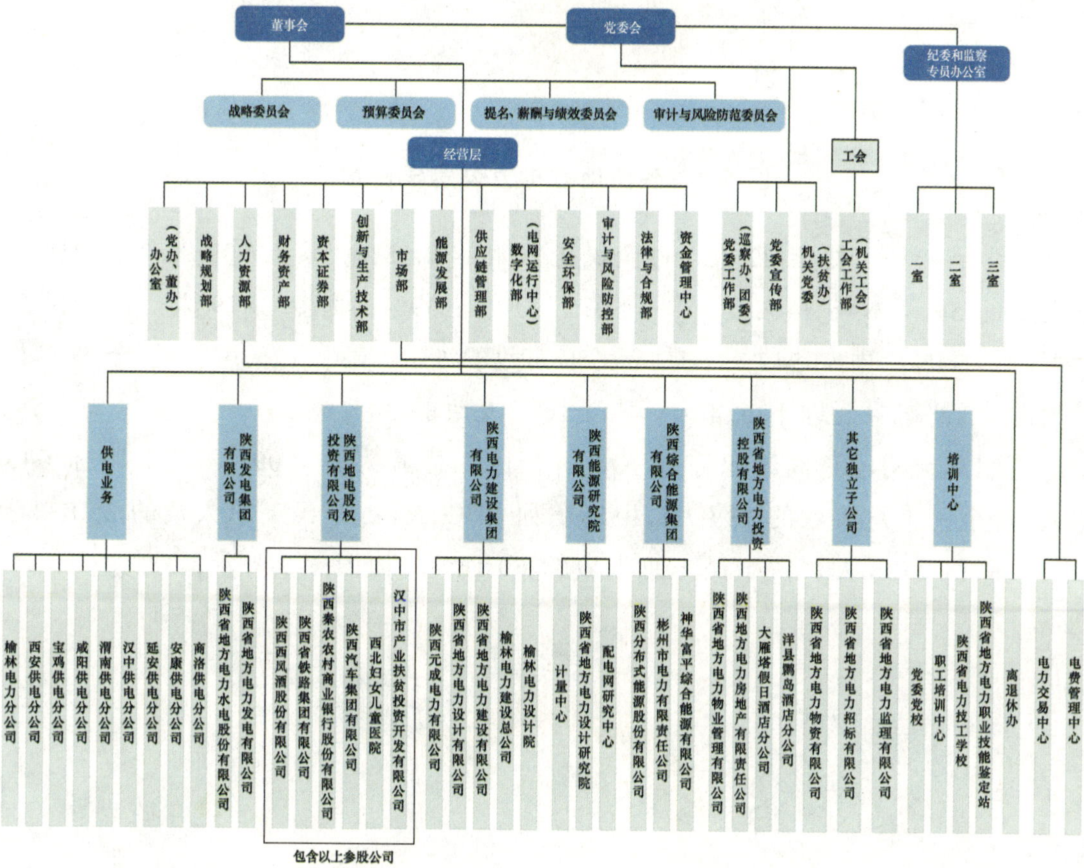

图5-3　陕西地方电力组织架构图

（二）人力资源

公司员工由合同制员工和低压运维工两部分构成，现有员工21693人，其中，合同制员工13721人，低压运维工7972人。集团公司供电业务从业人员 18342 人，占系统员工总数的 84.55%；其他业务从业人员 2351 人，占系统总人数的 15.45%。现有离退休人员 4844 人，与在职员工比例为 1:4.48，如图 5-4 所示。

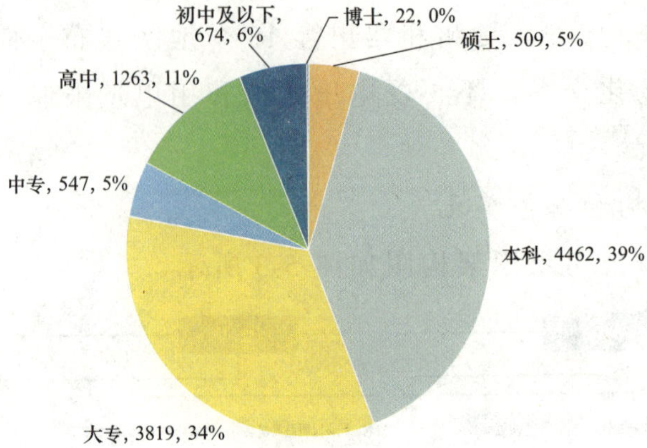

图 5-4 陕西地方电力公司学历情况

学历结构：博士 22 人，占全民工人数的 0.18%；硕士 509 人，占全民工人数的 5%；本科 4462 人，占全民工人数的 39%；大专 3819 人，占全民工人数的 34%；中专 547 人，占全民工人数的 5%；高中 1263 人，占全民工人数的 1%；初中及以下 674 人，占全民工人数的 34%。

职称结构：正高级职称 4 人，占全民工总人数的 0.09%。高级职称 645 人，占全民工总人数的 13.92%，中级职称 1197 人，占全民工总人数的 25.83%。初级职称 2788 人，占全民工总人数的 60.16%，如图 5-5 所示。

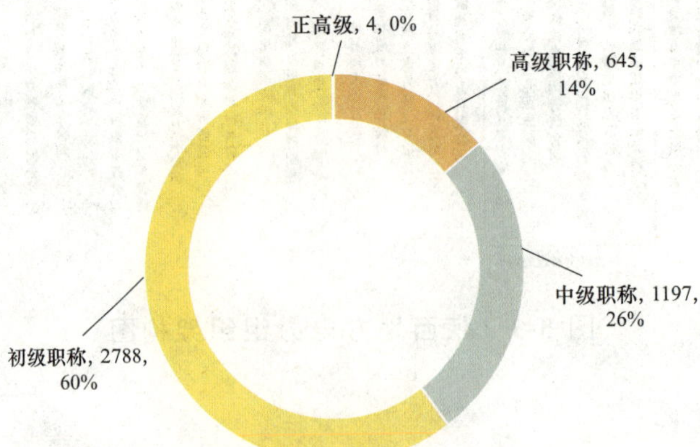

图 5-5 陕西地方电力公司员工职称情况

技能结构：高级技师 92 人，占全民工总人数的 0.76%。技师 2147 人，占全民工总人数的 17.62%。高级工 3593 人，占全民工总人数的 29.49%。中级工 1742 人，占全民工总人数的 14.3%。初级工 598 人，占全民工总人数的 4.91%，如图 5-6 所示。

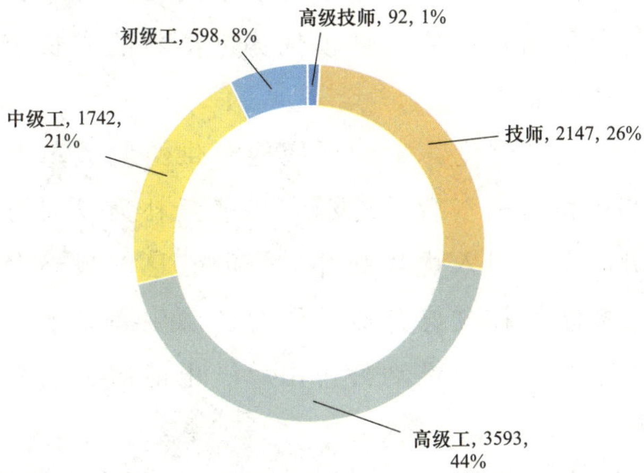

图 5-6　陕西地方电力公司员工技能情况

三、发展理念

以习近平新时代中国特色社会主义思想为指导，全面贯彻党的十九大和十九届二中、三中、四中全会精神，贯彻省委十三届六次全会精神，紧紧围绕“135”战略思路，坚持稳中求进工作总基调，以党的建设为统领，深化企业改革创新，推动公司转型升级，优化资本产业布局，巩固提升供电业务，打造以电能为核心的产业集群，建成一流电力投资控股型集团，努力实现高质量发展新目标。

——实现电源基础稳固化。践行国家能源战略“四个革命、一个合作”要求，进一步深化与国网陕西省电力公司合作，力促差异化发展，培育更具活力的省级电力市场；进一步强化与国内大型发电企业的战略合作，实现电源与电网双向优势互补；进一步加快内部发电业务整合，实现资源高效利用与集约管理，为供电业务提供有力支撑。

——实现电力供给智慧化。以建设“安全可靠、优质高效、绿色低碳、智能互动”的国内领先、国际一流坚强智能电网为目标，科学谋划电网发展，促进区块链、大数据、云计算等技术普及应用，着力构建数字化、信息化、智能化用电服务体系，促进电网与互联网深度融合，推动公司电网向能源互联网升级。

——实现关联业务集约化。优化公司产业布局，开展电力建设关联业务板块重组整合，提升规范化、专业化管理水平。探索全过程工程咨询服务模式，积极发展电商物流产业，培育电力建设全流程综合服务能力。依靠全产业链闭环服务形成竞争高点，依托规模优势创造新的成长空间，增强市场竞争力，拓展新的支柱产业。

——实现综合能源平台化。主动适应能源供给侧改革及国家电力体制改革的新要求，以“互联网＋”智慧能源和多能互补为发展方向，以配售电和运维服务业务为切入点，引入优势互补、资源共享的战略合作伙伴，构建以电能服务为基础，多能互补友好开放的综合能源生态系统，打造以电能为主导的综合能源增值服务平台，推动公司由单一电能服务商向综合能源服务商转型。

——实现资本运作专业化。以产权为纽带，以国有资产保值增值为目标，通过投资与资产管理等业务组织实施资本运营，产融结合，优化国有资产配置，放大国有资本功效，支撑实业价值创造，实现生产要素的合理流动，提高国有资本的整体运营效益。

四、经营业绩表现

2019 年，公司完成售电量 463 亿千瓦时，实现营业收入完成 238.36 亿元，同比增长 3.08%；实现利润总额 14.57 亿元，同比增长 11.23%；净资产收益率 8.72%，同比增加 0.29 个百分点；成本费用利润率 6.12%，同比增加 0.43 个百分点；全员劳动生产率 47.7 万元/人，同比增加 0.9 万元/人。资产规模达到 309 亿元，持续领跑国内地方电网企业方阵。2019 年公司“致力于成为受尊重的现代化能源服务商”，坚持党建引领，加快转型升级，实施产业协同，着力形成电能集群、综合能源、资本投资三大发展格局，业务范围扩展至新能源开发、综合能源利用、股权投资、能源研究等领域，公司资本进入铁路、金融、医疗、装备制造等多个行业，显现出市场化改革和高质量发展的良好态势。

五、电网建设

2019 年完成投资 24.86 亿元，35—110 千伏电网建成“76 站、3316.65 兆伏安，77 线、1176.75 千米”，新增生产能力“52 站、1882.65 兆伏安，49

线、548.65 千米”；10 千伏及以下电网建设改造线路 6352 千米，新增配变 5739 台、849 兆伏安。公司 110 千伏变电站突破 200 座，各县、重点乡镇、工业园区 110 千伏变电站覆盖面进一步提升，重要客户、重点区域实现“N-1”供电。电源接入加速推进，取得 110 千伏变电站原则同意接入 24 项，完成接入系统设计 17 项，接入运行 15 项。

2019 年，新、改、扩建变电站 80 座，主变 99 台，新增主变容量 1986.7 兆伏安；退运 35 千伏主变 4 台、容量 20.6 兆伏安。其中：新建投运变电站 18 座（110 千伏/15 座，35 千伏/3 座）、主变 32 台、新增主变容量 918.5 兆伏安，扩建变电站 33 座（110 千伏/22 座，35 千伏/11 座）、主变 34 台、新增主变容量 824.8 兆伏安，改造变电站 29 座（110 千伏/6 座，35 千伏/23 座）、主变 33 台，新增主变容量 243.4 兆伏安。35—220 千伏运行线路新增 53 条、581.6 千米，其中 110 千伏线路新增 39 条、421 千米，35 千伏线路新增 16 条、160.6 千米，如图 5-7 所示。

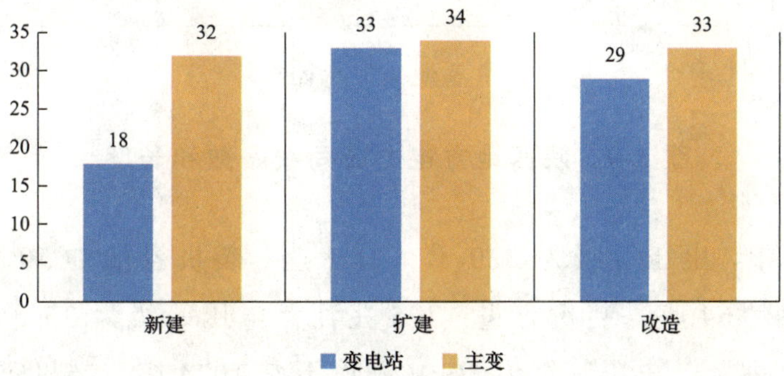

图 5-7　陕西地方电力公司新建、扩建、改造计划情况

至 2019 年年底，集团公司共有变电站 561 座，比 2018 年底增加 17 座，主变 1027 台/17309.05 兆伏安，增加容量 1966.1 兆伏安。

六、装机规模

截至 2019 年底，公司电网内共有并网电厂（站）1229 座（不含 0.4 千伏接入光伏），总装机容量 8260 兆瓦，35kV 及以上电压等级并网电站较 2018 年底增加 8 座，增加容量 271.19 兆瓦（火电 3 座、120 兆瓦，风电 1 座、100 兆瓦，水电 1 座 2.63 兆瓦，光伏电站 3 座 48.56 兆瓦），其中：火电 89 座，装机 5301 兆瓦；水电站 453 座，装机 550 兆瓦；风电场 13 座，装机 852 兆瓦；光伏电站 674 座，装机 1557 兆瓦；10 千伏以下并网分布式光伏 5526 户、装机 103.321 兆瓦，如图 5-8、图 5-9 所示。

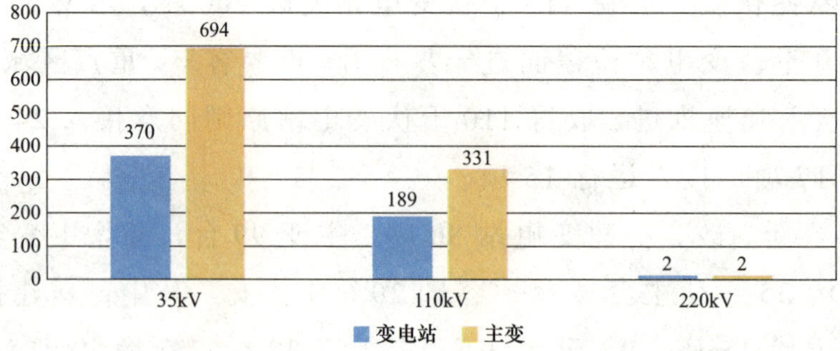

图 5-8　陕西地方电力公司变电站和主变数量

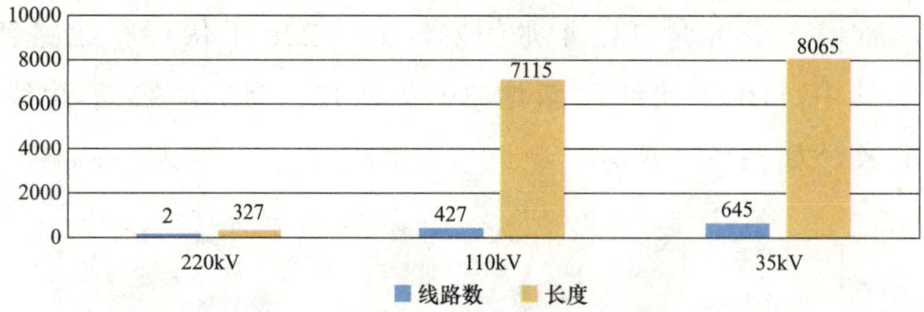

图 5-9　陕西地方电力公司线路数和长度

并网电厂中，电压等级为 220 千伏有 1 座，装机容量 1650 兆瓦；电压等级为 110 千伏有 64 座，装机容量 4795 兆瓦；电压等级为 35 千伏有 90 座，装机容量 1014 兆瓦；电压等级为 10kV 及以下有 1074 座，装机容量 801 兆瓦，如表 5-1、图 5-10、图 5-11 所示。

表 5-1　　　　　　　　并网发电厂概况

单位	总容量		
	座数	台数	容量（兆瓦）
集团公司	1229	2094	8259.75
榆林	369	504	7003.00
咸阳	100	131	126.26
延安	103	278	281.31
渭南	44	64	158.53
宝鸡	141	205	102.35

续表

单位	总容量		
	座数	台数	容量（兆瓦）
汉中	202	351	238.26
西安	34	67	88.04
安康	149	328	213.64
商洛	87	166	48.36

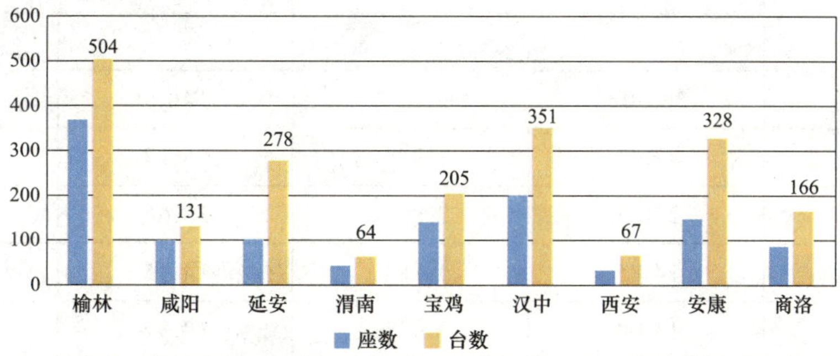

图 5-10　各地区数量情况

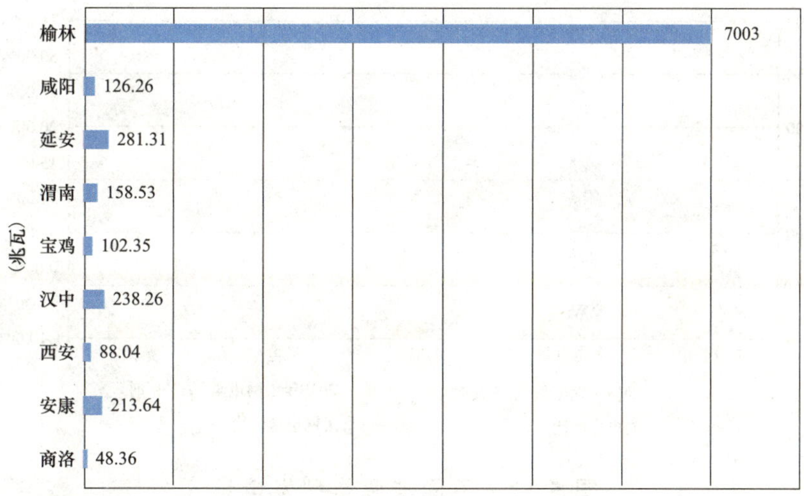

图 5-11　各地区容量情况

七、发电业务

2019 年，集团公司并网电厂总发电量 383.1 亿千瓦时，同比增长 3.1%；总上网电量 140.5 亿千瓦时，同比增长 4.8%。其中，公用电厂发电量 126.8 亿千瓦时，上网电量 106.8 亿千瓦时；自备电厂发电量 256.3 千瓦时，上网电量 33.7 亿千瓦时，如表 5-2 所示。

新能源发电量 28.2 亿千瓦时，同比增长 8.9%；新能源发电占比 7.3%，同比增长 0.4%。新能源弃电量 1.7 亿千瓦时，同比降低 34.4%；弃电率 5.8%，同比降低 3.4%。其中弃风电量 0.6 亿千瓦时，弃风率 4.4 %，同比降低 7%；弃光电量 1.1 亿千瓦时，弃光率 6.9 %，同比降低 3%，如图 5-12 所示。

表 5-2　　并网电厂发电量

电源类型	2019 年发电量（亿千瓦时）		2019 年上网电量（亿千瓦时）	
	年度	同比	年度	同比
集团公司	383.07	3.12%	140.5	4.81%
火电公用	83.69	1.99%	65.17	-5.47%
火电自备	256.3	2.88%	33.66	28.92%
水电	14.85	1.78%	14.35	1.99%
风电	13.04	3.00%	12.57	3.03%
光伏	15.19	16.49%	14.75	15.87%

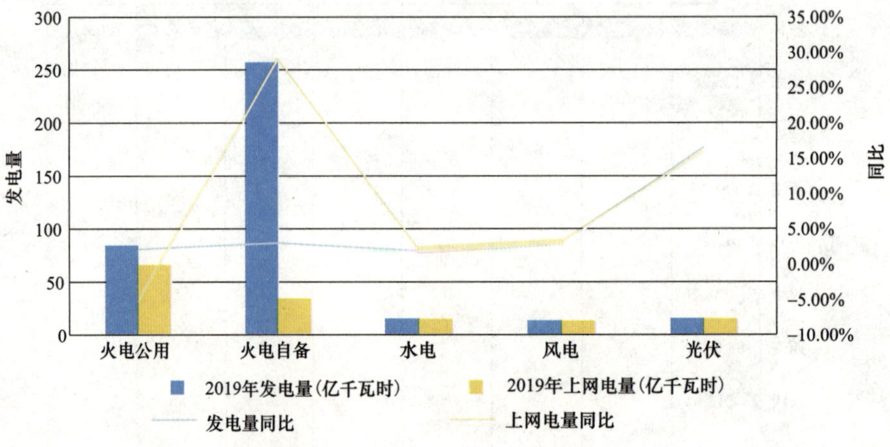

图 5-12　不同电源类型发电量

八、供电服务

电力供应：2019 年，公司电网日最大统调负荷 1029 万千瓦，同比增长 5.32%；日最大供电负荷 738 万千瓦，同比增长 3.51%。加强厂网调度管理，深入开展经济调度，保证新能源上网电量的最大化消纳，弃风弃光率下降到 5.8%，如表 5-3、图 5-13 所示。

供电量结构：

表 5-3　　2019 年各分类购电量统计表　　单位：亿千瓦时

项目		2019 年
总计		485.81
省公司		311.49
小火电		95.45
小水电		14.18
风电		13.01
光伏		18.94
其它（市与市，县域之间互供）		0.35
省内合计		453.43
山西网	山西网	6.44
	山西其他	4.27
	小计	10.71
宁夏网		6.96
内蒙网		14.71
甘肃网		0.00
外省合计		32.38

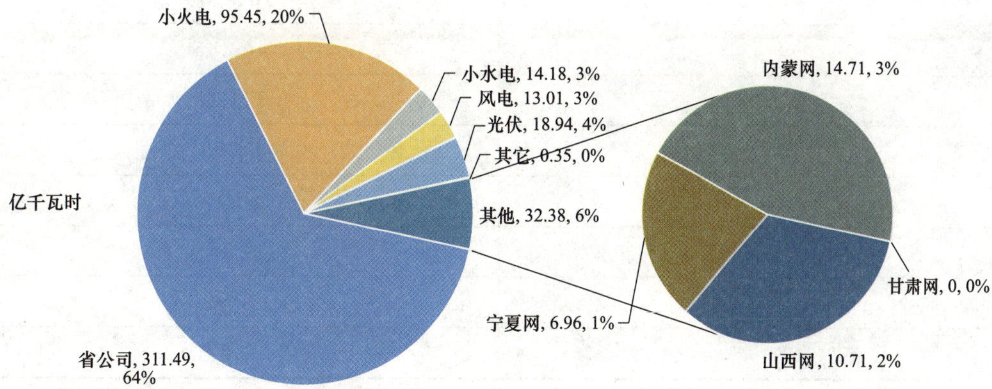

图 5-13　各分类购电量情况

电力消费：2019 年完成售电量 462.86 亿千瓦时，同比增长 6.54%。

供电质量：电网运行指标持续向好，压用户平均供电可靠率（RS-3）为 99.71%，同比上升 0.01 个百分点，用户平均停电时间 24.95（AIHC-3）小时/户，同比下降 1.04 小时；综合电压合格率 98.63%，较计划持平，同比上升 0.01 个百分点。其中：A 类电压合格率完成 99.1%，B 类电压合格率完成 98.65%，C 类电压合格率完成 98.64%，D 类农村电压合格率完成 97.24%，D 类城市电压合格率完成 97.87%。综合线损率 4.72%，较计划下降 0.57 个百分点，较去年同期下降 0.4 个百分点，其中：220 千伏线损完成 1.5%，较计划上升 0.2 个百分点；110 千伏线损完成 1.75%，较计划下降 0.45 个百分点；35 千伏线损完成 1.56%，较计划下降 0.55 个百分点，如图 5-14、表 5-4 所示。

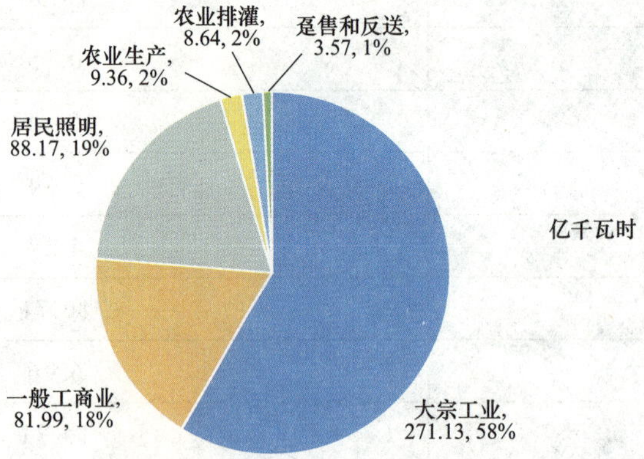

图 5-14　各分类售电情况

表 5-4　　2019 年各分类售电量统计表　　单位：亿千瓦时

项目	2019 年
合计	462.86
大宗工业	271.13
一般工商业	81.99
居民照明	88.17
农业生产	9.36
农业排灌	8.64
趸售和反送	3.57

客户服务：推进大客户与发电企业直接交易，节省客户用电成本 1.76 亿元。严格执行“一般工商业平均电价再降低 10%”政策，减少企业用电成本 2.9 亿元。投入配套资金 0.53 亿元，实施低压客户“三零”服务，提升用户

“获得电力”指标。积极配合国家能源局检查，启动“专项整治漠视侵害群众利益、持续优化用电营商环境服务提升年”活动。推广网上营业厅业务办理，手机 APP 注册率达到 82.12%，互联网支付占比达到 56%。实现智能电能表全覆盖、全费控、全采集。提前完成居民小区 145.19 万户智能电能表改造任务，受到省住建厅表扬。启动星级供电所建设，7 个供电所被评为“中国最美供电所”。

九、创新发展

加强信息化建设，集成贯通、融合提升管理水平，以“集成贯通”促进公司经营管理现代化，在人力、财务系统基础上，上线运行资产管理系统，实现对人财物的集中管控，统一公司资产实物管理和价值管理，覆盖资产全生命周期的各个阶段，打通了“资产-财务-资金”数据链，促进了业务和财务的一体化。以“互联网＋”引领客户服务多元化，在营销管理、集采负控、密钥发卡等系统的基础上自主研发多元化缴费平台，率先实现远程下发电费数据到本地费控智能电表，改变了传统持卡购电、刷卡用电的方式，彻底解决了客户缴费不便的问题。以“两化融合”推动电网生产运行智能化，建成配网自动化系统通过与配网 GIS 系统交互，在电网发生故障后，能够实现故障快速定位和隔离并恢复非故障区域供电，缩短了故障查找和抢修时间，提高了供电可靠性。随着公司信息化建设不断发展，公司已经启动大数据、云计算和移动计算研究工作，深化资源共享和业务协同。在现有体系基础上，建立“全局可视、态势感知、内外兼顾、立体防护”的全新安全体系，持续提升公司网络与信息安全水平。

2019 年公司共获得陕西省科学技术奖二等奖 1 项，三等奖四项。中国电力创新奖 2 项，中国电力行协创新奖 5 项，中国水电质量协会创新奖 6 项。累计授权专利 46 项（6 项发明、39 项实用新型、1 项外观），软件著作权 11 项；申请中专利 19 项。

公司承担的科技厅《基于大数据分析技术的园区综合能源系统研究》项目，为陕西省重点科研项目，已在泾阳县完成示范项目建设。公司申报的省国资委《基于能源互联网的智能配电网关键技术研究与应用推广》专项基金项目，已在三原县建立示范项目，以上项目为申报省级科技进步奖奠定了基础。

全面建成配网自动化系统。建成 70 个县级配网自动化系统，基本实现了配网自动化的全覆盖，全面解决了县调对配网的盲调问题，实现了配网实时运行监控和远程遥控，大部分线路已实现故障定位、故障隔离、负荷转供等馈线自动化功能。建成了覆盖主配网的电网 GIS 系统，实现了电网地理信息的数字化管理。

全面建成安全生产管理系统，严把主配网工程竣工验收新设备电子化移交，及时更新设备台账信息，实现电网设备资产的精细化管理。规范输电、变电、配电设备运维工作全过程管理，从工作计划的安排、执行、终结实现全过程痕迹化管理，全面提高电网设备运维工作质量。

积极探索“互联网＋”发展路径，公司在营销管理、集采负控、密钥发卡等系统的基础上自主研发多元化缴费平台，利用手机 APP 实现了移动互联网支付，解决了客户交费难的问题。率先实现远程下发电费数据到本地费控智能电表，改变了传统持卡购电、刷卡用电的方式，使陕西地电电费管理水平迈上新台阶。

建成了变电站安全生产辅助管理系统，以“智能控制”为核心，对变电站周围环境进行全天候的状态监视和主要辅助系统电气设备“遥控”，实现对视频监控安防系统、在线监测设备、门禁、温湿度传感器、空调、照明、通风风机、安防报警信号、空开等设备监视和远程控制，在省级、市级、县级运维中心实现对所辖前端变电站的监控、管理，大大减轻日常工作人员的工作量，便于及时发现危险隐患，保障安全生产，为变电站无人值守模式提供了完备、可靠的保障。

试点建设配网故障抢修指挥系统，以抢修工单为载体，实现故障信息的有效传递，主动创新型服务模式，实现了故障智能判断—系统自动派单—抢修可视—复电确认的高度自动化、可控化、可视化全新服务模式。实现了应急抢修数字化，极大地提升了供电可靠性和客户服务水平。

变电站智能巡检机器人，无人机巡线项目在榆林、汉中、延安、宝鸡市分公司推广使用，有效降低人工巡检劳动强度，进一步降低运维成本，提高巡检作业和管理的自动化和智能化水平，为设备和电网安全稳定运行提供了有力的技术保障。

移动智能配电台区、预装式配变台区项目从 2018 年开始研制，先后应用于泾阳、礼泉、三原、武功、长武等 10 个县级分公司，并将在公司各市分公司推广应用。经过一年多的实践，移动智能配电台区已成为提高配网供电可靠性。

公司与法国电力开展带电作业技术交流合作，强化带电作业标准和体系建设，配网带电作业技术已在公司19个县级分公司全面实施，带电作业队伍不断壮大，带电作业比例不断提高，公司2019年通过开展带电作业使10千伏带电作业比率达到13%，同比提高5个百分点。配网带电作业防松线夹系统，获得国家知识产权局授予的实用新型专利证书，并获得陕西省质量协会最佳典型经验奖、全国电力职工技术成果奖。

十、社会责任

（一）节能减排

贯彻和落实省委省政府一系列节能减排政策，成立了以公司领导为组长的节能减排领导小组，制定年度节能措施计划，对节能任务进行分解，做好节能减排的协调、监督、检查、控制和考核等工作，同时以合同能源管理方式开展节能服务，引导用户实施节能项目，实现科学用电、节约用电，履行企业社会责任。2019年陕西地电综合节能量为346吨标准煤。

（二）安全生产

2019年，集团公司安全工作紧紧围绕公司高质量发展目标，牢固树立红线意识，坚持问题导向，以强化安全意识、落实安全责任、全面消除安全工作的思想隐患、工作隐患和设备隐患为主线；全面推进安全生产精细化管理，重点抓好强化全员安全责任、推进安全生产标准化建设、开展安全文化建设、加强全员安全培训教育、提升安全监督管理水平五个方面工作。狠抓安全责任落实，强化安全风险管控，深化隐患排查治理，安全生产保持了持续稳定。

（三）改革惠民

加强政企合作，充分发挥资源富集区优势，努力打造电价洼地，服务和促进地方经济发展。依托地方政府支持，积极开展电能替代推广、综合能源服务试点等政企合作项目。推进央地融合，与国网陕西省公司优势互补，差异化发展，与国神集团、国电投集团等联合开展能源开发。促进多方合作，与陕鼓集团、西电集团等合资组建陕西分布式能源股份公司，与引汉济渭、东庄水库、山东中材、陕西环保等企业开展战略合作，积极推进与新疆生产建设兵团的电改合作。西部机场三期综合能源服务、陕西建工园区节能、陕西铁塔分布式供电等合作项目落地。

（四）脱贫攻坚

决战脱贫攻坚，完成光伏扶贫电站接入552座，装机422.39兆瓦，完成

18 个摘帽县 3397 个贫困村电力入户达标认定，贫困村电力入户率和通动力电率均达到 100%。汉中合力团完成投资近 5 亿元，建成项目 10 个，在建项目 10 个，带动当地特色产业发展，惠及贫困户 1694 户。“两联一包”成果显著，澄城县按期顺利脱贫摘帽。全系统帮扶 63 个县、95 个村、5788 户贫困户，累计投入 1804.67 万元，已实现脱贫 4157 户。公司被授予“陕西省助力脱贫攻坚优秀企业”。助力“铁腕治霾”，大力推广清洁能源项目，投资 1.4 亿元完成煤改电配套电网项目 401 项，惠及 46 万用户。加大惠民政策宣传，执行居民峰谷分时电价客户数量同比增加 6.57 万户。安康分公司推进“电化安康”，为推广电能替代探索出新路径，为保卫蓝天做出新贡献。发布第 11 次《社会责任报告》，并荣获“典范奖”。

巩固贫困户电力入户率 100%、贫困村通动力电率 100%；完成 264 座光伏扶贫电站接网工程建设；实施郝家桥美丽宜居示范村建设等农村人居环境整治供电工程；2019 年 18 个摘帽县、3397 个退出村、脱贫户供电达到退出标准。

十一、发展分析

当前，我国正处于“两个一百年”奋斗目标的历史交汇期，回望来路，历经坎坷但成绩前所未有，展望未来，前景广阔但挑战也前所未有。把握好这个历史交汇期，必须深刻洞悉宏观形势中蕴含的机遇与挑战，必须以新的发展思维和发展战略引领方向，必须有迎难而上拼搏进取的勇气与担当，为公司长远发展找准定位，夯实基础，抢抓机遇，乘势而上，开启新时期高质量发展新篇章。

（1）从宏观层面看，经济形势稳中向好，国企改革持续深化。中央经济工作会议指出，当前和今后一个时期，我国经济稳中向好、长期向好的趋势没有变。

与此同时，我国正处在转变发展方式、优化经济结构、转换增长动力的攻关期，结构性、体制性、周期性问题相互交织，增长速度换挡期、结构调整阵痛期、前期刺激政策消化期“三期叠加”影响持续深化，经济下行压力加大。会议要求，加快国资国企改革，推动国有资本布局优化调整，制定实施国企改革三年行动方案，提升国资国企改革综合成效。可以预期，以供给侧结构性改革为主线，企业战略性重组和专业化整合将继续提速。可以预判，国企改革再出发，将在推进混改、加强国资国企监管、增强研发创新能力、强化财务硬约束等重点领域和关键环节，提出更明确的任务和举措。企业间的竞争，将转向企业价值创造能力、自主创新能力和提质创效能力的竞争。

（2）从行业发展看，电改政策全面落地，竞争压力持续增加。全社会用电量保持增长，以电能替代为主要路径之一的能源革命方兴未艾。我国正在全面推进居民采暖、生产制造、交通运输等领域的电能替代，国家发改委《关于推进电能替代的指导意见》提出，到2020年实现能源终端消费环节替代散烧煤、燃油消费约1.3亿吨标煤，带动电能占终端能源消费比重提高约1.5%，促进电能消费比重达到约27%，电力及相关产业正在步入新一轮成长期。与此同时，行业生态正在发生快速变化。在新电改强势推进四年之后，公司面临的经营压力已是前所未有。连续两年降低一般工商业电价、电力交易全面推进、增量配电业务逐步放开，新一轮输配电价下降已是大概率事件。中央经济工作会议再次明确提出“要降低企业用电成本”，降电价仍将是今年的既定任务。电力行业传统业务竞争已成红海之势，多方利益主体的博弈将更加激烈。

（3）从企业自身看，经营风险不断提升，生存危机持续加剧。过去30年，公司依托供电业务，在服务陕西经济社会民生的奋斗历程中，创造了在全国地方电力企业发展史上独树一帜的陕西地电模式。但时至今日，我们成就于供电一业独大的模式，也受限于这个模式。2019年经营数据表明，公司87.85%资产集中于供电业务，93.03%营业收入来自于供电及关联业务，83.33%利润来自于供电板块的少数公司，我们已经形成一种名为集团化经营实则业务单一的高风险产业结构。目前，国内传统电网企业纷纷谋求转型，泛在电力物联网、数字化转型等一批新的发展理念相继提出，旨在打造以电能为基础、以网络为依托的综合能源业务形态。集团公司转型升级的紧迫性更加突显。

各种形势表明，公司单纯依靠宏观经济利好实现规模扩张已无可能，单纯依靠行业繁荣实现快速增长已无可能，单一的经营结构造成的高风险已然成为现实。如何更好地推进集团公司改革创新发展，已经成为我们当前必须深入研究解决的重大课题。我们必须深刻分析自身资源禀赋，客观判断市场形势，采取稳健而积极的发展策略，努力规避风险，不断夯实根基，提升综合实力和市场竞争力，以坚决果敢的态度，以创新有力的举措，谋求新时期高质量发展。

十二、政策建议

（一）市场主体地位。依据《国家发展改革委关于印发〈区域电网输电价格定价办法（试行）〉〈跨省跨区专项工程输电价格定价办法（试行）〉和〈关于制定地方电网和增量配电网配电价格的指导意见〉的通知》（发改价格规〔2017〕2269 号）文件精神，集团公司享有公平参与电力市场交易的主体地位，行使相关的权利，担负对等的责任。作为市场的参与者，集团公司将遵照党和国家对于促进电力市场健康有序发展的政策要求，引导发电侧充分竞争、售电侧有序开放，将优质低价的电力产品报装在优秀贴心的服务之内，呈至终端消费者面前，借此吸引沿海企业落户我省置业投资，积极服务我省“三个经济”发展战略。

（二）电网公平开放。2019 年 9 月，国家能源局发函《国家能源局综合司关于征求〈电网公平开放监管办法〉制定稿（征求意见稿）意见的函》，意在加强电网公平开放监管，规范电网设施开放行为，维护电力市场秩序，保护相关市场主体合法权益和社会公共利益。集团公司作为陕西省的省级电网企业，将会严格遵守修订完善后的正式版《电网公平开放监管办法》，同时也敦促省内其他电网企业也能够同样的严格遵守《电网公平开发监管办法》，依法依规公开接入电网的要求、程序、业务申请受理条件等信息，明确相关业务办理的工作部门、流程、时限、申请材料等，公平无歧视为各类市场主体提供电网接入服务。电网企业应对符合规划建设的联网工程接入提供便利，不得设置障碍，并满足双向互动需求，充分发挥联网效益。

分报告三

四川地方电力发展报告

四川省是我国水力发电、天然气和非水可再生能源大省，在国家“西电东送”“西气东输”能源保障战略中具有重要地位。而蓬勃兴起的小水电和伴随而生的地方电力企业，也在较长历史时期里，承担着盆周山区等广大农村地区的供电服务。改革开放 25 年后，顺应“两改一同价”政策，四川省水电投资经营集团有限公司（以下简称四川省水电集团或省属电网）成立，众多地方电力企业改制加入，并在进入新时期后，借助新一轮电力体制改革的东风，迎来了与其他电力市场主体一起投身能源革命、实现创新发展的历史机遇。在 2019 年里，省属电网锐意进取，攻坚克难，取得了改革发展新成就。

一、发展环境

（一）四川省主要经济社会发展政策

2019 年，四川省坚持以习近平新时代中国特色社会主义思想为指导，全面落实习近平总书记对四川工作系列重要指示精神，深入贯彻党的十九大和十九届二中、三中、四中全会精神，认真落实省委十一届三次、四次、五次、六次全会决策部署，坚持稳中求进工作总基调，坚决落实新发展理念和高质量发展要求，坚持以供给侧结构性改革为主线，全面做好“六稳”工作，大力实施“一干多支、五区协同”“四向拓展、全域开放”等战略部署，坚定应对多重矛盾叠加、多种因素交织的复杂局面，全省经济社会发展取得显著成效，“十三五”规划主要指标完成进度符合预期，全面建成小康社会取得决定性重大进展。

（二）四川省主要深化改革举措

1. 深化营商环境改革

优化民营经济发展环境，全面落实减税降费政策，全年新增减税降费近 800 亿元、惠及 310 多万户市场主体。

2. 深化电力体制改革

制定出台《贯彻落实〈深化四川电力体制改革的实施意见〉2019 年度工作方案》，进一步推动《四川省人民政府关于深化四川电力体制改革的实施意见》(川府发〔2018〕26 号)政策措施落地落实。推进实施四川电力交易中心股份制改造，继续开展水电消纳产业示范区试点，全年减轻全社会用电负担 216 亿元。

3. 推进国资国企改革

推进国企专业化重组和混合所有制改革，实施国企上市企业培育计划。

（三）四川省经济社会发展状况

2019 年，四川省地区生产总值（GDP）46615.8 亿元，按可比价格计算，比上年增长 7.5%。其中，第一产业增加值 4807.2 亿元，增长 2.8%；第二产业增加值 17365.3 亿元，增长 7.5%；第三产业增加值 24443.3 亿元，增长 8.5%。三次产业对经济增长的贡献率分别为 4.0%、43.4%和 52.6%。人均地区生产总值 55774 元，增长 7.0%。三次产业结构由上年的 10.3:37.4:52.3 调整为 10.3:37.3:52.4，如图 6-1、图 6-2、图 6-3、图 6-4 所示。

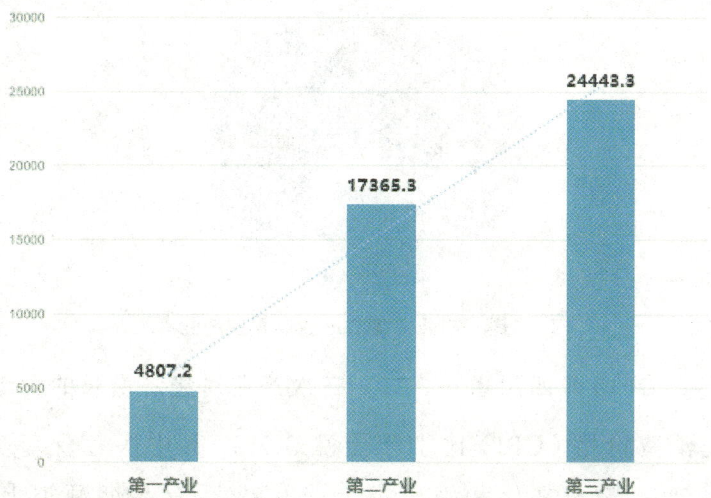

图 6-1　2019 年四川省地区产业增长情况

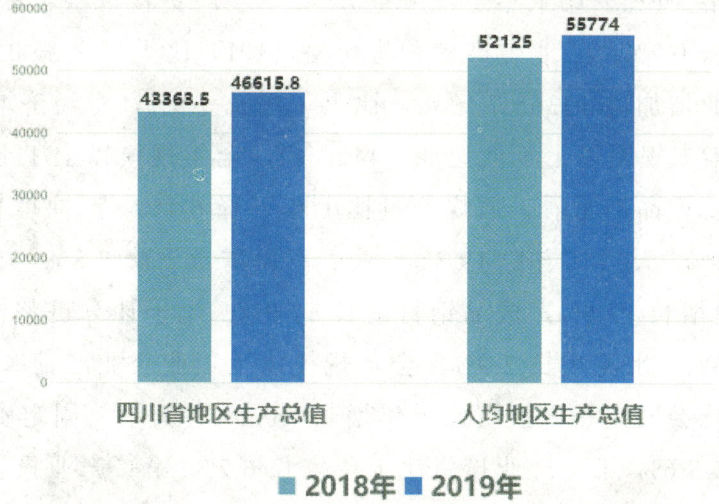

图 6-2　四川省地区生产总值和人均地区生产总值增长情况

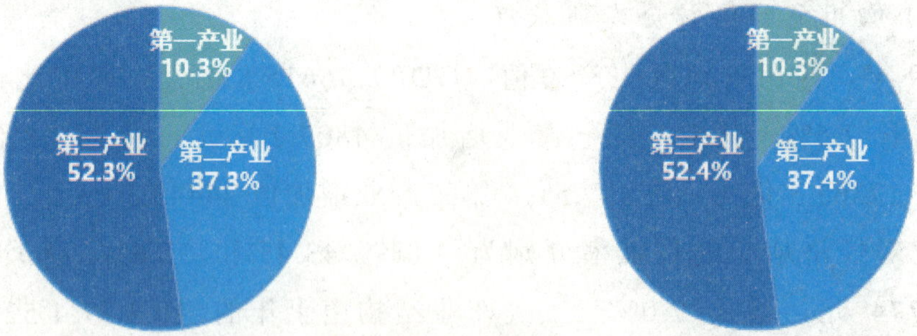

图 6-3　2018 年、2019 年四川省第一、二、三产业结构图

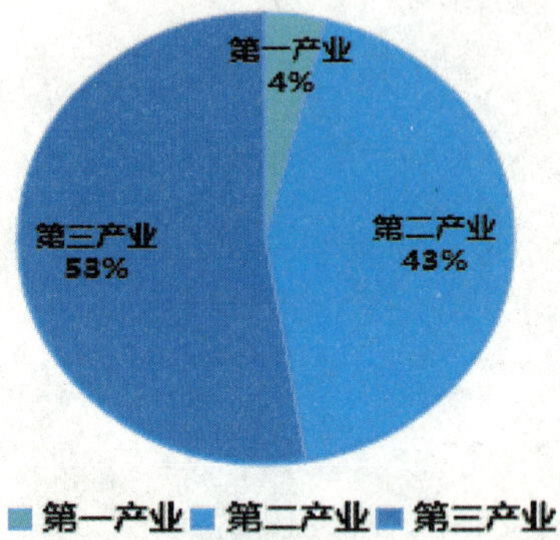

图 6-4　2019 年四川省一、二、三次产业对经济增长的贡献率

全年居民消费价格（CPI）比上年上涨 3.2%，其中医疗保健类上涨 2.8%，居住类上涨 1.5%，教育文化和娱乐类上涨 0.8%，食品烟酒类上涨 8.9%。商品零售价格比上年上涨 2.7%。农业生产资料价格比上年上涨 9.0%。工业生产者出厂价格（PPI）比上年上涨 0.4%，其中生产资料价格上涨 0.2%，生活资料价格上涨 0.7%；工业生产者购进价格（IPI）比上年上涨 0.6%。

全年工业增加值 13365.7 亿元，比上年增长 7.9%，对经济增长的贡献率为 37.4%。年末规模以上工业企业 14426 户，全年规模以上工业增加值增长 8.0%。从主要产品产量看，原煤产量比上年下降 6.1%，汽油增长 44.8%，发电量增长 5.1%，天然气增长 19.3%，铁矿石原矿量下降 2.8%，电力电缆下降 13.2%，啤酒增长 17.0%，成品钢材增长 11.9%，电子计算机整机增长 6.3%，白酒增长 3.6%，水泥增长 2.9%。全年规模以上工业企业产销率为 98.5%。

全年全社会固定资产投资比上年增长 10.2%。其中，固定资产投资（不含农户）增长 8.6%。第一产业投资比上年增长 6.2%；第二产业投资增长 6.9%，其中工业投资增长 7.6%；第三产业投资增长 11.7%。全年制造业高技术产业投资增长 21.3%。

全年地方一般公共预算收入 4070.7 亿元，同口径比上年增长 7.7%，其中税收收入 2888.8 亿元，增长 6.3%。一般公共预算支出 10349.6 亿元，增长 6.6%。

根据 2019 年全国人口变动情况抽样调查资料测算，全年出生人口 89.4 万人，人口出生率 10.70‰；死亡人口 59.3 万人，人口死亡率 7.09‰；人口自然增长率 3.61‰。年末常住人口 8375 万人，比上年末增加 34 万人，其中城镇人口 4504.9 万人，乡村人口 3870.1 万人。常住人口城镇化率 53.79%，比上年末提高 1.5 个百分点。

全年全体居民人均可支配收入 24703 元，比上年增长 10.0%。按常住地分，全年城镇居民人均可支配收入 36154 元，比上年增加 2938 元，比上年增长 8.8%。其中，工资性收入 20479 元，增长 7.6%；经营净收入 4393 元，增长 12.6%；财产净收入 2891 元，增长 7.2%；转移净收入 8391 元，增长 10.6%。城镇居民人均消费支出 25367 元，增长 8.0%。其中，居住支出增长 6.1%，生活用品及服务支出下降 2.3%，交通通信支出增长 2.6%，医疗保健消费支出增长 23.2%。城镇居民恩格尔系数 32.6%。

（四）能源环境

1. 能源消费结构

2019 年，四川省能源消费总量为 16382.2 万吨标准煤，其中，煤品燃料占比 35.9%，油品燃料占比 23.7%，天然气占比 20.7%，一次电力占比 25.6%（扣除占比 9.5%的外送电力后，一次电力消费占比 16.1%），其他能源占比 3.6%，如图 6-5 所示。

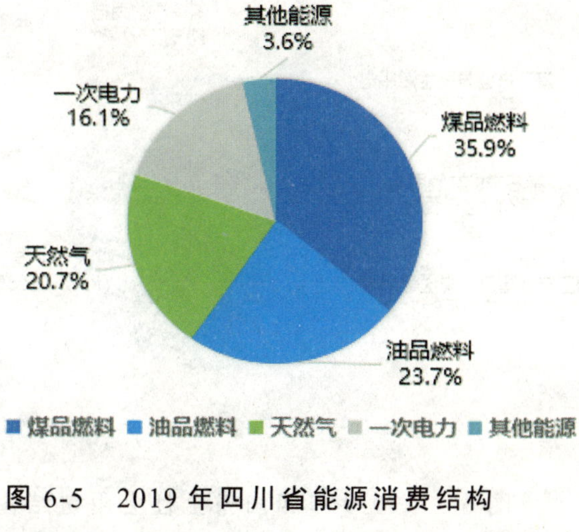

图 6-5　2019 年四川省能源消费结构

2. 电力供应结构

2019 年，四川省发电量 3902.9 亿千瓦时，其中，火力发电 487.5 亿千瓦时，可再生能源发电 3415.4 亿千瓦时（风、光发电占比 2.9%），调入电力 116 亿千瓦时，外送 1383.1 亿千瓦时，如图 6-6 所示。

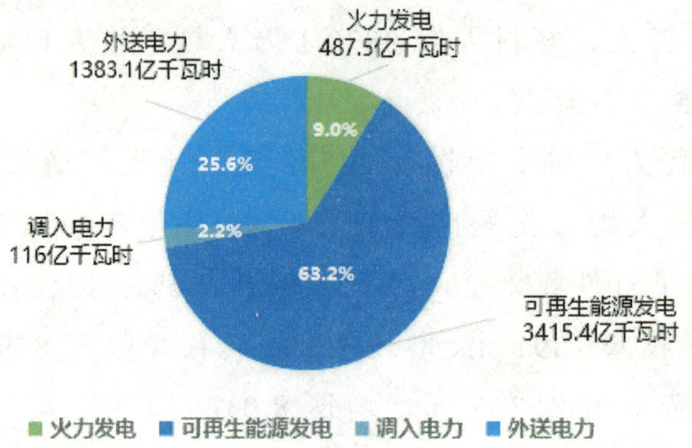

图 6-6　2019 年四川省电力供应结构

3. 全社会用电结构

2019 年，四川省全社会用电量为 2635.83 亿千瓦时，同比增长 7.17%。其中，第一产业（农林牧渔业）18.6 亿千瓦时，第二产业（工业）1635.8 亿千瓦时，第三产业（建筑、交通、仓储、邮政、批发零售、住宿餐饮业）263 亿千瓦时，其他用电 234.7 亿千瓦时，居民生活用电 483.7 亿千瓦时，如图 6-7 所示。

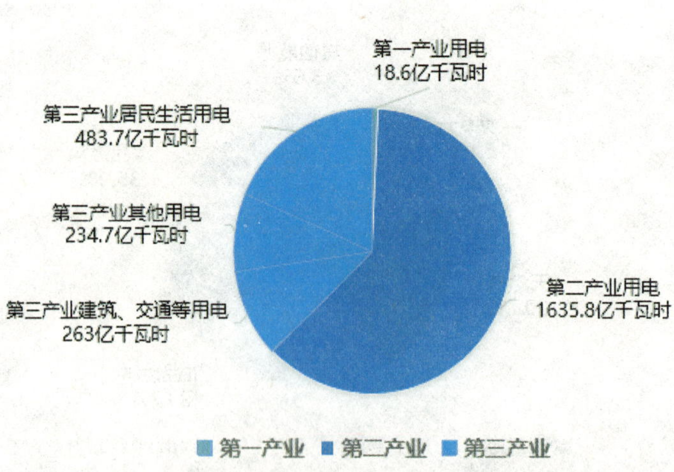

图 6-7　2019 年四川省全社会用电结构

4. 电力市场交易

四川省是全国首批电力现货市场建设试点省份之一，2019年，四川省参与电力交易的市场主体5521家，完成交易电量872.57亿千瓦时，增长22.54%。

5. 降低一般工商业电价

2019年，四川省一般工商业电价累计降低8.495分/千瓦时，降幅11.73%，超额完成“一般工商业电价再降10%”要求，全年减少一般工商业用户电费支出超36.4亿元。

6. 供电市场分布情况

四川省形成了“1+1+5+N”的多元主体供电格局，即：

1家央企（国网四川电力）。供电面积为44.66万平方公里，供电户数为3260.50万户，供区内售电量（含趸售）为2007.05亿千瓦时。

1家省属国企（省属电网，含1家上市公司）。供电面积为6.42万平方公里，供电户数为560万户，供区内售电量为85.08亿千瓦时。

5家上市电力公司。四川广安爱众股份有限公司，乐山电力股份有限公司，四川明星电力股份有限公司，四川西昌电力股份有限公司，四川岷江水利电力股份有限公司。供电总面积为1.32万平方公里，供电总户数为203.23万户，供区内售电总量为99.4亿千瓦时。

N家独立供电企业。10余家县级独立供电企业、多家增量配电网和小水电自发自供企业。供电总面积约1.77万平方公里，其中，九寨沟黄埔电力公司的供电面积最大，约0.53万平方公里；供电总户数约34.72万户，供区内售电量约为50.39亿千瓦时，如图6-8、6-9、6-10所示。

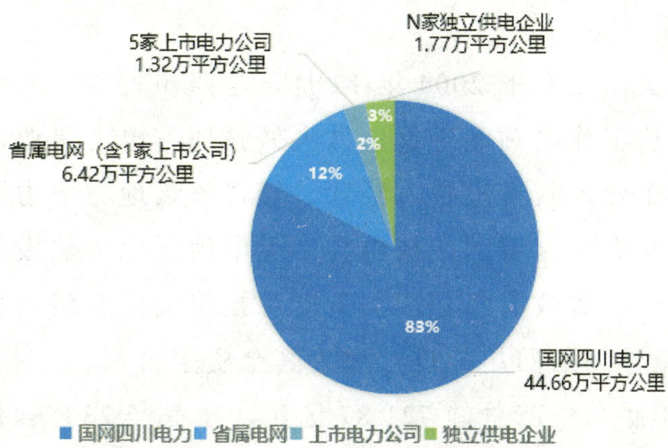

图6-8 四川省电力市场供电面积情况

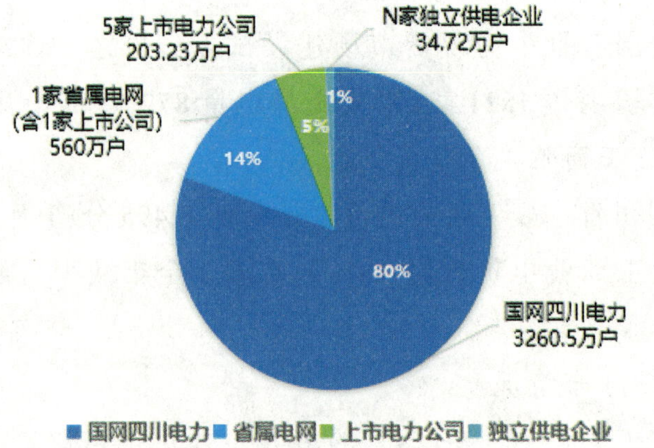

图 6-9　四川省电力市场供电用户情况

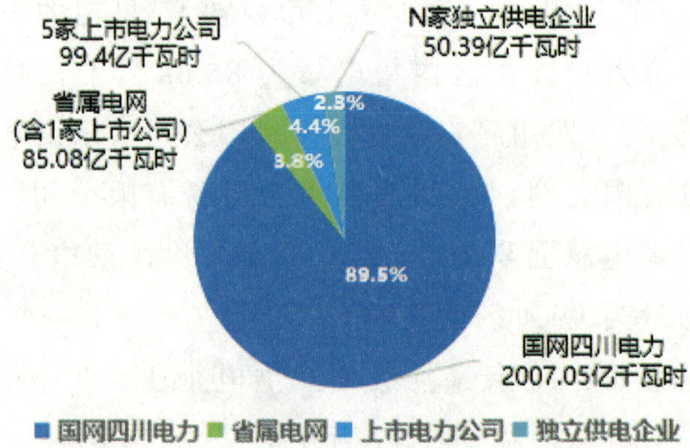

图 6-10　四川省电力市场售电量情况

（五）省属电网发展现状

1. 组织体系

四川省水电集团成立于 2004 年 12 月，是四川省委、省政府为保障和促进农网建设与改造工作的顺利进行，做大做强地方电力事业，决定成立的国有独资大型一类企业，负责投资、经营、管理省级地方电力国有资产，是四川省地方电力系统农网、城网、缺电县、无电地区电力建设项目的总业主。2011 年 2 月 21 日，省政府组建四川省能源投资集团有限责任公司（简称四川能投），公司整体划入四川能投，成为其全资子公司。

截至 2019 年底，资产总额 721.87 亿元，净资产 233.74 亿元。供电面积 6.42 万平方公里、约占全省总面积的 13.23%，供电人口 1800 万人（560 万户）、约占全省总人口的 21.49%。拥有参控股公司 39 家，其中：

17 家全资或控股电网企业总称为省属电网，四川省水电集团建立了对子公司紧密管控的 H 型组织体系，如图 6-11 所示。

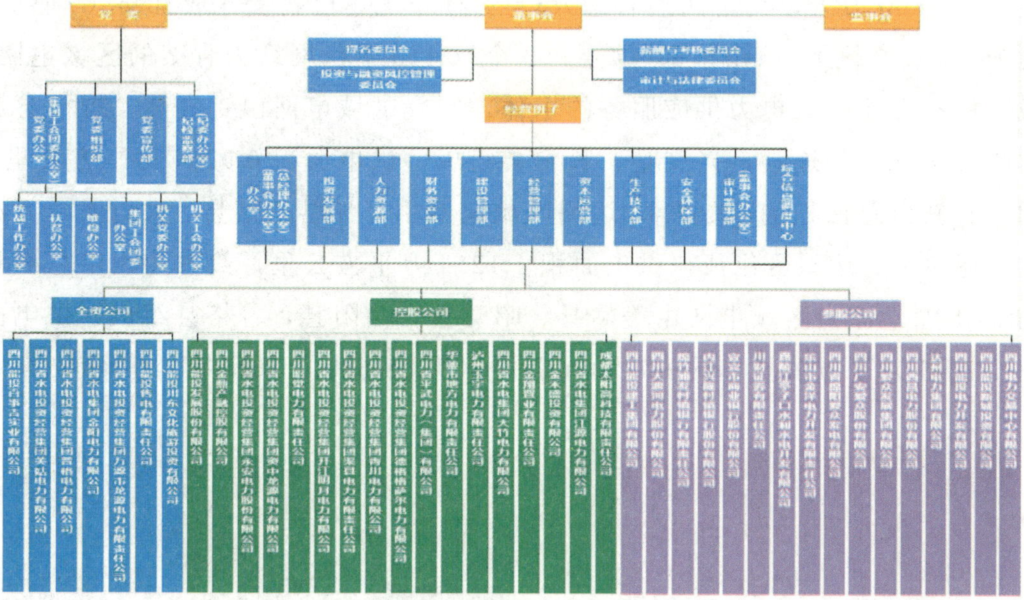

图 6-11　四川省水电集团组织结构图

电网业务子公司 17 家：四川能投发展股份有限公司（以下简称四川能投发展，下辖 6 家县级电网公司）、四川省水电投资经营集团永安电力股份有限公司（以下简称永安公司）、四川省水电投资经营集团渠县电力有限责任公司、四川省水电集团大竹电力有限责任公司、泸州玉宇电力有限责任公司等。

综合能源服务子公司 1 家：四川能投售电有限责任公司（以下简称售电公司）。

金融业务子公司 1 家：四川金鼎产融控股有限公司。

产城融合及房地产业务子公司 3 家：四川能投川东文化旅游投资有限公司、四川金翔置业有限责任公司、四川金禾盛投资有限公司。

IT 业务子公司 1 家：成都太阳高科技有限责任公司（以下简称太阳高科公司）。

物业子公司 1 家：四川能投百事吉实业有限公司（以下简称百事吉公司）。

其他参股公司 15 家：四川能投建工集团有限公司、四川能投新城投资有限公司、四川能投电力开发有限公司、四川爱众发展集团有限公司等。

2.地域分布

省属电网供电区域主要分布于川南、川东、凉山和川北等地区，供电面积 6.42 万平方公里，约占四川省总面积的 13.23%，供电户数 560 万户，供电人口 1800 万人，约占四川省总人口的 21.49%。已初步建成宜宾（7 县）、达州（4 县 2 区）、凉山东部（4 县）3 个以 110 千伏网络为骨架的区域电网，成为所在市州三农电力供应服务的主体。宜宾区域电网由宜宾县、屏山县、高县、珙县、筠连县、兴文县、长宁县组成，供电面积 0.9254 万平方公里，约占宜宾市总面积的 69.67%。达州区域电网由开江县、渠县、大竹县、万源县、通川区、达川区组成，供电面积 1.1254 万平方公里，约占达州市总面积的 67.83%。凉山区域电网由美姑县、昭觉县、金阳县、普格县组成，供电面积 1.7235 万平方公里，约占凉山州总面积的 28.68%，如图 6-12 所示。

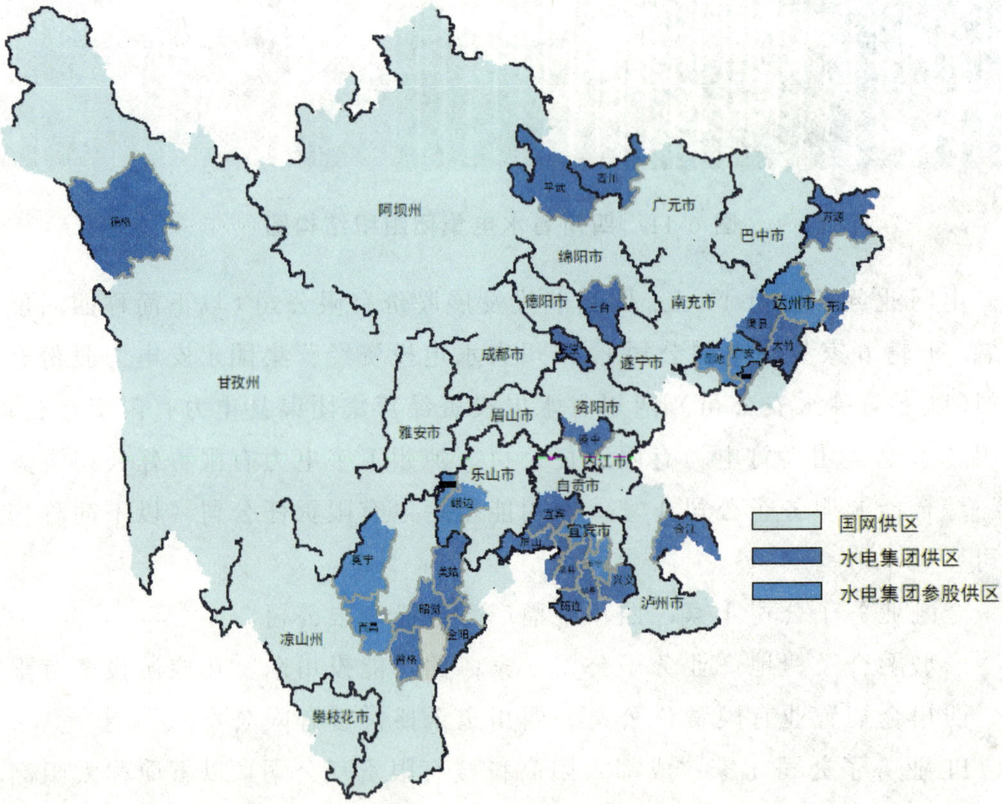

图 6-12　四川省区域电网供电地域分布情况

3. 电网规模

截至 2019 年末，省属电网共有 35 千伏及以上变电站 335 座，主变 508

台，总容量749.38万千伏安。其中，220千伏变电站2座，主变2台，总容量42万千伏安；110千伏变电站96座，主变141台，总容量486.48万千伏安；35千伏变电站237座，主变365台，总容量220.90万千伏安，如图6-13、图6-14所示。

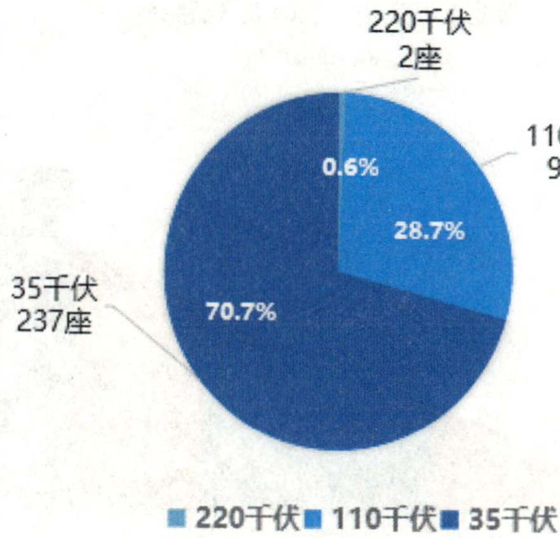

图6-13　四川省省属电网变电站座数情况

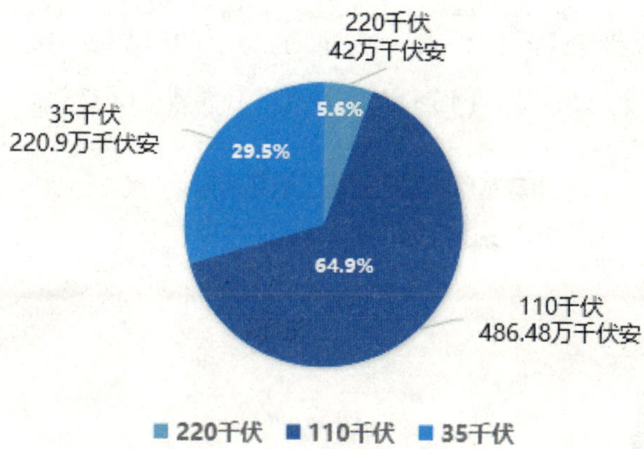

图6-14　四川省省属电网变电站主变容量情况

电力线路19.78万条，线路总长20.63万公里（高压线路2183条，线路总长46621.90公里）。其中，220千伏线路2条，总长79.71公里；10千伏线路161条，总长3344.69公里；35千伏线路447条，总长5152.66公里；10千伏线路1573条，总长38044.79公里；低压线路19.56万条，总长15.97万公里。

4. 人力资源

截至 2019 年底，四川省水电集团在职职工共有 12198 人，其中：硕士研究生及以上学历 180 人，占职工总数 1.48%；大学本科 1732 人，占职工总数 14.20%；大专 3601 人，占职工总数 29.52%，如图 6-15 所示。

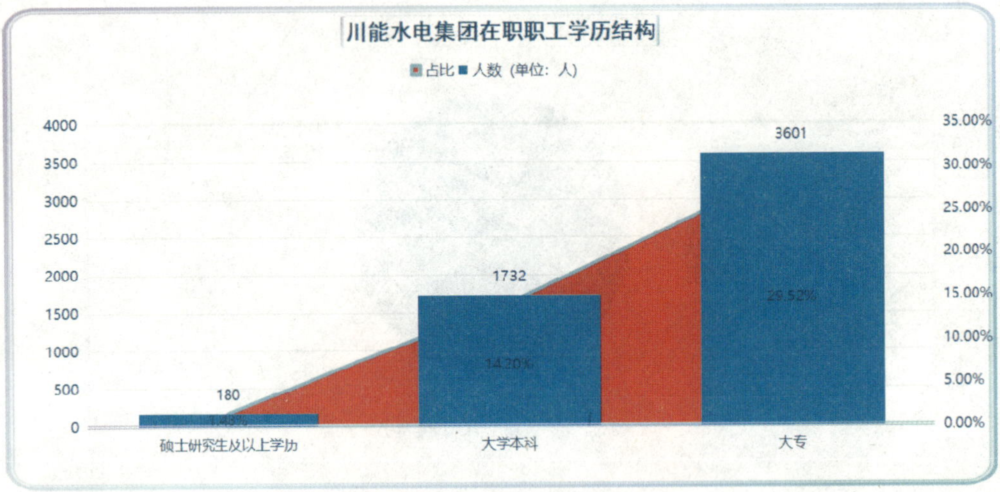

图 6-15　川能水电集团在职职工学历结构

职称结构：高级职称 135 人，占职工总数 1.11%；中级职称 677 人，占职工总数 5.55%；初级职称 1435 人，占职工总数 11.76%，如图 6-16 所示。

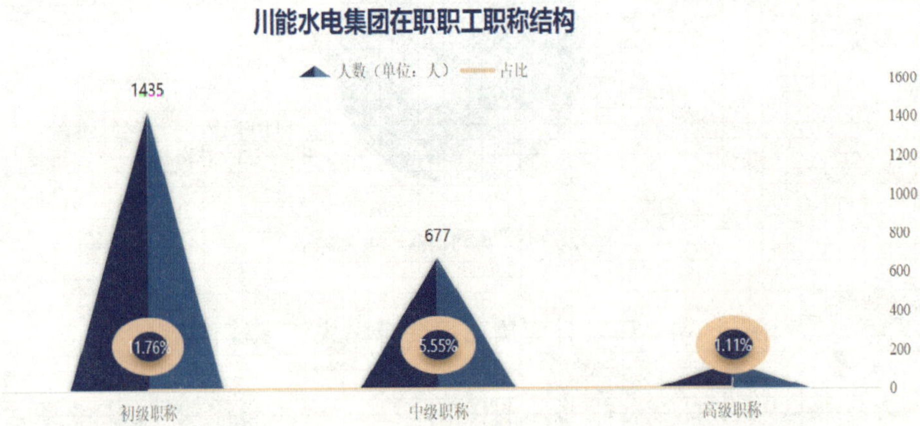

图 6-16　川能水电集团在职职工职称结构

二、发展理念

四川省水电集团自成立以来，坚决贯彻落实党中央、省委、省国资委、四川能投等上级单位决策部署，积极适应国内外能源发展大趋势，以可持续发展为主题，转型升级为主线，全面深化改革为动力，聚焦电力主业，大力实施农网改造升级及无电地区电力建设，切实履行电力普遍性服务保障。

2019 年，为不断优化产业布局，提升广大用户的获得感和幸福感，四川省水电集团全面实施“双同价、双改革、双产业”发展战略。“双同价”，即省属电网与省级电网输配电价同价（用户承担的省属电网配电价格与省级电网输配电价之和不高于直接接入相同电压等级对应的现行省级电网输配电价）、目录销售电价同价（省属电网与省级电网执行同一目录销售电价表）。“双改革”，即“厂网分开、主辅分离、独立核算”，将配电网业务与其他业务分离，成本独立核算。“双产业”发展，即推动能源产业与非电业务同步发展，以相关产业做大做强实现企业可持续发展。能源产业重点发展新型配电网业务与综合能源服务。非电产业重点发展产城融合项目与多种经营业务。“双同价、双改革、双产业”发展战略的实施，全面推动电网主业、综合能源服务、产城融合、多种经营业务协同发展，确保国有资产保值增值，实现企业高质量发展。

未来，四川省水电集团将继续深入贯彻党中央、国务院和省委、省政府的决策部署，切实促进四川省电力体制改革措施落地实施，扎实推进农网项目建设，着力构建坚强电网，服务“三农”和地方经济社会发展，履行国企社会责任，努力推动企业实现高质量发展。

三、发展成效

（一）生产经营持续提升

2019 年，四川省水电集团售电量首次突破 100 亿千瓦时，完成 125.08 亿千瓦时；综合线损率 9.10%，同比持平；总收入 74.6 亿元、同比增长 10%，利润 7.64 亿元。

2011 年以来，四川省水电集团资产规模持续增长，发展能力稳步提升。其中，总资产从 2011 年末的 204.57 亿元增长到 2019 年末的 721.87 亿元，年均增长 17.07%；资产负债率从 2011 年的 68.81%逐年降低到 2019 年的 67.62%，年均递减 0.22%；实现总收入从 2011 年的 24.25 亿元增加到 2019 年的 74.68 亿元，年均增长 15.1%。同时，辅业收入占比提升，多元化经营取得进展，如图 6-17、如图 6-18、如图 6-19、如图 6-20 所示。

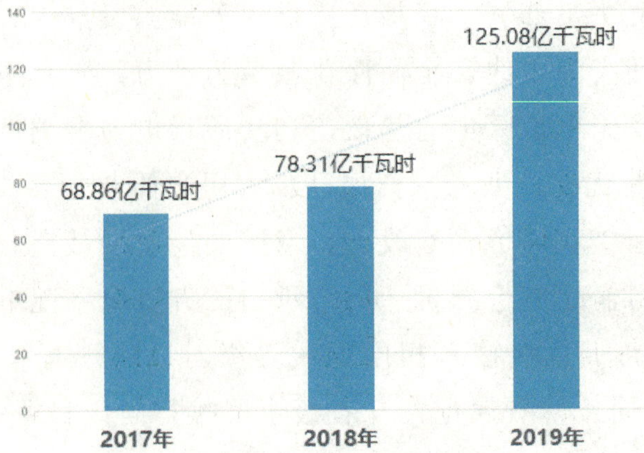

图 6-17　四川省水电集团售电量情况

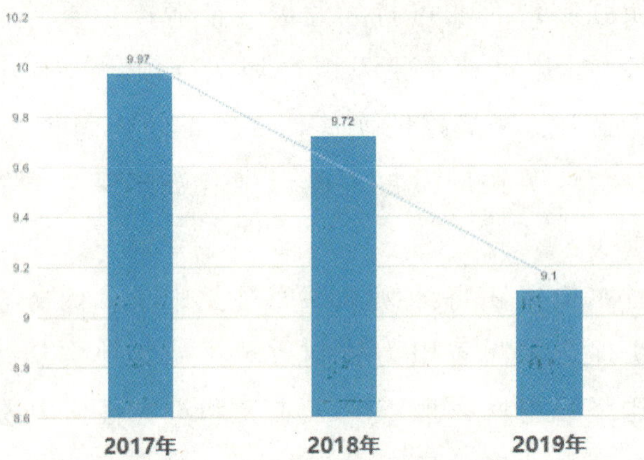

图 6-18　四川省水电集团综合线损率情况

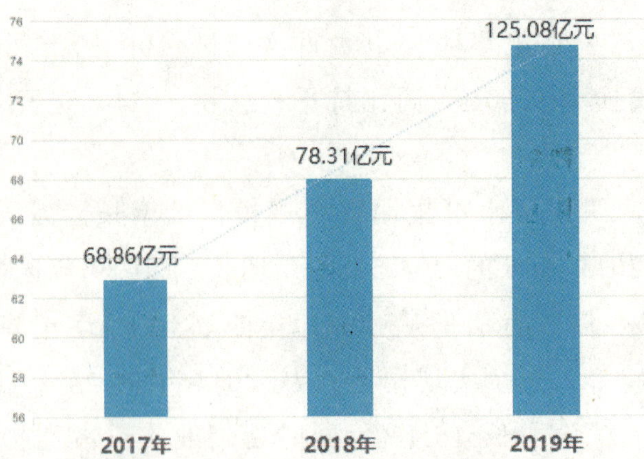

图 6-19　四川省水电集团总收入情况

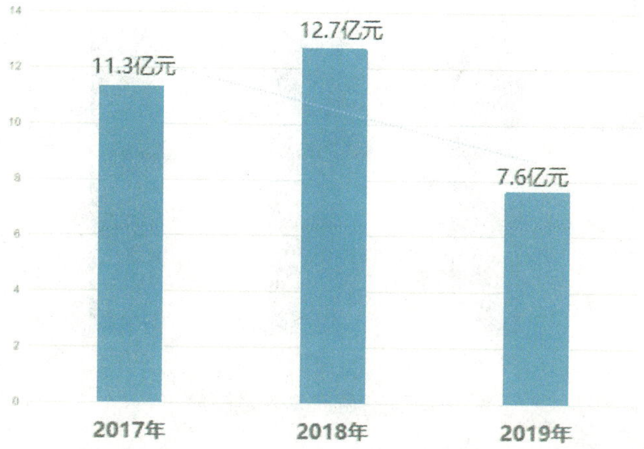

图 6-20　四川省水电集团利润情况

2017 年、2018 年、2019 年，四川省水电集团的资产总额分别为 640.51 亿元、666.83 亿元、721.86 亿元，资产总额逐年稳定增长，经营规模不断扩大。总资产中以非流动资产为主，非流动资产占比分别为 74.71%、71.51%、68.74%。非流动资产规模较大、占比较高，符合主营业务及所在行业特征，如图 6-21、图 6-22 所示。

（二）农网改造升级投资建设力度不减

1. 电网建设日新月异

四川省水电集团电网投资主要集中于农网改造升级项目，包括农村电网改造升级、农村电网信息系统建设和无电地区电力建设等。

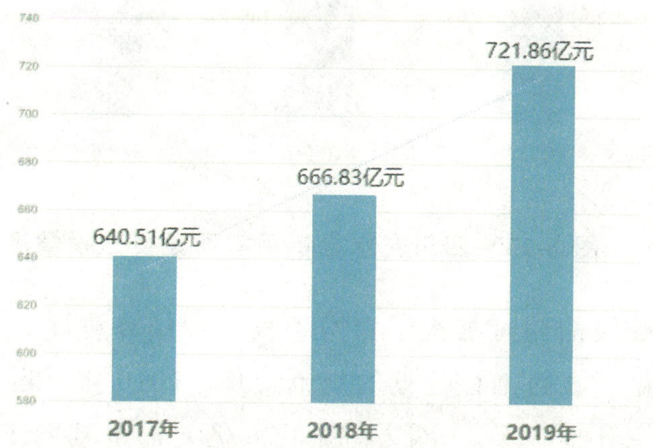

图 6-21　四川省水电集团资产总额情况

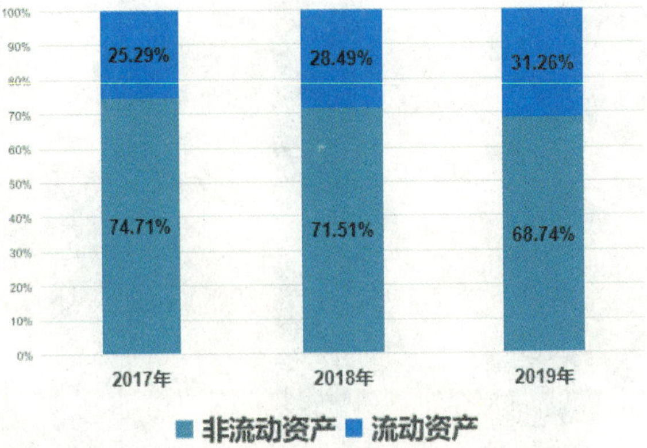

图 6-22 四川省水电集团非流动资产占比情况

2019 年，农网工程累计投入 13.95 亿元，新建及改造 110 千伏变电站 4 座、主变容量 155 兆伏安、线路 98 千米，35 千伏变电站 11 座、主变容量 88.4 兆伏安、线路 84.19 千米，配变 987 台、10 千伏线路 720.38 千米，低压线路 2632.66 千米，户表 477022 户，完善县级电网电力通信系统 23 套，如图 6-23 所示。

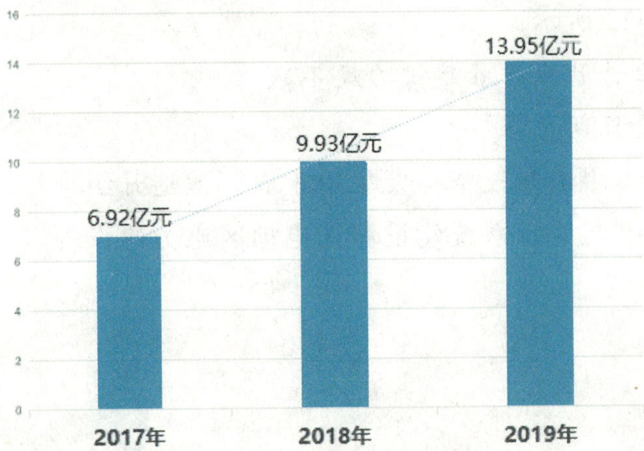

图 6-23 四川省水电集团农网投资建设情况

在加强投资建设的同时加快了农网工程审计结算进度，提高了农网资金的使用效益，强化了农网工程建设的规范管理。2019 年，累计完成工程结算审计及竣工决算审计 275 个，审减金额 4.76 亿元，审减率 13.22%。

2. 自有电源装机增加

所属永安公司建设的冬瓜山电航工程 1 号、2 号机组分别在 2018 年 5 月和8月已并网发电，3号、4号机组分别在2019年5月和7月并网发电，至此，全部机组完成试运行并投运，为自有电源电量增长打下坚实基础。截至2019年12月底，已累计完成投资8.26亿元，占总投资计划的79.34%；试运行累计发电量1.93亿千瓦时。

（三）改革发展成效显著

四川省水电集团围绕输配电价改革、电网公平开放等开展政策研究，向国家部委、省直机关等提出政策建议，推动通过改革解决制约省属等地方电网发展难题。倡议并承办全国地方电力企业发展改革研讨会，来自四川省及新疆生产建设兵团发改委、中国能源研究会以及9省地方电力企业的相关领导、专家参加，通过多层次、大范围广泛呼吁统筹第二周期输配电价改革及进一步深化电力体制改革，形成《关于统筹推进地方电网输配电价改革建议意见的报告》，相关建议及措施得到国务院参事室、国家发改委、四川省委改革办、省委巡视组及省发改委的肯定。积极推动改革现行趸售电价形成机制及管理体制，促进取消国网公司对趸售电价调整的主导权，全力争取实行单一制综合趸售电价，切实降低购电成本。

（四）产业布局优化完善

1. 区域电网更加坚强

持续高强度的进行农村电网改造升级，已从根本上改变了省属电网“小、散、弱、孤”的传统形象。通过积极协调强化电网互联，川南、川东、凉山、平武青川区域电网实现区域互联，正发挥着互为备用、余缺调剂、优化潮流的功效。通过不断协调加强电源引入工作，2座110千伏变电站成功并入国家电网；秉承开放合作的理念与各电源企业洽谈合作，大力引入优质电源，省属电网的安全性、可靠性和经济性得到大幅提升。同时，控股太阳高科公司，积极培育配电网信息化支撑产业，提升企业可持续发展力和竞争力。

2. 电力资产证券化平台迸发活力

2018年12月28日，四川省水电集团发起成立的四川能投发展在香港联交所主板成功挂牌上市，成为内地第一家登陆香港资本市场的发配售一体化电网企业。上市后，四川省水电集团持续加大电网投资倾斜，支持开展并购重组，四川能投发展售电量、营业收入、利润总额保持稳健增长，正向着国际资产证券化平台发展。2019年，四川能投发展资产总额44.80亿元，负债总额17.88亿元，实现营业收入24.09亿元，同比增长18.33%，利润总额2.13

亿元，同比增长 8.13%。2019 年 12 月 31 日收盘价为 1.92 港币，较发行价上涨 14.07%，如图 6-24、图 6-25 所示。

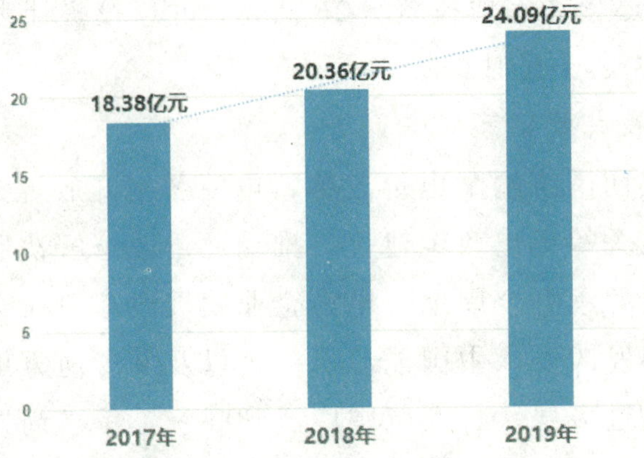

图 6-24　四川能投发展近三年营业收入情况

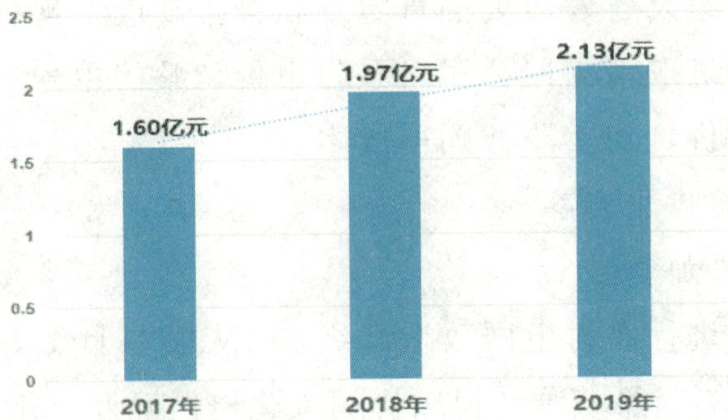

图 6-25　四川能投发展近三年利润情况

3. 综合能源服务初具规模

为适应国家深化电力体制改革需要，四川省水电集团以全资子公司售电公司为平台，全力推进一体化综合能源服务商建设。先后取得了工程勘察专业类（工程测量）丙级、电力行业（送电工程、变电工程）专业丙级、电力工程施工总承包叁级、电力设施承装（修、试）四级资质和建筑施工安全生产许可证，为开展涉电综合服务奠定资质基础。2019 年，代理省内直购电客户 277 家，年度代理电量 42.01 亿千瓦时，跃居全省第二；取得外省重庆、江苏、浙江等三地市场主体资格，签约客户 140 家，合同电量 6.3 亿千瓦时。同时积极实施互联网＋战略，川能售电 APP 成功上线，综合能源服务初具规模。

4. 产城融合板块稳健发展

坚持“以产促城、以城兴业”的发展理念，以市场为向导的运营模式，进一步明确定位、互动发展，稳步推进成都温江“金泉怡景”地产项目；积极推动达州市泛铁山国家森林公园旅游景区项目前期工作，发起设立四川产城融合发展基金，打通融资渠道；扎实开展永安公司电力调度大厦项目、昭觉县新区电力设施及商住综合体开发项目前期工作，产城融合板块各项目稳步推进实施。

5. 多种经营业务持续增长

全资子公司百事吉公司，秉承“满足客户需求，超越客户期望”的服务理念，以建设“规范化、专业化、标准化”综合管家式服务平台为目标，不断优化综合物业资源要素、更新市场化物业服务体系，整合线上线下资源，创新推出“川能云餐”、“互联网＋出行”、线上商城等服务，综合物业服务能力显著提升。2019年荣获“成都市物业服务品牌企业”称号，通过ISO22000食品安全管理体系认证，多经业务服务品质再上台阶。

四、发展举措

（一）坚持党建引领，推动高质量发展

1. 党的建设与生产经营融合发展

组织开展“不忘初心、牢记使命”主题教育，定期组织党员干部集中学习31次，形成调研成果报告9个，召开专题民主生活会、专题组织生活会，制定整改方案，边学边查边整改问题，分析研判整改落实方案执行情况和中央、省委、省国资委“8＋3＋2＋1”专项整治进展情况，按要求上报整改整治工作总结。聚焦公司思想政治、生产经营工作中的突出问题，将主题教育向基层站所延伸，开展“四抓四提升”专项整治工作(即“抓思想政治教育，提升队伍凝聚力；抓安全管理，提升安全保障能力；抓技能培养，提升专业素质能力；抓优质服务，提升市场竞争力”)，为公司高质量发展提供坚强保障。

2. 凝练企业文化，激发干事创业热情

以“不忘初心、牢记使命”主题教育为契机，以“抓思想政治教育”为切入点，组织“我的信仰不平凡”“我的初心对党说”“我的使命有担当”系列主题策划和基层典型宣传，将主题教育引向深处，落到实处。开展“同唱一首歌，共祝祖国好”群众性主题宣传，组织“我和我的祖国”“我与国旗同框”“我向祖国表白”等主题活动，大力弘扬爱国精神。开展庆祝四川省水电集团成立15周年活动，举办老照片展、征文比赛、企业发展系列剧展播，充分展现省属电网多年发展的壮丽画卷，从不同角度展示新中国成立70年来政治、经济、社会等各方面变化，树立和不断增强员工“四个自信”，引导和激励员工在本职岗位为人民的美好生活努力奋斗。

（二）坚持强基固本，推动人才强企

1. 丰富选人用人机制

加强人才引进，统一组织举办校园招聘“双选会”和“专场会”，录用高校优秀毕业生103人，招聘成功率78%，同时结合所属公司实际，从薪酬待遇、岗位锻炼、跟踪培养、职业规划等方面制定了“八条优惠措施”，确保人才招得进、留得住。加强人才交流，先后推荐10名管理人员和专业技术人才到中纪委、四川省发改委、省总工会等省直机关挂职锻炼和提升能力。强化人才梯队建设，圆满完成为期两年的中层后备干部递进式培训工作。

2. 完善工匠成长机制

2019年，四川省水电集团进一步完善技术工人的培养、使用、评价和考核机制，鼓励员工争当工匠、建功立业。一是健全完善后备人才的遴选培养机制，选出一批劳模、工匠苗子并重点培养，做好人才储备；二是建设了一批劳模和工匠人才创新工作室，集中业务技术尖子联合攻坚，着力解决制约品质与提升效率的难点痛点问题；三是发挥“头雁”作用，通过“名师带高徒”的人才培养机制，用劳模、工匠过硬的意识、技能带动身边工友、青年职工整体业务能力的提升，形成企业技术技能人才“雁阵”；四是加强先进典型宣传，多种形式讲好劳模和工匠故事，营造劳动光荣的社会风尚和重技术、重细节、重品质的敬业氛围，激励广大员工为企业发展做出更大贡献；五是建立起关爱激励机制，切实帮助解决劳模、工匠在工作和生活中的实际困难，切实免除他们的后顾之忧。

3. 开展“四抓四提升”专项整治工作

按照“注重实际效果，解决实质问题”的主题教育工作要求，四川省水电集团从“四抓四提升”专项整治工作的四个方面，制定“四抓四提升”专项行动方案。围绕专项行动，所属公司组织政治学习1825次；组织“三基”培训475场次、参训人员达9975人次；举办技能竞赛25次，参加岗位练兵比武、技能比赛2994人；挖掘选树先进典型66人。

4. 以赛带训成果丰硕

积极组织员工参加 2019 年首届“四川电力企业职业技能大赛”，与省内 52 家中央、省属及地方电力企业同台竞技切磋，在国网四川省电力公司派出多支强劲队伍的情况下，共获得 1 个团体二等奖，3 个团体三等奖；6 名选手获得大赛个人二、三等及优秀奖奖项，展现了地方电力企业电力职工的优秀技能水平。积极参加全国地方电力企业第二届“地电杯”电力工匠技能大赛，斩获 2 个团体第一名，1 个团体二等奖和 2 个团体三等奖；10 名队员分别获得“地电杯”全国电力行业“精英工匠”和“优秀工匠”荣誉称号。1 名员工当选为四川省“爱国奋斗、青年建功”青年人才。

（三）坚持安全发展，提升安全保障水平

2019 年，四川省水电集团紧紧围绕“安全发展”理念，落实安全生产主体责任，以应急管理、安全教育培训、工程建设安全监管、安全隐患排查整治、反违章管理、“安措”计划管理等重点工作为抓手，进一步健全安全环境保障体系和安全环境监督体系，安全生产总体态势处于“可控、能控、在控”状态。

1. 强化制度建设

深入开展安全制度体系建设，累计新编安全环保制度 6 个，修订安全环保制度 28 个。通过完善安全环保制度体系，确保企业安全机制体制和国家现行法律法规有效接轨。

2. 抓好安全检查

四川省水电集团按照“防事故、除隐患、严监管、促提升”的总体要求，先后组织开展安全大检查 2 次，重点节假日检查 4 次，不定期安全检查 13 次。累计发现一般安全隐患 1944 处，管理问题 568 个，并投入隐患整改资金 219.89 万元，确保隐患 100%整改到位。所属电网企业累计开展清障 3581 次，参与清障 14493 人次，清除障碍 35825 处，投入清障经费 211.22 万元，为供电系统安全可靠供电夯实了基础。

3. 抓好安全教育

继续深入推进安全教育培训，持续扩大培训覆盖面，先后组织 8 家公司开展了一线员工安全专题培训，参培人数 1363 人次。全年共开展各类安全培训 835 次，参训人员 21498 人次，投入经费 295.29 万元。通过培训教育，增强了全体员工安全知识和技能，提升安全应急处置能力，为有效预防各类安全事故的发生提供保障。

4. 加强应急管理

持续完善应急管理体系，做好应急处置工作。四川省水电集团完成 22 个总体（专项）应急预案的修订并印发实施，所属企业累计修编应急预案 130 个并向上级单位及当地政府和有权部门报备，拧紧应急安全管理总开关。在全集团范围内开展了“应急演练月”专项活动和应急能力建设评估达标工作，组织防汛防地质灾害专项演练，不断提升应急管理工作业务水平和实操技能水平，建立健全应急响应体系。全年累计开展各类应急演练 109 次，参演 2956 人次，投入演练费用 39.02 万元。

专栏：2019 年 9 月 13 日，涪江三台段发生特大洪水，导致永安公司所属永安、冬瓜山、吴家渡三个电站及供区电力线路及设备遭受不同程度损毁，造成直接经济损失 5363 万元。灾害发生后，永安公司立即启动防洪度汛Ⅲ级应急响应，公司领导班子及党员干部职工全员参与，连续奋战在防洪度汛第一线，积极开展应急抢险，保护了职工及人民群众生命安全，尽最大努力减少了国家财产损失。

5. 营造安全氛围

一是开展第三届“安康杯”安全知识竞赛。来自集团内外部 24 支队伍参加竞赛。通过竞赛比拼，有效提高广大员工的安全素养，将企业安全文化建设推向了更高的台阶。二是以“安全生产月”和“安全万里行”主题活动为载体，大力弘扬“生命至上、安全发展”的理念，增强企业员工和电力用户的安全意识。全年累计开展宣传活动 1190 次，接受宣传人数 92.24 万人次，发放宣传资料 46.71 万份，投入宣传费用 54.71 万元。

（四）狠抓建设管理，强化质量效率

一是加强统筹协调，促进内部协同优质高效。认真落实国务院提前一年完成新一轮农网改造升级任务部署，召开推进工作会议，督促各项目实施单位超前谋划建设工作。

二是加强与上级单位沟通汇报，促进成立农网改造升级工程领导小组，定期召开会议协调解决工程推进问题，促使内部协同优质高效。

三是加强建设管理，推动提升施工进度和质量。加大重点难点工程协调力度，多次召开现场会，协调解决施工卡点、难点问题，保障工程按期完工。

四是完善《农网工程物资管理办法》，规范农网项目工程物资管理工作，确保农网项目工程设备、材料质量优质，建设进度迅速，严控物资设备采购成本，避免工程造价虚高浪费。

（五）运用科技赋能，提升服务保障能力

1. 加强“四新技术”推广应用

全面启动配电网生产设备安全风险评价工作，推广使用智能分界断路器、配电网故障定位仪等“四新技术”。加大配电网感知和高中压配电线路自动化装置投入，着力解决对供电质量造成影响的“卡脖子”问题，切实提升电网安全可靠运行水平，有力推动“两率”向高水平对标。2019 年，省属电网推广运用三相不平衡补偿装置 36 台，10 千伏智能分界断路器 78 台，故障指示仪 156 套；非晶合金变压器、六氟化硫和真空断路器、无功动态补偿等新产品、新技术在农网改造升级中广泛应用，电网服务和保障水平明显提升。

2. 推动营销平台建设

加强营销平台功能需求调研，组织专家认真评审，初步搭建了统一规范管理、统一流程管理，信息系统全覆盖的电力营销平台。推出统一缴费平台、远程费控系统、用电采集高级应用、客服系统、短信推送平台、微信公众号服务、营销 APP 等 7 大子项目，全面完善营销平台功能，提升营销业务应用水平，不断适应电力体制改革和电力市场竞争对营销工作的新要求。

3. 推进高效调度系统实施

电网调控一体化系统上线运行，有效解决变电站运行系统平台多，各平台相互之间无法联动，运行成本高，自动化水平低等问题，实现电网运行遥测、遥信、遥控功能，大幅提升电网调度、运行监控、远程控制的自动化、信息化水平。

（六）做好优质服务，提升电力获得感

1. 持续提升“两率”水平

2019 年，省属电网进一步主动对接城乡发展规划，优化电网布局，完善网架结构，技改关键设备，实施科学调度，严控非计划停运，加强低电压治理，全面完善电压监测和可靠性数据管理。供电可靠率 98.92%，较 2018 年提高 1.57%；电压合格率 97.03%，较 2018 年提高 1.71%。

2. 启动“获得电力”优质服务试点

启动“获得电力”优质服务工作，组织召开优化电力营商环境专题工作会，深入剖析在供电服务中的薄弱环节和存在问题，进一步提升业扩报装业务办理时效，积极推进政企联动机制，规范用电业务办理行为，建立一窗受理、联合审批、限时办结制；试点“三零”“三省”服务。同时，开展漠视侵害群众利益专项整治，全面整改国家能源局督导检查发现问题，修订完善 14 项管理制度，不断提升优质服务水平。

3. 服务“网格化”管理

遵循“客户至上”的服务理念，满足高品质供电服务的需求，四川省水电集团组织学习“及时发布最新信息，及时回应群众诉求，及时解决群众困难”的“三及时”服务要求，明确了“服务有网、网中有格、格中有人”和“定格定人、定人定责”的供电服务模式，制定《供电服务网格化手册》，全面普及并广泛醒目装设“供电服务卡”，确保每一个用户知晓故障报修、用电咨询等服务。大力推广线上缴费、ATM 机自助缴费等便捷缴费方式，进一步提升便捷化服务水平。

（七）加强企业管控，促进提质增效

一是按照四川能投整体部署，积极配合开展引入债转股资金工作，最终成功引入三家投资人，超额完成资产负债率压降目标。

二是进一步强化银企合作，优化融资结构，全年实现各类融资 88.51 亿元；严格控制融资成本，把握发行窗口期，成功发行中期票据、短期融资券 20 亿元，新增经营性融资综合资金成本仅 4.07%。

三是利用已有的存量证券市值资源，提高企业资产使用效率，开展市值管理、新股申购和国债逆回购等，取得较好收益。

四是加强所属企业扭亏、控亏工作。深入分析各公司经营状况，区别对待收入减少、利润下滑原因，并提出改进措施。

五是推进内部管控体系建设，按照外派监事统一指导、分片监管、监审结合、分步实施原则，建立 4 个片区监事室，配备监事室主任，推动外派监事履职工作常态化，不断强化内部控制，实施有效监督管理。

六是切实抓好国有企业法治建设，深入开展法治宣传教育，多形式开展普法活动，坚定不移的执行依法治企战略方针，为企业改革发展和生产经营提供坚实法律保障。

五、社会责任

（一）深化精准扶贫，坚决打赢脱贫攻坚战

2019 年，四川省水电集团按照党中央、省委关于坚决打赢脱贫攻坚战的总体要求以及四川能投党委的安排部署，聚焦深度贫困地区，定点帮扶乡城县，所属公司全面参与地方脱贫攻坚。由于精准扶贫成效显著，相关个人及所属公司被省委、省政府联合表彰为2018年脱贫攻坚“五个一”帮扶先进个人和先进集体，定点帮扶地区东尔村党支部荣获乡城县“先进基层党组织”荣誉称号。四川省水电集团被四川能投表彰为脱贫攻坚先进集体。

1. 继续加大电力扶贫投入

2019年，四川省水电集团自筹资本金及贷款6.3亿元，专项用于四川省电力脱贫攻坚专项行动，总共惠及11市州31县2243行政村5.26万户20.79万贫困人口。

2. 持续开展定点帮扶乡城县工作

完成乡城县香巴拉镇冷龙村水洼乡白格村等6所村级幼儿园完善及收尾工程，新增投入105万元捐赠36台一体化教学设备，实现乡城全县中小学全部教学班全覆盖，向乡城全县中小学捐赠10000册课外书籍，向乡城县“青少年教育促进计划”捐赠30万元。

3. 巩固贫困村脱贫成效

继续对口帮扶乡城县然乌乡东尔村，派驻中层后备干部一名按期轮换第一书记；设立“东尔村大学生奖励基金”，为7名学生发放助学奖金1.8万元；帮扶东尔村村民销售苹果3354公斤，助力村民增收近2万元。

4. 全面统筹推进脱贫攻坚

投入2095万元实施电力扶贫专项工程，解决34个村、3651户贫困户、1.55万名贫困群众的生活用电达标问题，所属公司选派14名驻村“第一书记”、27名驻村工作组成员和675名结对帮扶人员持续参与脱贫攻坚，捐款捐物237万元，为20个贫困村、1394户贫困户、5619名贫困群众持续提供帮扶。

（二）落实惠民政策，普惠广大用户

1. 一般工商业电价再降10%

2019年，李克强总理在《政府工作报告》部署了“一般工商业平均电价再降低10%”的工作要求，四川省水电集团坚决贯彻落实党中央、国务院的路线方针，严格执行降低客户用电成本政策，减少企业用电成本2.88亿元，占全省减少一般工商业用户电费支出的8%，惠及25万余用户，确保了政策落实到位，提升广大用户电力获得感。

2. 积极推动“双同价”落实落地

为消除影响四川经济社会发展不平衡、不充分的电力要素供给障碍，普惠广大边远地区群众，助力地方经济发展，消除发展越落后地区电价越高的现象，解决同省不同价的矛盾问题，四川省水电集团勇于担当，积极配合推进省属电网与省级电网输配电价、目录销售电价“双同价”工作，计划自行消纳近 2 亿元同价价差。2019 年，先期实施同价的公司降低电费负担 0.37 亿元。

（三）坚持节能减排，践行生态发展。

2019 年，四川省水电集团按照“创新、协调、绿色、开放、共享”的新发展理念，编修印发《环境保护投入保障制度》等 6 个规章制度，进一步健全绿色发展体制机制；积极关停整改不合规小水电 1 座，确保稳定足额的下泄生态流量，保障生态环保安全；推进实施“以电代柴”“以电代煤”“以电代油”留住青山绿水，加快电能清洁供暖、电动汽车、电气设施等电能替代技术的推广应用，增加电能替代项目 2 个，增加丰水期电能消纳 0.69 亿千瓦时。

四川省水电集团 2019 年度所获荣誉

2019 年 3 月，四川省水电集团永安公司职工吴永华荣获四川省“三八红旗手”称号。

2019 年 6 月，四川省水电集团被四川省社会力量参与防灾减灾救灾统筹中心评选为全省防灾减灾救灾社会责任担当企业。

2019 年 7 月，四川省水电集团大竹公司荣获 2018 年四川省脱贫攻坚“五个一”先进集体称号，四川省水电集团永安公司职工、派驻乡城县然乌乡东尔村第一书记赵登全获 2018 年四川省脱贫攻坚“五个一”先进个人称号。

2019 年 10 月，四川省水电集团青川公司、资中公司荣获四川省厂务公开民主管理示范单位称号，大竹公司踏水桥电站荣获四川省厂务公开民主管理示范班组称号。

2019 年 10 月，荣获首届四川电力企业职业技能大赛电力电缆安装运维项目一个团体二等奖，两个团体三等奖，输电工程技术项目一个团体三等奖。

2019 年 11 月，荣获全国地方电力企业第二届“地电杯”电力工匠技能大赛电力电缆安装项目和电气试验（110 千伏主变交接试验）项目两个团体第一名，装表接电项目团体二等奖，变电运维项目和电气试验（10 千伏开关交接试验）项目两个团体三等奖。

四川省水电集团 2019 年大事记

2019 年 3 月 27 日至 29 日，2019 年农网项目建设工作推进会暨现场交流会在青川召开，会议全面总结了农网项目建设情况，安排部署了 2019 年项目建设重点工作，推动工程建设有序开展。

2019 年 5 月 23 日，省属电网第二监管周期输配电成本监审工作启动会在四川省水电集团召开。

2019 年 5 月 29 日至 30 日，四川省水电集团第三届职工“安康杯”安全知识竞赛在资中县苌弘大剧院隆重举行。

2019 年 7 月 4 日，省委第十九巡回指导组张远国组长一行检查指导四川省水电集团“不忘初心、牢记使命”主题教育工作。

2019 年 8 月 16 日，达州市委常委、常务副市长邓瑜华，市人大副主任胡兵一行到访四川省水电集团。

2019 年 8 月 16 日，全国地方电力企业发展改革研讨会在四川省水电集团召开，来自四川省及新疆生产建设兵团发展和改革委员会、中国能源研究会、四川、陕西、广西、山西、重庆、吉林、贵州、温州等 12 家政府机构和全国有代表性的地方电力企业相关领导及专家 50 余人参加了研讨。

2019 年 9 月 23 日，四川省老年书画研究会“送文化到企业”活动在四川省水电集团拉开帷幕。

2019 年 10 月 22 日至 24 日，四川省水电集团参加 2019 年首届四川电力企业职业技能大赛，荣获电力电缆安装运维项目一个团体二等奖，两个团体三等奖，输电工程技术项目一个团体三等奖。

2019 年 11 月 19 日至 21 日，四川省水电集团参加全国第二届“地电杯”电力工匠技能大赛，荣获电力电缆安装项目和电气试验（110 千伏主变交接试验）项目两个团体第一名，装表接电项目团体二等奖，变电运维项目和电气试验（10 千伏开关交接试验）项目两个团体三等奖。

2019 年 12 月 30 日，四川省水电集团举办“回忆水电　追梦前行”庆祝集团公司成立 15 周年大型图片展，展示四川地方电力企业的发展沿革以及集团公司 15 载成长壮大历史。

2019 年 12 月 31 日，四川能投党委书记、董事长孙云调研四川省水电集团，并参观了四川省水电集团成立 15 周年图片展，了解四川省水电集团发展壮大的艰苦历程。